JOSÉ MANUEL MARROQUÍN

El Moro

PANAMERICANA
EDITORIAL

Dirección editorial:
Myriam Bello

Diseño y diagramación:
Teresa Beltrán

Ilustraciones:
Diana M. Pérez Méndez y Diego Martínez C.

Fotografía carátula:
Ricardo Arenas

SEGUNDA EDICIÓN

© 1993 Panamericana Editorial
Calle 12 No. 34-20 Tel. 2770725 - 2770100 Fax 2773599
Santafé de Bogotá, D. C. - Colombia

ISBN: 958-30-0105-8

Impreso por Panamericana Formas e Impresos S. A.

Impreso en Colombia   -   Printed in Colombia

Prólogo

El escritor colombiano José Manuel Marroquín escribe a manera de relato autobiográfico costumbrista su obra *El Moro*, permitiendo al lector conocer la realidad de un caballo que habita en la Sabana de Bogotá. Sin embargo, esta novela es la única de la literatura colombiana que a través de la mirada de un animal sin pretensiones de ser humano y de actuar como tal, nos narra en primera persona sus pesares y alegrías en medio de la naturaleza, los hombres y la urbe.

La novela misma, cobra en su plena individualidad toda su brillantez e importancia, al ir más allá, en su intención y ejecución, de una simple fábula enmarcada con estampas de sabor anecdótico.

Si revisamos la historia de la literatura colombiana podemos advertir que nunca un autor ha inventado un personaje como *El Moro*. Recrear la realidad de un momento histórico, el paisaje y las experiencias de crueldad y ternura por medio de un animal sin caer en facilismos no es nada sencillo dentro de la creación literaria. Su autor logra aquí aventajar a los costumbristas de su tiempo por este recurso novedoso el cual es digno de admiración. El cuadrúpedo parece hablar como los hombres por instinto para nunca perder dentro de la narración sus características animales y su distancia natural con el ser humano, lo cual es sorprendente y poco artificial. El lector se va descubriendo cómplice y sensibilizado con la narración de un equino que sufre un deterioro por un sino trágico que lo afecta desde su nacimiento, hasta la hora de su muerte al final de su trasegar por el campo y por Bogotá.

El Moro surge de la tierra misma, de sus ríos y veredas llenas de árboles, de lloviznas sabaneras. En la pupila de él son inmóviles estas imágenes hasta el último momento. El abandono de las haciendas y el paso a la ciudad, son siempre causas de penuria para el protagonista a quien por mala suerte, un amansador irresponsable lo perjudica dejándole como maña "el coleo", motivo incómodo que le impide ser comprado por buenos jinetes, conocedores de la caballería y que consiste en mover incontrolablemente la cola o, en algunos casos, levantar violentamente las patas provocando la caída de quien lo monta.

El Moro es objeto y a la vez sujeto. No es sólo el recuento de las tragedias de un animal. Él es un observador y a la vez quien se observa a sí mismo como elemento constitutivo de su Sabana oscilando siempre entre dos sentimientos antagónicos: la ternura y la cólera. Personaje sobrio, ingenuo, gracioso y en algunas situaciones irónico. La novela no cae jamás en el maniqueísmo. Los hombres no son malos por el simple hecho de ser hombres ni los animales buenos por el simple hecho de ser animales, este rasgo fundamental de *El Moro*, establece diferencias con otras novelas costumbristas en las que sí prevalece constantemente el juicio de valor y la denuncia.

No es importante para Marroquín ahondar en el perfil psicológico de los personajes y muy contrariamente al realismo francés, como por ejemplo en Proust, narraciones en las cuales todo se detiene para ser visto minuciosamente y ser profundizado de tal forma que se aleja de una simple descripción, el autor de *El Moro* está tan compenetrado afectivamente con la Sabana, que no enfrenta su creación poética a su experiencia vital. Las dos se entrelazan formando una sola escultura armónica.

A la tradición viene a unirse la vida natural: del campo, de las faenas descritas en los llanos de Casanare, de los cultivos, sociedad que de allí surge semiurbana y a la vez feudal. Las ciudades como acumulación de capital y de personas estaban conformándose y a principios de siglo comienzan las migraciones de campesinos a

Bogotá. Aunque el realismo en Marroquín es el resultado de su vida pastoril que mantiene un vigor simple sin agrandar la naturaleza o empequeñecerla, él nos quiere mostrar con cierta crudeza en ocasiones, no solamente la realidad del protagonista, sino igualmente la de unas expectativas frustradas y el dolor de aquella gente que cambia el aroma a leña por vejaciones y olores secos de humos contaminados. Es este quizá el momento de la denuncia si lo queremos llamar de alguna forma. De una manera poco usual y creativa lo hace a través de *El Moro* y así el autor no deja entrever su posición frente a ningún hecho acontecido dentro del relato, lejos claro está, de ser un simple y banal recurso estilístico o un mero artificio.

Luz Marina Pabón Triana

Contenido

Cuento en estas
páginas mi vida

Capítulo 1

¡Qué tribulación! En un pantano de los muchos que se hallan a las orillas del Funza, se ve medio sumergido un potrico de doce horas de edad. En sus ojillos negros y vivos se pintan la angustia y la sorpresa que le ocasiona el descubrir que el mundo, en donde ha acabado de aparecer, creyendo no hallar en él más que las gratas sensaciones que le produjeron el espectáculo de la naturaleza, el movimiento y los primeros tragos de leche, sólo ofrece peligros y amarguras. Con la desmaña propia de su tierna edad, brega por salir del atolladero; pero de cuando en cuando se le agotan las fuerzas y deja caer la linda cabecita sobre un *mogote*, como desalentado y resuelto a rendirse a su destino. La madre, con las orejas aguzadas, sacudiéndose los costados con la cola, sudorosa y agitada, corre ya para un lado, ya para otro, relincha, trata de penetrar hasta el paraje en que su cría va a perecer, huele el suelo, retrocede y vuelve cien veces a los mismos puntos por donde inútilmente ha procurado entrar. Pero, aunque lo consiguiese, ¿qué auxilio podría prestar al objeto de sus ansias? Éste renueva sus esfuerzos para salvarse, pero cada uno de los que hace sirve para ahondar más el hoyo en que agoniza.

De repente se oyen pisadas de caballos; la yegua descubre que se acerca el mayordomo de la hacienda y que lo acompaña un amansador. En su pecho angustiado batallan la esperanza de que vengan a salvar a su hijo y la innata esquivez que la obliga a huir siempre que la gente se le acerca; la esquivez triunfa, y la yegua se aleja, no sin detenerse de vez en cuando a relinchar y a mirar hacia el sitio funesto. Los dos jinetes llegan hasta la orilla del pantano; nada ven, porque unos juncos les ocultan la cabecita del potro, que es lo único que le queda fuera del fango, y se alejan rápidamente. Un mozo que llega a la margen opuesta del río y que ha visto lo que está pasando, los llama a grandes gritos, que hacen renacer la confianza en el acongojado pecho de la madre; pero corre el viento en la dirección menos favorable, y nadie oye aquellas voces.

¡Pobre potrico! ¡Pobre madre!

El amansador, que está enseñado a revolver al potro en que cabalga, le hace dar una vuelta que lo deja mirando hacia el río, columbra al mozo que grita y hace señas; llama al mayordomo; ambos se enteran de lo que ha sucedido; corren al lugar de la desgracia, se desmontan y sacan al potro del atolladero.

Pero éste no puede saborear el placer de verse en salvo: para sacarlo, le tiran de las orejas y de la cola con toda la fuerza necesaria para vencer el peso de su cuerpo y para despegarlo del lodo glutinoso en que estaba sepultado. Siente que se le arrancan aquellos miembros y sabe de una vez todo lo que es el dolor.

Aquel potrico era yo.

Ya antes de haberme abismado, andaba titubeante y haciendo pinitos sobre las pernezuelas, que no podían con el cuerpo. ¡Cómo quedaría de descuajaringado después del truculento ajetreo! ¡Y qué grima no pondría el mirarme el cuerpo embadurnado y el ver destilar de mis costados el fluido cenagoso!

La crin se había pegado al cuello, y éste parecía visiblemente grácil y endeble.

Hízoseme sufrir un lavatorio que miré, no como favor, sino como nuevo tormento con que, por pura maldad, se me martirizaba.

Por la tarde vino a verme con el mayordomo el dueño de la hacienda en que vi la luz, es decir, la luz de las estrellas, pues yo nací a media noche. A esa hora vi estrellas; pero vi más cuando me sacaron del pantano. La hacienda está situada en la sabana de Bogotá y se llama *Ultramar*. Su dueño, don Próspero Quiñones, había aguardado con sumo interés mi venida al mundo, pues fincaba grandes esperanzas en lo que había de nacer de la *Dama*, que así llamaban a mi madre.

Oí la conversación que tuvieron, y de ella inferí que mi amo estaba vivamente desazonado por lo que había sucedido, cosa de que no se me daban dos ardites, pues yo, gracias a los malos tratamientos que me habían hecho sufrir los que me sacaron del pantano y al ejemplo de mi madre, que se mostraba arisca para con los hombres, había empezado a mirar a éstos como enemigos.

Lo que me confundía era ver hombres montados en seres de mi especie; pues no entendía cómo, siendo aquéllos enemigos de los caballos, podían unirse con éstos de una manera tan íntima; ni cómo los caballos consentían en dejarse montar.

Lo que oí a mi amo y al mayordomo pudo, según lo comprendí mucho más tarde, inspirarme temores de morir, pero entonces, no tenía yo la menor idea de la muerte: yo había luchado ya con ella como con un enemigo invisible y desconocido.

Con grandes cuidados nos trasladaron a mi madre y a mí a una *manga* inmediata a la casa del amo, a fin de poder cuidar de mí con más esmero. Mucho me maravilló la vista de la casa y la de muchos otros objetos que se me presentaron y que no había podido ver en mi potrero natal. Sentíame muy quebrantado y molido; pero lo que más me atormentaba era el dolor de las orejas y sobre todo el de la cola. ¡Ay, aún no sabía yo que este último era no sé si principio, o más bien negro presagio y fatídico anuncio de los males que me había de ocasionar esta desdichada parte de mi cuerpo!

A poco tiempo y sin mayor dificultad, me restablecí perfectamente y fui llevado con mi madre a un potrero grande en que había muchos potros y yeguas.

¡Qué aspecto ofrecía yo, tan diferente del que, recién desembarrancado, había ofrecido! En mi semblante hallaban todos cierta expresión de candorosa travesura. En mi cabeza, pequeña y graciosa lucían los vivos y curiosos ojuelos, y facciones de tal primor, que parecían solicitar caricias. El cuerpecito corto, rollizo y bien trabado; el tupé empinado entre las orejas; la crin corta y erguida; el pelo de ésta y el de la cola fino, brillante y undoso; la cola delicada y airosa como las más airosas plumas. Las personas que podían acercárseme se regodeaban rasando con la palma mi piel suave y aterciopelada.

En el potrero pasaba días muy agradables retozando, siempre que me lo pedía el cuerpo, con los demás potros, y oyendo las conversaciones que, a la sombra de unos cerezos y a la hora de la siesta, acostumbraban tener las yeguas; yo no entendía bien todas esas pláticas, pero ello es que me servían de distracción y que ellas empezaron a hacerme conocer el mundo. En ese potrero también había pantanos, aunque de poca profundidad, y me mortificaba por extremo el ver que mi madre y otras yeguas por las cuales experimentaba cierta simpatía, se metiesen a pacer en él. Buenos ayunos me impuse por no seguir a mi madre cuando incurría en esa que, a mi juicio, era una inaudita temeridad.

Lo que turbaba algunas veces mi bienestar era la *recogida* de las yeguas en la *corraleja* o corral grande y bien cercado. Por lo menos dos veces cada mes, disponía el amo que se *echase la recogida*, ya para hacerles a los potros y potrancas que estaban creciditos ciertas operaciones de que hablaré luego, ya para *apartar* o pasar a otro potrero a los que debían venderse o ser *quebrantados*, o ya para coger alguna de las yeguas que estaban domadas y servían para la silla.

La traslación a la corraleja se hacía corriendo desatentadamente, y estrechándose con violencia unos animales a otros en las puertas y en los puentes, y sin reparar en los tropiezos y obstáculos que ofreciera el camino. Por de contado, las crías perdíamos de vista a las madres, y desde la salida del potrero empezábamos a relinchar sin intermisión. En la corraleja no había tampoco orden ni sosiego: apenas se presentaban en ella los *enlazadores* emprendíamos una carrera circular y vertiginosa, en que todos sufríamos estrujones, golpes y a veces caídas; y en que (según me lo decían entonces las yeguas de más meollo) una bestia padece y se desmedra más que en un largo viaje que haga con su jinete.

No era raro que en el *rejo* que tiraba un enlazador o en aquel con que ya estaba enlazado algún animal, nos enredásemos los demás, lo cual producía aumento de confusión y de aquella mezcla de susto, de afán y de cólera que tanto nos agitaba en los días de recogida.

Las tumultuosas escenas que he pintado se hacían más peligrosas y más repugnantes en las épocas lluviosas, en las cuales la corraleja se convertía en un fangal grande y profundo.

Al cabo me tocó a mi sufrir las operaciones a que he hecho referencia. Un mozo me enlazó del pescuezo y con el rejo dio dos vueltas en el *bramadero*. Yo me alejé ciego y loco de espanto y de furor, y cuando el rejo quedó tirante y me vi detenido de golpe, sufrí el más horrible sacudimiento. El lazo me comprimía las fauces y me hacía respirar con ruido y esfuerzo indecible; corrí alrededor del bramadero, perdiendo a ratos la vista y casi el sentido. La primera vez que, por falta de aliento, me paré tirando del rejo con todas las fuerzas que me quedaban; con las piernas tan echadas hacia adelante que casi tocaba el suelo con el vientre, vino el mayordomo con una jáquima en la mano y trató de ponérmela; pero yo manoteé y me sacudí con tanta desesperación, que, para sujetarme, resolvieron *echarme a la pata* o enlazarme de una pata. Uno de a caballo me enlazó la izquierda y *tiró a la arción*, como si quisiera arrancármela; en medio de mi martirio me quedó el coraje suficiente para sacudirme. Mi resuello era ya un estertor de agonizante; y las señoras y las criadas de la casa, que, a la puerta de la corraleja, estaban presenciando la tragedia, gritaban: "¡Lo ahorcan, lo ahorcan! ¡Aflójenle, por Dios!" De súbito sentí que me tiraban de la cola (¡de la cola, mi dedo malo!) para el lado izquierdo, y caí al suelo con estruendo. Por un rato no supe de mí, y cuando recobré el sentido, tenía puesta la jáquima y me estaban trasquilando. Cortáronme también las superfluidades de los cascos y me soltaron. Me levanté aturdido y con los ojos turbios, y me dirigí hacia donde, más por el oído y por el olfato que por la vista, advertí que se hallaba el grupo de las yeguas. Si entonces hubiera tenido la presunción y la arrogancia que sentí años después, me hubiera avergonzado de dejarme ver en la ridícula figura que hacía después del trasquilamiento. Yo no tenía en qué mirarme, pero mis compañeros de rasura me servían de espejo.

La segunda vez que me cogieron para atusarme no hubo necesidad de que me echaran a la pata; cuando estuve completamente sofocado, caí, y un mozo se me sentó en el pescuezo; me agarró una oreja con la mano izquierda; y, con la derecha, me asió de las quijadas y me levantó el hocico, con lo cual, aunque me quedó libertad para patalear, no pude levantarme.

El mismo día en que esto sucedió, vi derribar yeguas y potros de otras dos maneras. Habían venido a la hacienda unos *vaqueros* de Sogamoso, diestros, esforzados, ágiles, fanfarrones y petulantes y declararon en voz alta que los vaqueros de la Sabana no sabían manejar animales. Esto picó vivamente el amor propio de los mozos de la hacienda, y uno de éstos, que se llamaba Damián, dijo que iba a enseñarles a los forasteros a *barbear*.

Tenían en este punto enlazada una potranca cerrera, y Damián se le dirigió, *yéndose por el rejo*; asió con la zurda la oreja izquierda del animal; y, con la mano derecha, le agarró la quijada y se la torció levantándola al mismo tiempo que tiraba la oreja hacia bajo. La potranca perdió el equilibrio, cayó, y Damián se le sentó en el pescuezo. Los forasteros miraron esa hazaña con el mayor desprecio. Enlazaron una yegua cerrera y aseguraron el rejo en el bramadero; uno se acercó a la yegua, le agarró la oreja izquierda con su mano del mismo lado; le echó la pierna derecha por encima del lomo; y mientras el animal corcoveaba, con la diestra le tomó la quijada y le volvió el hocico hacia arriba; la yegua vino al suelo, y el vaquero le quedó sentado encima del cuello sin haber soltado ni la oreja ni la quijada.

Ahora filosofemos un poco. El caballo ha sido hecho para vivir con el hombre y para servirle: así lo prueban la facilidad con que se doma y el hecho de que, mientras los individuos de las castas o familias caballares que caen bajo la mano del hombre van adquiriendo perfecciones y desarrollo que jamás alcanzarían permaneciendo en su prístina salvajez, las razas que no salen de ésta van en decadencia progresiva. El natural crecimiento de los cascos y de las crines balda y degrada en pocos años al caballo que vive independiente del hombre.

Pero los instintos que nos hacen aptos para ser útiles compañeros de los hombres, se amortiguan y se embotan cuando no son cultivados desde temprano. Los potros de la comarca en que yo he vivido han pasado los tres primeros años de su vida lejos de los racionales; no han tenido modo de habituarse a su vista y a su trato y, lo que es peor, las raras veces que se han rozado con hombres, han recibido de éstos malos tratamientos que forzosamente se los han hecho mirar como enemigos.

Recuerdo que cierto día estuve un rato reunido en una manga con dos poderosos caballotes que habían venido a la hacienda tirando de un coche. Yo les pregunté de qué hacienda eran, y ellos se echaron a reír.

—"¿De qué hacienda, dice usted?" me contestó uno de los dos. "Nosotros estamos nacidos en Inglaterra". Y al decir esto, se le llenaba la boca y erguía la cabeza con arrogancia.

—Pero bien, ¿esa no es una hacienda?

–¡Hacienda! (Y aquí echó un vizcaíno malísimamente pronunciado).

–Inglaterra, terció el otro, acabando de pasar un riquísimo bocado de *carretón*, o sea trébol, Inglaterra es un distante país y mucho civilizado; y aunque allí también hay haciendas, el sistema de criando las caballas está diferente de como esto.

Este diálogo ofreció coyuntura para que ambos caballos me impusiesen (aunque me costó trabajo entenderles) en todo lo tocante a la manera de criar y de doctrinar los potros en aquel país.

–Pues, señor, concluí yo, nada tiene de extraño que aquí sea menester echar recogida, enlazar, usar del bramadero, barbear y estropear a los potros; ni que éstos y los caballos ya formados vivamos en pugna con nuestros dueños y huyamos de ellos y de toda criatura humana siempre que se nos presentan a la vista.

Capítulo 2

— Mi familia se aumenta. — Compañeros de juventud.
— Otro amo y otra vecindad. — Bosquejo de mi segundo amo.
— Su principal especulación y sus habilidades. — Principia mi
educación. — Disertación sobre las brincadas. — Mis estudios
profesionales. — Sabrosa tertulia e interesante discusión.

Nada más tendría yo que contar con relación a los tres primeros años de mi vida si un acontecimiento de familia no hubiera sido esperado y no hubiera sobrevenido. Varias conversaciones que yo había escuchado me habían impuesto en que debía nacerme un hermano; y yo aguardaba su venida al mundo, o por mejor decir, al potrero, con una curiosidad no exenta de placer y de interés. Cierto día, al amanecer, divisé a mi madre a bastante distancia del paraje en que yo había pasado la noche, y advertí que estaba como inquieta y que parecía gritar en torno de un bultito que junto a ella se movía. No me quedó duda de que ya lucía el día tan esperado y me dirigí al trote al lugar en que veía a mi madre. Al acercármele aguijado por el deseo de conocer al nuevo miembro de la familia y de hacerle algún agasajo, descubrí con sorpresa y con una especie de disgusto que lo que había nacido era un muleto.

Instintivamente volví las ancas hacia donde estaba, y produciendo el sonido, asaz contumelioso, que suele acompañar

19

a tales actos, disparé al aire un par de coces, dedicándoselas acá
en mis adentros al bastardo orejudo, a quien no habría reconocido por hermano ni aunque me lo hubieran predicado frailes
descalzos.

Desde entonces quedaron relajados los vínculos que me
unían a mi madre, y mi trato con ella empezó a adolecer de una
frialdad muy sensible; pero no puedo ocultar que los desvelos
y las caricias con que mi madre favorecía al animal ese,
excitaban en mi pecho celos y envidia. Por fortuna no pasó
mucho tiempo sin que me apartaran y me pusieran en el
potrero especialmente destinado a los potros. Allí encontré
unos treinta, todos los cuales eran amigos míos, por haberse
criado conmigo en el potrero natal. Sentí cierta elación al
hallarme entre los aspirantes al grado de caballo; procuré
tomar cierto aire de animal emancipado, y no entretenerme
más que en juegos varoniles (que los varones me perdonen esta
expresión). Cuando el amo u otras personas andaban por el
potrero, yo me acercaba a los caballos que ellos montaban, en
ademán de ir a provocarlos a reñir o a retozar; ora garbeaba
engallándome, ora amusgando las orejas estiraba el cuello y
sacudía las crines con desenfado truhanesco; ora me acercaba
mucho y, girando airosamente sobre los pies traseros, volvía a
alejarme triscando, como para dar a entender que, si trataran
de cogerme, yo sabría dejar burlado ese proyecto. Para acredi-
tarme de indómito y de travieso, busqué la compañía de los
potros más *cimarrones*, esto es, de los más difíciles de coger,
y ellos y yo, siempre que se iba a echar la recogida, corríamos
delante de los que la echaban, por un largo espacio que
mediaba entre el río y un pantano, y por más que se esforzaran
por atajarnos, seguíamos corriendo por la orilla de éste,
volvíamos a tomar la del río y repetíamos esta truhanería hasta
que un jinete, apostado de antemano en punto conveniente,
nos impedía seguir entreteniéndonos con ella. Otras veces,
corríamos dirigiéndonos con toda formalidad hacia la corraleja; y cuando íbamos llegando, corríamos en otra dirección y
fastidiábamos de lo lindo a los *recogedores*.

Por no extenderme demasiado no hablo de los últimos padecimientos que sufrí en la hacienda en que había nacido, entre los cuales bien pudiera hallar alguno cuya pintura sería harto capaz de conmover las entrañas de los que lean esta relación. Ese fue el tiempo de gran crisis. Ese fue el tiempo en que comprendí lo absoluto del señorío del hombre sobre los seres de mi especie. En desvaríos juveniles había yo soñado que, en un porvenir remoto, iba a resonar mi nombre como actualmente resonaban los de Guainás y Tundama, troncos de nobles razas. ¡Vana ilusión! Ya no me era dado aspirar sino a lucir pasajeramente y bajo el gobierno de un jinete, las prendas que pudieran hacerme reputar buen servidor del hombre.

Un hacendado, don Cesáreo, vecino de mi amo, propuso a éste que le vendiera alguno de sus mejores potros; y, a fin de que el comprador pudiese escoger, fuimos todos llevados a la corraleja. Allí permanecieron gran rato los dos hacendados mirándonos y discutiendo al principio sobre las cualidades que parecíamos tener algunos de nosotros y luego sobre el precio de aquel que fuera escogido. Al cabo el comprador, no sin titubear mucho, se inclinó a tomar un alazán de muy buena apariencia, y se ordenó que lo enlazaran; casi estrangulado por el rejo se dejó el alazán enjaquimar; don Cesáreo quiso verlo puesto al picadero, y entonces el que tenía el cabestro en la mano le dio una vuelta al bramadero, y otro muchacho, armado de zurriago, arreó al potro para hacer que girase. El potro se resistió porfiadamente y tiraba del cabestro con tanta fuerza, que la frente, el cuello y el espinazo le quedaron formando una línea recta. Don Cesáreo declaró que no quería llevar animal tan cerrero, y puso los ojos en mí, por haberle parecido desde antes poco o nada inferior al alazán. Yo, que sabía de qué se trataba, y que me sentía movido por la inclinación de todo lo nuevo, que es tan propia de los pocos años, me mostré bastante dócil y logré agradar a don Cesáreo, el cual decidió que yo sería el elegido. Convínose en el precio, y fui llevado por un paje de don Cesáreo a la otra hacienda, que se llama *Hatonuevo*.

Don Cesáreo era un viejo de corta estatura, gordiflón y mofletudo, de mejillas y nariz coloradas y de patillas abultadas y entrecanas. La expresión de su boca, cuando la cerraba, era la de una boca que acaba de saborear un bocado exquisito. Su sonrisa, que era permanente, era la de quien acaba de hacer un beneficio y está oyendo las acciones de gracias; su conversación versaba comúnmente sobre la necesidad de moralizar al pueblo y de atenuar sus penalidades. Especulaba de muy diversos modos; pero, entre sus negocios, el que más le llamaba la atención era el que consistía en comprar a huevo y vender luego a peso de oro, bestias que tuvieran alguna nulidad que pudiera encubrirse o enfermedad de que pudieran curarse mediante el largo descanso en el mejor de sus potreros. Para que no se desacreditase demasiado el artículo con que comerciaba, cuidaba de mostrar siempre algunos caballos buenos; y su propósito al comprarme, fue el de que yo sirviera de reclamo para los compradores que a él ocurrieran.

El gran conocimiento del mundo que me precio de tener, se lo debo en gran parte a la selecta sociedad en que viví mientras estuve en poder de mi amo don Cesáreo. Manteníanse conmigo en el potrero caballos, yeguas, mulas, machos y hasta burros de todas edades y de todas condiciones. Había entre ellos beneméritos veteranos que llevaban en la cruz o en el lomo, o en ambas partes, su hoja de servicios, bajo la forma de peladuras más o menos lustrosas que, por disposición del amo, se sobaban casi todos los días con ungüentos que dizque tenían la virtud de hacer salir el pelo.

Para negociar los animales que no echaban pelo, el amo cuidaba de que los compradores no los vieran desensillados. A los muy flacos se les daba arsénico, con lo que, por algunos días, parecían más lucios. A los *patones* se les aplicaba yodo en los menudillos y las cuartillas para que se les enjutasen; a los sarnosos se les embadurnaba de azufre, y a todos se les administraban purgas y se les sacaba el haba cuando ingresaban en aquel hospital; y se les almohaceaba, cepillaba y peinaba casi diariamente. A un caballo muy bueno que estaba allí, le faltaba la mitad de cada oreja. Él mismo, explicando con qué motivo adolecía de tan grave deformidad, nos contaba que había pertenecido al cura de un pueblo cuyos vecinos, que eran díscolos y mal acondicionados, aborrecían a su párroco, y una noche habían desfogado en su caballo las malas pasiones que contra aquél abrigaban.

Don Cesáreo, para dar a este animal el valor que tendría si hubiera conservado la integridad de sus miembros, acordó desorejarlo por entero y fabricarle con piel de ternero nonato unas orejas, que unidas a la jáquima por medio de uno de los ingeniosos artificios en que don Cesáreo era tan fecundo, restituyeran al caballo su prístina gallardía.

Yo estaba presente el día que mi amo lo vendió, y casi me ahogó la risa cuando vi el empeño que tomaba el regalarle al comprador la jáquima con que le había presentado el caballo. El comprador, que era un mocito de Bogotá muy delicado y encogido, rehusaba obstinadamente admitir el obsequio; pero don Cesáreo porfió tanto, asegurándole que tenía el mayor placer en que usara la jáquima en nombre suyo, que, poniéndose muy colorado, el joven se deshizo en agradecimientos y tomó el portante llevándose el caballo con la jáquima y las orejas.

A otro bogotanito intonso, hacendado novicio, le vendió el patrón una yegua de veinte años, haciéndole palpar que todavía no le había salido el colmillo, y asegurándole que si la veía sin dientes, era porque los estaba mudando.

Cuando los defectos de que adolecían las bestias destinadas a aquel comercio fraudulento no eran físicos... sino morales, don Cesáreo hacía las montaran jinetes que, por medios violentos, las obligaban a enmendarse; pero la enmienda no aprovechaba sino por el tiempo indispensable para engañar a un comprador, pues es sabido que los vicios o resabios que adquiere un individuo de mi especie o de la especie mular, rara vez se curan radicalmente si no es con la muerte.

Que los hombres sean de una naturaleza superior a la de los brutos no puedo dudarlo; pero nunca entenderé cómo se compadece esa superioridad del hombre con su disposición a engañar. Yo me enorgullezco sintiendo que no puedo hacerlo; y creo que aunque pudiera, me contendría la vergüenza. Un hombre se sonroja de que otros sepan que ha mentido y no se sonroja de saberlo él mismo. ¡Qué confesión tan oprobiosa de que su propio juicio no vale nada!

Don Cesáreo, que se estimaba bastante para no sufrir que se le tuviese por ladrón, por borracho, por libertino o por blasfemo, no se estimaba bastante para huir de envilecerse a sus propios ojos mintiendo y engañando.

Yo había cumplido tres años, y don Cesáreo dispuso que se me empezara a amansar juntamente con un potro cervudo de la misma edad. Yo debía ser quebrantado por Geroncio, amansador de fuera de la hacienda, que gozaba en la comarca de bastante fama; y a mi compañero tocaba habérselas con Damián, el mozo de la hacienda de que ya he hecho mención. Aunque éste se preciaba de jaque y forzudo y era tan zafio como podía serlo un rústico de su estofa, mi compañero se tuvo por afortunado al saber que no iba a caer en manos de Geroncio; pues éste era aún más ordinario que Damián, y además Damián respetaba al patrón y podía, por consideración a él, tratar con algún miramiento al potro que le mandaba amansar.

El día del *quebrantamiento* se nos enlazó y se nos enjaquimó poco más o menos de la manera que arriba queda descrita; se nos taparon los ojos con el tapaojos o anteojera de la jáquima y además se nos envolvió toda la parte superior de la cabeza en una *ruana*, de suerte que quedamos privados del ejercicio de la vista y del oído. Procedióse entonces a almohacearnos; y por cierto que esta operación excitó en mí terriblemente la sensibilidad, la que ya estaba bastante excitada. El sentirse uno frotado y rascado con la almohaza es ordinariamente muy agradable, pero cuando el que maneja el instrumento tiene poca habilidad, hace sentir dolores vivos en las prominencias del cuerpo en que el hueso no está resguardado por la carne.

Pusiéronme en seguida *cinchera* o cincha con un rejo, de

cuyas puntas tiraron dos mozos con bastante fuerza; y acto continuo, me echaron encima una silla *orejona* de asiento muy hondo y con coraza que el largo uso y la mugre habían hecho reluciente. No puedo ponderar bastante lo desagradable de la impresión que me produjo la grupera por afectar la parte más sensible de mi cuerpo y en la que poco más tarde había de concentrarse toda mi sensibilidad. Quitándome después la ruana que me cubría las orejas, me pusieron la cabezada, ataron la rienda a la cabeza de la silla y me levantaron el tapaojos. En los primeros instantes el aturdimiento y la rabia me dejaron inmóvil; pero al cabo sentí que se me encogían los nervios de todo el cuerpo, e instintivamente arqueé el espinazo, metí el hocico entre los brazos y la cola entre las piernas y empecé a dar corcovos, levantándome con todas mis fuerzas y volviendo al suelo con las piernas rígidas, de suerte que el sacudimiento era espantoso. Hacer esto es lo que se llama echar una *brincada*.

Los hombres juzgan que los caballos brincamos voluntariamente y por pura rebeldía; pero están muy engañados. La brincada es una especie de convulsión excitada por sensaciones tan vivas y tan penosas, que aunque el caballo quisiera sosegarse no lo conseguiría. Cuando los caballos hacemos corvetas por gallardear, y cuando damos saltos voluntarios, juegan todas las articulaciones de nuestro cuerpo; cuando damos una *brincada*, se suspende el juego de las más de ellas.

La que yo eché con la silla fue dilatada y repetida tres veces, porque los golpes que me daban los estribos y las cosquillas que me hacían la retranca y la grupera, mantenían viva la primera impresión.

Con mi compañero el cervuno se hizo lo mismo que conmigo, y llegó el momento de la montada. Don Cesáreo ordenó que los dos potros fuésemos amadrinados, esto es, sujetados por sendos jinetes, que debían seguir nuestros movimientos e impedir que brincáramos. Damián se sometió a esta disposición, pero Geroncio declaró que no dejaba que le amadrinaran su potro, porque él no tenía miedo. A un mismo tiempo fuimos montados, y a un tiempo mismo dijeron los amansadores: "destapen". Yo, en mi agitación, no pude ver lo que pasó con mi compañero; pero luego supe que, no habiéndole el amadrinado dejado *meter la cabeza*, no había podido hacer otra cosa que dar saltos hacia adelante y tratar de correr. Yo brinqué con Geroncio como había brincado con la silla, pero Geroncio se mantuvo firme.

Cuando ya estuvimos más sosegados, empezaron los amansadores la tarea, con que tanto nos habían de atormentar por mucho tiempo, de enseñarnos a obedecer a la rienda. Para ello, tomaban la de un lado, la ponían a la altura de su rodilla y tiraban hasta que lo obligaban a uno a doblar el pescuezo y a volver el cuerpo.

De cuando en cuando, para forzarnos a recular, tiraban juntamente de las dos riendas y con ellas nos daban pequeñas sacudidas. En medio de este fatigoso ejercicio recibíamos azotes dados con unos corbachos que casi nos abrían las carnes.

Con intervalos de a diez o doce días se nos *dieron otras dos montadas*, en las cuales pasó poco más o menos lo mismo que en la primera; y en las posteriores, fuimos cediendo, a la fuerza y al hábito, con lo que se vino a tratar de que nos arrendasen y nos arreglasen en forma.

Geroncio pasaba, no sólo por amansador, sino también por picador (vulgo, chalán), y don Cesáreo dejó a Geroncio el cuidado de arreglarme. En menguada hora tomó tal determinación, pues a ella se debió la desgracia que más ha acibarado mi existencia y que no permitió que don Cesáreo sacara de ser dueño mío las ventajas que se había prometido.

El sistema de Geroncio para acabar de domar un caballo nuevo, para arrendarlo, para arreglarle el paso y *para sacarle brío*, como él decía, consistía únicamente en el empleo de medios violentos y bárbaros. A mí me hacía trabajar sin medida y sin miramiento; hacía sobre mis lomos jornadas largas; me dejaba sin descanso hasta una semana entera; y, lo que era peor, se desmontaba al anochecer a la puerta de la venta de que era parroquiano, me dejaba atado a una de las columnas de la *ramada* (cobertizo anexo a la casa), y pasaba tres o cuatro horas bebiendo, jugando, conversando y, no raras veces, riñendo. Durante esas horas, mortales para mí, solía yo distraer el tedio conversando con los caballos de otros parroquianos.

En una de las ocasiones en que se hallaban allí muchos caballos, era la noche de un domingo, se animó la conversación y oí con gusto la que trabaron tres o cuatro de los más gárrulos y experimentados, sobre las circunstancias que hacen más penosa nuestra suerte. Uno que había servido a ciertos jóvenes ricos, hijos de un campesino muy connotado, sostenía que no había caballo más infeliz que el que sirve a personas, como sus antiguos amos, que cifran toda su vanidad en hacer jornadas en brevísimo tiempo. Una vez había llevado a uno de los jóvenes desde un extremo de la Sabana hasta el otro, recorriendo una distancia de cosa de veinte leguas, en cuatro horas y media. Yo no sé si diría la verdad, o si el ejemplo de sus amos lo habría acostumbrado a mentir; pues es constante que los que tienen la afición que a éstos dominaba, están siempre dispuestos a sacrificar la verdad a su ridícula presunción; pero, por experiencia propia, sé también que los que están dominados por ella sí abusan cruelmente de las fuerzas de sus cabalgaduras, solamente para procurarse la satisfacción de referir que se han trasladado de cierto lugar a otro en tiempo más corto que el que de ordinario se emplea en recorrer la distancia que los separa.

Otro de los interlocutores afirmaba que era tanto peor la suerte de los caballos de cacería, cuando éstos se ven forzados a servir por varios días continuos, teniendo a veces que correr por entre breñas y precipicios, subiendo y bajando, sin aflojar el paso, cuestas tan escarpadas que nadie, sin la especie de frenesí que posee al cazador, se atrevería a recorrerlas. Añadió que, mientras aquellos señores de las jornadas maravillosas pasan por lo común la noche en lugares en que hay potrero o pesebrera, los caballos de los cazadores pasan las noches de claro en claro, ya atados a un árbol, al lado del vivac de sus amos, en el que éstos charlan y cenan a todo su sabor; ya sueltos en matorrales o en pedregales en que no pueden hallar agua ni pacer una brizna de hierba.

Apoyando el parecer del preopinante, un castaño muy machucho, que también había pertenecido a un cazador, refirió maravillosas y tremendas aventuras en que se había hallado cuando su dueño iba a cazar por el páramo de Chingaza, en el que, amén de las circunstancias que dondequiera hacen penoso y arriesgado el ejercicio de la caza, se hallan a cada paso, y aun en las cimas de los cerros, tremedales espantosos y de grande extensión. Explicábanos el castaño que los tremedales son unos sitios en que el suelo ofrece la apariencia de un prado cubierto de hierba, y en que, debajo de la capa que lo forma y que es enteramente blanda, se halla otra muy profunda de agua o de barro. Contaba que él había caído varias veces en tremedales llevando encima a su amo; que a malas penas habían podido entrambos mantener la cabeza fuera del hoyo que habían formado al hundirse; que quien cae en un tremedal se ve más enterrado y más perdido con los esfuerzos que hace por salir; y, finalmente, que sólo escaparon con vida mediante uno de aquellos milagros que prueban que Dios, o más probablemente el Diablo, vela con una solicitud muy especial por la seguridad de los cazadores.

Muy sabrosa estaba la plática, y ya dos de los tertulianos habían empezado a interrumpir la relación del castaño para rebatir su opinión y para sustentar otras, cuando oímos que nuestros jinetes se estaban despidiendo de la ventera con chistes de grueso calibre; y vimos que se nos acercaban echando tufaradas apestosas de alcohol y de tabaco.

Bien hubiéramos querido prolongar la tertulia, no obstante que ya era intolerable el dolor que sentíamos en las patas; pero fue preciso dejar para mejor coyuntura lo que quedaba por decir.

Capítulo 3

- *Método de enseñanza empleado por mi preceptor.*
- *Mi mala estrella se deja ver sobre el horizonte.*
- *Concurro a unas fiestas y amenizo un espectáculo.*
- *Qué estómago le hacen estas cosas a don Cesáreo.*

Los fines que debía proponerse mi *chalán* eran el de arrendarme bien y el de acostumbrarme a andar de paso sin perderlo y sin amblar (vulgo, sin *retrabarme*). Para tales fines acostumbraba, como todos sus comprofesores, ponerme en lugar de freno, un bozal de hierro que fue liso al principio, pero que dejó su lugar a un *bozal de dientes* cuando Geroncio creyó que yo era indócil y que tenía la boca demasiado dura; para corregirme me fatigaba incesantemente haciéndome revolver y recular. Al cabo de algunos días declaró que ya era tiempo de ponerme freno; empezó a hacérmelo usar con falsarrienda, y siguió ejercitándome como antes. Tanto para *ponerme boca*, según él decía, como para *arreglarme* el paso, ocurrió a darme *sentadas*, esto es, a tener bruscamente las riendas echando el cuerpo para atrás, con lo que me obligaba a pararme en seco, doblando demasiado los corvejones. Ignoro qué efecto esperan los *chalanes* que a la larga produzcan las sentadas: lo que sé es que a mí me hacían seguir andando con miedo, de suerte que me iba deteniendo de cuando en cuando, pues ya me parecía que iba a sentir el sofrenazo, sobre todo al percibir cualquier movimiento del jinete.

Mi amable institutor dio en que, para enseñarme a ir sobre la rienda, debía usar espuelas, y con ellas me laceraba los ijares lastimosamente. Por lo común, después de dos o tres violentos espolazos, venía una sentada.

A mis excelentes disposiciones naturales se hubo de deber que yo hubiera venido en lo sucesivo a tener buena boca y que no hubiera perdido el *paso* que había heredado de mis mayores. Si he de juzgar por lo que yo sentía, todo lo que Geroncio acostumbraba hacer conmigo era lo mejor y lo más eficaz que se podía escoger para despojarme de mis buenas cualidades y para llenarme de vicios.

Me he detenido de propósito contando estas cosas, porque no creía que llegara nunca el punto en que había de palpar el más funesto de los resultados que tuvo la torpeza de mi amansador. No puedo hablar de eso ni siquiera recordarlo, sin llenarme de vergüenza y de despecho. Pensar en ello es pensar que mi suerte, que pudo ser de las más envidiables, vino a ser de las más negras; que mi carrera quedó truncada y perdido mi porvenir.

Aquel diabólico abuso de las espuelas y aquel maldecido bozal de hierro me hicieron... me hicieron... ¿me atreveré a decirlo?... ¡me hicieron coleador!

Este infortunio parecerá insignificante a muchos que ignoren qué cosa es hacerse coleador un caballo. Hacerse coleador significa incapacitarse para lucir las prendas más recomendables; significa no poder ser usado ni comprado por algún hombre rico y aficionado inteligente que sepa cuidar y manejar los caballos, que no necesite agobiarlos con el trabajo abusando de su aliento, que tenga pingües potreros y pesebreras bien abastecidas; significa verse condenado por toda la vida a ser objeto de zumbas y dicharachos. Que el hombre que mire mi desgracia como de poca monta, se figure haber esperado en su adolescencia pertenecer a la más elevada de las clases sociales, brillar por sus talentos y nadar en comodidades, y que un revés de fortuna o una enfermedad cerebral lo ha condenado a no ser más que portero de oficina o repartidor de periódicos: así podrá tener una idea, aunque imperfecta, de lo que fue la ruina de todas mis esperanzas.

Acaso preguntará algún curioso: "¿Y qué tenía que ver el bozal de hierro con el coleo?".

¡Ah! Ese infernal instrumento me lastima la nariz hasta el punto de dejar descubierto el hueso. El dolor y cierta desazón nerviosa que me hacía sentir, excitaba en mí un violento deseo. una necesidad irresistible de agitarme de alguna manera; y como el único de mis miembros que estaba en libertad de moverse era la cola, no podía dejar de sacudirla. Los espolazos, y más que los espolazos, el miedo de experimentar alguno, contribuían poderosamente a hacerme sentir aquella fatal necesidad.

Y lo peor y lo más triste es que, una vez adquirido el hábito de colear, no hay nada que pueda desarraigarlo. Geroncio, no bien notó que yo empezaba a contraerlo, y que eso lo desacreditaría a él y le valdría amargos reproches de don Cesáreo, se aplicó a apalearme la cola con el guayacán de su zurriago cada vez que yo la movía; pero si ese remedio acrecentaba mis mortificaciones, no produjo el efecto de corregirme del maldecido resabio.

Muchas semanas hacía ya que me encontraba en poder de Geroncio, y don Cesáreo le había mandado decir repetidas veces que le llevara el potro porque quería verlo. Geroncio le mandaba responder que el potro había salido muy bueno, pero que no había acabado de arreglarlo enteramente; que acabaría en unos cuantos días y que iría a llevárselo muy pronto.

Pero, merced a haber escuchado ciertas conversaciones, yo sabía muy bien cuáles eran los designios que abrigaba el muy bellaco; y así no me sorprendí cuando, en una madrugada, montó otro caballo, se reunió con dos compinches suyos y, llevándome del diestro, tomó el camino de cierta población algo distante en que iban a celebrarse unas fiestas. Debo confesar que, a fin de tenerme preparado para aquella expedición, me había dejado descansar y me había cuidado un poco durante algunos días; como también que, en la posada del pueblo a que nos trasladamos, se me dieron muy buenos piensos y siempre se me administraron a tiempo, no obstante que Geroncio se dejó ver muy raras veces en su alojamiento y pasó las primeras veinticuatro horas que siguieron a nuestra llegada en una casa donde se jugaba.

Amaneció el día en que debían empezar las fiestas, y en sus primeras horas me aturdió el repique de las campanas y el traqueo de los cohetes con que se solemnizó la fiesta de iglesia.

A medio día salí llevando a cuestas a Geroncio, quien, reuniéndose con unos cien jinetes, partió para el potrero en que estaban recogidos los toros que habían de lidiarse en la plaza. Al entrar en ella los toros y la cabalgata, se levantó la más alegre y alta vocería; los músicos rompieron a tocar, y atronaron el aire centenares de cohetes.

Revueltos y confundidos en la plaza los hombres de a caballo, la gente de a pie y los toros, y envueltos todos en nubes de polvo, reinó allí por bastante tiempo una confusión espantosa. El alcalde y los alféreces de la fiesta, esto es, los que la costeaban, daban órdenes que nadie atendía para hacer cesar el tumulto, y éste duró hasta que uno de los jinetes enlazó un toro, que viéndose separado del hatajo, comenzó a correr, a embestir y a hacer venir al suelo con el rejo a los de a pie, que corrían despavoridos y desatentados en cierta dirección, creyendo huir del toro y saliéndole al encuentro.

Con esto se logró que la gente de a pie despejase un poco la plaza; y entonces fue fácil meter al coso la mayor parte del ganado; pero como por fin se hubiesen quedado fuera dos toros, se resolvió enlazar uno de los dos para meterlo por fuerza. Sobre entrambos llovieron rejos y entrambos quedaron enlazados de la cepa de las astas. Pero era preciso *echarles a la pata*: al uno, para poderle quitar el rejo de la cabeza y dejarlo suelto en la plaza; y al otro, para soltarlo dentro del coso. Lloviéronles también rejos a las patas, y Geroncio tuvo la buena suerte de enlazar de una de ellas uno de los toros; volvióme la cabeza dándole las espaldas al toro y *metió arción*. La cincha estaba floja, yo me estremecí de espanto al sentir el ruido que hacía el rejo en la cabeza de la silla y aquellos tirones con que parecía que el toro pretendía derribarme o arrancarme la silla de encima de los lomos; fui a encabritarme, y no acababa de intentarlo, cuando me sentí derribado de espaldas, con la silla entre las piernas y enredado en el rejo. Me levanté loco y ciego y corrí frenéticamente hasta estrellarme con una de las barreras, o sea una de las cercas de los ángulos de la plaza, por sobre las cuales y por entre cuyos intersticios miraban millares de personas en tumultuoso espectáculo. Detenido allí, pero aguijado por la silla que aún no se me había desprendido, seguí mi vertiginosa carrera por el rededor de la plaza, estimulado, aplaudido, silbado y más y más enloquecido por toda la turba que era testigo de mi desventura. Ya yo había dejado esparcidos los míseros fragmentos de la montura, cuando, sin saber cómo, me sentí detenido, agarrotado y sacado de la plaza. En la posada alcancé a oír los quejidos y los reniegos de Geroncio, que no había quedado, por fortuna para mí, en estado de seguir tomando parte en las malhadadas fiestas.

A ellas concurrió el mayordomo de mi antiguo amo don Próspero, y tuvo ocasiones sobradas de verme y de conocer que yo era el potro vendido a don Cesáreo. Éste supo de boca del mayordomo la historia de lo ocurrido en las fiestas, con lo que tomó un berrinche que hizo desaparecer por un día entero la plácida expresión de su fisonomía. Luego puso en movimiento a todos los muchachos y peones de la hacienda a fin de que se averiguase mi paradero, y uno de ellos dio conmigo en una posada que se hallaba a mitad del camino del pueblo de las fiestas, en la que Geroncio, todo contuso y maltrecho, estaba bizmándose, descansando y tratando de recobrar fuerzas para continuar el viaje.

Mi amo me recibió de tan perverso talante como si yo, en vez de ser víctima, hubiera sido autor de las barrabasadas de Geroncio. Por fortuna, con todo su mal humor, viendo mi extenuación y las señales que llevaba en la nariz, en los ijares y en todo el cuerpo, no pudo tomar otra determinación que la que tomó, esto es, la de hacerme soltar en el potrero más abundante en pasto, ordenando en tono enérgico que no se me tocase ni se me inquietase con ningún pretexto hasta que me hallara en el mismo estado en que me hallaba antes de ir a manos del villano amansador.

Este desvergonzado, según lo supe de boca de un camarada que fue testigo de ello, vino algunos días después a pedir el pago de mi amansamiento. Presentósele a don Cesáreo con la cabeza entrapajada, con un brazo en cabestrillo, cabizbajo y con aire doliente y contrito. A la primera reconvención, le contestó a mi señor con mucha humildad y dándole el tratamiento de *mi amo*; pero, como don Cesáreo vio que había dado en blando, se animó a levantar más la voz y a emplear expresiones acerbas e injuriosas, con lo que Geroncio se sulfuró de lo bueno e insultó a don Cesáreo, lo *voseó* y lo trató de viejo puerco y miserable, hasta que mi amo, después de jurar por todo lo más sagrado que no le daría un ochavo, amenazó al patán con demandarlo por los daños que había causado a un potro de tanta estimación como yo, y volviéndole las espaldas se retiró a lo interior de la casa.

Capítulo 4

– Bienestar material y malestar moral.
– Melancólicas reflexiones y propósito descabellado.
– Adquiero dos buenos amigos y sigo un excelente consejo.
– Cualidades de mis nuevos amigos. – Merengue da principio
a su historia. – Alarmante interrupción de su relato.

En *El Paisaje*, potrero de ceba a donde me llevaron, no había animal ninguno de mi especie, con lo que, por primera vez en mi vida, me hallé en absoluta soledad. No reputaba yo como compañeros a los bueyes que en número de sesenta u ochenta, e imitando, aunque sin saberlo, la conducta que según he oído decir, deben observar los hombres, se preparaban en el retiro para la muerte. Los bueyes con su nunca desmentida gravedad, con su aire de honradez, de integridad y de cordura, me inspiraban tal respeto, que nunca me habría atrevido a entrar en relaciones con ellos; ni me parecía probable que con ellos pudiera comunicarme por los mismos medios de que nos servimos los caballos en nuestro trato recíproco.

Gracias a aquel aislamiento en que me hallaba caí en una negra melancolía y me entregué a las más desconsoladoras cavilaciones.

Di en repasar los sucesos de mi vida tan corta todavía y ya acibarada con tantos padecimientos. Meditaba sobre la crueldad e injusticia del trato que me habían dado los hombres; se me representaban al vivo las escenas en que yo había tenido parte, siempre como víctima, y otras en que había visto maltratar inicuamente a seres de mi especie; ponderaba la insensibilidad de que hizo prueba mi primitivo dueño cuando me entregó a un extraño sin dar muestra alguna de sentimiento, sin hacerme una caricia y sin dirigirme una palabra de cariño; recordaba al odioso Geroncio, que, antes de saber si yo merecería castigo, me aplicaba el más riguroso; me llenaba de indignación contemplando que los hombres que habían sido testigos de mis quebrantos sólo en un caso habían acudido a auxiliarme, y en un caso sólo había habido quien manifestase compasión al verme sufrir. Lejos de mostrarse compadecidos, por lo común habían convertido mis cuitas en materia de chacota y de grosero entretenimiento.

Discurría también que si nuestros tiranos nos procuran el alimento y otras conveniencias, no lo hacen generosamente, por benevolencia ni por afecto, sino porque les interesa conservarnos y mantenernos en un estado en que podamos servirles. Pensaba, finalmente, que las plantas que produce la tierra para sustentarnos son tan nuestras como el aire y como la luz del sol, y que el hombre, lejos de hacernos favor cuando las destina a nuestro servicio, comete una iniquidad cuando pone límites y cortapisas al uso que de ellas podemos hacer.

Estas y otras insanas cavilaciones me hicieron al cabo concebir una idea que tuve por original y extravagante, pero que ha debido ocurrírseles a muchos de los animales sujetos al hombre. ¿Por qué, me dije, no he de huir de los hombres y de los lugares que ellos habitan, para ir a vivir a mis anchas en alguna comarca que no se halle infestada con su odiosa presencia? Yo soy bastante ágil para saltar los vallados y las zanjas que encuentre en mi camino y bastante fuerte para salvar montañas y para atravesar ríos. En el viaje único y bastante corto que he hecho en mi vida, he visto presentárseme sucesivamente muchas llanuras dilatadas y muchas y muy lejanas sierras; y a varios de mis semejantes les he oído hablar de tierras a donde no han llegado sino después de caminar por semanas enteras al través de terrenos despoblados. El mundo es sin duda bastante espacioso para brindar morada y sustento a los animales que quieran vivir libres e independientes.

Al principio no admití esta idea más que como una de tantas que pueden servir para dar ejercicio a la fantasía y entretenimiento al ánimo; pero a fuerza de rumiarla, vine a familiarizarme con ella y a formar el proyecto de pasar a nado el río que por un costado cerraba el potrero, y de empezar a caminar con constancia y siempre en una misma dirección hasta que diese con la que para mí había de ser patria adoptiva.

Sabe Dios si yo habría puesto por obra mi descabellada resolución, y cúantos trabajos me habría aparejado mi temeridad, si durante el tiempo que yo había resuelto dejar transcurrir antes de cometerla, a fin de recobrar el vigor que Geroncio me había hecho perder, no me hubiera deparado la suerte un amigo prudente y experto que me apartara de mi loco designio.

Cierto día, cuando menos lo esperaba, vinieron a sacarme de mi melancólica abstracción dos relinchos que sonaron muy cerca del punto donde yo estaba. Levanté la cabeza y quedé agradablemente sorprendido al ver que se me acercaban dos caballos, grande el uno, zaino y de bizarra estampa; roano el otro, extraordinariamente pequeño y muy gracioso. Correspondíles el saludo relinchando muy expresivamente y les salí al encuentro con satisfacción nada fingida. El haber hallado en ellos una compañía y trato agradable y afectuoso disipó en parte la murria que tan marchito me tenía, y me dispuse a oír con docilidad las instrucciones y los consejos que el zaino empezó a darme, desde que, establecida la confianza entre los dos, conoció mi situación y se enteró del designio que yo me preparaba a llevar a cabo.

El zaino, que, según me dijo, se llama Morgante, era un caballo que frisaba en los trece años, pero que merced a su vigorosa complexión, y a haber estado la mayor parte de su vida en poder de amos inteligentes y solícitos, conservaba su salud y sus facultades. Era más despejado y de mejores explicaderas que todos los caballos que yo había tratado; en la guerra y en largos viajes había tenido ocasiones abundantes de conocer a los hombres y a los caballos; y, en suma, era el individuo de la especie que mejor podía aconsejar a un potro como yo, que aunque presumía de muy experimentado y muy corrido, tenía los cascos a la jineta como cualquiera otro de su misma edad.

Este buen amigo me convenció sin mucho trabajo de que el intento que yo abrigaba era una insensatez de a folio. Hízome ver en primer lugar que cualquiera que fuese el camino por donde huyera, mi dueño no tardaría en descubrir mi paradero, y en haceme coger, ya por medio de sus propios agentes, ya por el de las autoridades. Añadió que si, por rara casualidad, lograba burlarme de las pesquisas de don Cesáreo, en ninguna parte había de faltar quien se apoderara de mí como de cosa sin dueño. Me demostró que los caballos no podemos vivir independientes y que el único arbitrio que está en mano de un individuo de nuestra especie, no ya para ser feliz, pues en la tierra (y esto lo dijo suspirando) no se puede encontrar la felicidad, sino para procurarse algún bienestar, es someterse de buena voluntad al dueño o al jinete a quien le toque obedecer, y hacerse digno de su estimación ejercitando en su servicio las habilidades y exhibiendo las dotes que más aprecian y apetecen los hombres en un individuo de nuestra raza. Un caballo manso, exento de resabios, vivo y de suave movimiento, va por lo común, si no está enfermo y si no es monstruosamente feo, a manos de un amo que, ya que no por cariño, por miedo de perderlo o de perder parte de su valor, tiene cuidado de él y se abstiene de abusar de sus fuerzas. Y no es raro que un hombre se apasione por un caballo que le sirva bien: he visto varias veces al dueño de una bestia de poco valor rehusar una cantidad exorbitante que le ofrecen por ella, únicamente porque le ha cobrado cariño y se lo han cobrado su mujer y sus hijos. He visto también, y tú verás tal vez en las haciendas, caballos viejos e inutilizados a quienes jubilan y mantienen desinteresadamente en atención a sus antiguos servicios. Por último, si se hubiera realizado tu sueño, habrías ido a pasar en algún desierto trabajos más crueles que los que has pasado en manos de Geroncio.

No necesito afirmar que antes de que Morgante acabara de discurrir, me tenía superabundantemente convencido y aun medio avergonzado de mi falta de seso.

El roanito, que con Morgante había venido al potrero, era jovial, vivaracho y bullicioso; varias veces había interrumpido a su compañero con observaciones propias para confirmar más su dictamen, y noté que debía de haber oído a menudo a personas dadas a las chanzas y a los donaires, porque se esforzaba por decir chistes. Habiéndole yo cobrado bastante afecto, me dolía que, con ese vano prurito, desluciera sus amables prendas; y no pude dejar de amonestarlo sobre ese particular. Morgante dijo que él ya lo había hecho otras veces, explicándole que a los animales no les es dado ni producir ni apreciar las especies que los hombres llaman graciosas, jocosas o grotescas; y que, aun entre los hombres, la facultad de producirlas y la de apreciarlas, no se desarrolla sino mediante la cultura; por lo cual los salvajes no entienden ni de chístes ni de chanzas; y los que se hallan en un estado medio entre la civilización y la barbarie, sólo celebran los chistes demasiado toscos y se enfadan fácilmente con los que con ellos se chancean.

Yo había observado en el caballito roano otras rarezas que no sabía explicarme, y sobre ello le moví conversación a Morgante.

–"Nada es más obvio, me dijo: *El Merengue*, que así se llama, nació de padres demasido humildes y fue criado como caballo de la más baja y abatida condición, y gracias a las vicisitudes de la fortuna, él ha tenido la de venir a ocupar una de las posiciones que son más envidiables: hoy es caballito de niño".

Esto me picó la curiosidad, y en una clara y hermosa madrugada en que El Merengue y yo habíamos dormido ya nuestras dos horitas, le hice presente mi deseo de que refiriera su historia. Él, que era chiflado y parlanchín, gustaba infinito de ser escuchado y sobre todo de hablar de sí mismo, y no se hizo repetir la insinuación.

—"Nací, dijo, en La Calera, que, como usted debe saberlo, es un distrito montuoso situado al oriente de Bogotá y cuyos moradores son, en su mayor parte, leñadores y carboneros. Ellos mismos transportan a la capital los productos de su industria, y lo hacen en bestias de carga de la peor calidad, las cuales se crían y pacen en los mismos montes de donde sacan la leña. Por de contado, entre ellas nunca se ha visto una sola que esté gorda y lucida.

Los vecinos de La Calera que van a Bogotá con sus recuas se reúnen en caravanas para volverse a su tierra. Cuando usted vaya a la ciudad y lo hagan salir por el camino del norte tendrá sobradas ocasiones de ver aquellas alegres partidas de viajeros: usted verá muchos hombres y muchas mujeres cabalgando en las bestezuelas de carga. Las mujeres van sentadas sobre las tiznadas enjalmas, sin estribo y sin apoyo ninguno. Los hombres van a horcajadas, con las piernas excesivamente abiertas, gracias a lo abultado de las enjalmas, y dejando oscilar los pies. Llevan los sombreros con fundas de cuero de ternero, que usan como precaución indispensable contra las lluvias y lloviznas que son frecuentísimas en la húmeda región en que tienen su domicilio. En las dos primeras leguas del camino van a toda la carrera de las bestias, arreando con gritos y con chasquidos de los zurriagos a las que van de vacío; y sólo se detienen en una que otra venta en que alguno de los de la partida convida a tomar un refrigerio a los que ya lo han obsequiado o a sus particulares amigos y allegados; cuando salen de la venta aguijan con más ahínco a sus cabalgaduras para alcanzar a los que van adelante. Así llegan al pie de la serranía que tienen que trasmontar, y el viaje se hace desde ese punto con menos precipitación y menos bulla, si bien no cesan la conversación, los gritos y las carcajadas.

Yo nací en La Calera de una yegua de mi mismo color, perteneciente a Romualdo Chinchilla, uno de los carboneros

que poseían más bestias de carga. A los dos años de edad fui
declarado apto para entrar en ejercicio de las funciones a que
estaba destinado. Eduquéme, como se educan muchos, empe-
zando de una vez a hacer lo que debía seguir haciendo toda mi
vida. Algo amusgué las orejas y fruncí el cuerpo cuando sentí
encima la primera carguita de leña, pero con Romualdo no se
podían gastar chanzas. Su zurriago me hizo tomar sin más
requilorios el camino de Bogotá, y yo, que al anochecer de un
domingo era potro, fui en la mañana del lunes un caballo de
carga hecho y derecho. Tampoco tardé en ser caballo de... silla,
iba a decir, pero iba a decir mal, porque fui montado sin silla y con enjalma, nada menos que por una muchacha de unos
diez años, la que, sirviéndose del cabestro de la cabezada a
guisa de rienda, me enseñó lo poquísimo que he aprendido en
materia de boca. Puede decirse que lo que sé, lo sé empírica-
mente.

Tres o cuatro años haría que yo estaba acarreando leña,
carbón y carboneros, cuando acaeció el suceso que vino a
decidir mi destino. Íbamos cierto día todos los de la recua,
camino de La Calera, cuando, antes que tomásemos la cuesta,
sobrevino, acompañado de furiosa tempestad, el aguacero más
copioso que en aquellos lugares se ha visto, y nuestros dueños
se guarecieron en las casas que hallaron más a la mano; ya casi
había anochecido cuando continuamos el viaje, y yo, que había
traído a lomo a uno de los muchachos de la comparsa, seguí de
vacío y arrastrando el cabestro de *fique*, que mi jinete, por
negligencia, no había recogido ni había atado al cuello, como
debía haberlo hecho. Cerró la noche, y yo, espantado con el
estruendo de un torrente que las aguas habían formado en
cierto punto del camino, me extravié un poco, y, al dar un
rodeo para volver a tomar la senda que seguían mis compañeros, hice que el lazo que iba arrastrando se enredase en un
espino seco, a bastante distancia del sendero y me dejase en
incapacidad de seguir caminando; tiré con todas mis fuerzas,
pero con ello sólo conseguí apretar más las lazadas que me
sujetaban. Relinché entonces a todo relinchar, pero la recua

iba ya muy arriba y nadie oyó aquellas voces con que yo pedía socorro. Velé toda aquella aciaga noche y pasé el día siguiente echándome unos ratos para descansar, y moviéndome otros en diferentes direcciones para ver de conseguir mi libertad. Al anochecer del otro día, sentí con inefable delicia que unos transeúntes, que habían debido oírme relinchar, se me acercaban. Eran unos mozos que, no siendo de La Calera, no podían conocerme. Uno de ellos, que habría sospechado por qué estaba yo allí, fue a desatarme, pero sus compañeros se lo estorbaron diciéndole que mi dueño me había, sin duda, atado a aquella mata mientras iba a hacer alguna cosa en las cercanías, y que en todo eso era mejor no meterse con lo ajeno, no fuera que luego recayeran sobre ellos sospechas de haber intentado robarme. Renuncio a pintar el amargo desconsuelo con que vi alejarse a los que ya yo había bendecido como salvadores, así como los tormentos que el hambre, la sed y la impaciencia me hicieron experimentar en dos noches y un día que permanecí en aquel suplicio. Al amanecer del segundo día, me puse por la milésima vez a buscar algo con qué engañar el hambre y tomé en la boca unos bejucos repugnantes y medio podridos que estaban enredados al pie del espino; halléles al masticarlos cierto sabor que no les había hallado las otras veces que los había probado, y era un saborcillo a cosa salada que no me pareció desagradable; incitado por él masqué mucho rato, hasta que formé un bocado que, no sin repugnancia, pude tragar. Las quijadas me dolían y no quise por lo pronto seguir masticando aquel alimento, sino que me dirigí, también por la milésima vez, hacia una mata de buena yerba que me había provocado mucho y que estaba dos dedos más allá del punto a donde el condenado cabestro me permitía llegar; esta vez sentí con sorpresa que podía pasar de ese límite, mordí la mata con delicia inexplicable y di un paso, y dos, y tres, y empecé a trotar, pareciéndome un sueño eso de sentirme dueño de mis movimientos.

Ya usted habrá caído en que aquella cosa salada que yo había mascado y triturado era el lazo de mi cabezal, que se había confundido con los bejucos. Ese lazo estaba muy sucio, y es sabido que toda mugre es salada, cualesquiera que sean su origen y su naturaleza.

La libertad que había recobrado era bien dulce; pero ella no mitigaba el hambre y la sed que me devoraban; esa última necesidad era la que más me apretaba, y el instinto y la memoria me advirtieron que como podía satisfacerla pronto era bajando al camino del norte, en el que había de hallar un arroyo de aguas abundantes y cristalinas que lo atravesaba. Un cuarto de hora haría que estaba yo como clavado en medio del arroyo, bebiendo a largos tragos y levantando la cabeza de cuando en cuando para saborear el fresco y regalado líquido, cuando me vi enrollado en una numerosa partida de bestias enjalmadas y sin carga que muchos arrieros iban aguijoneando con grande afán; uno de los zurriagazos que ellos iban distribuyendo con profusión me cayó en el anca y me hizo seguir envuelto en la tropa de bestias; corrí con ellas un buen trecho, pero al cabo y gracias a una parada de los arrieros y a la fatiga y a la inanición que me aquejaban, vine a quedarme atrás, con lo que los arrieros pudieron advertir que yo no era harina de su costal, y me dejaron en paz. Algo que quizá sería el amor patrio me incitaba a dirigirme cuanto antes a mi querencia; pero otra cosa, que indudablemente era la gazuza, me obligó a detenerme para pacer a la orilla del camino, en la que, como a menudo sucede en sitios muy frecuentados, se hallaba provisión de pasto, escaso, pero de excelente calidad.

El sitio en que yo me había puesto a sacar la tripa de mal año no distaba diez pasos de la puerta de un potrero que estaba abierta; vi que en él, y principalmente hacia la entrada, estaban el *triguillo* y el carretón que decían: "Comedme"; no pude resistir a la tentación; me instalé en el potrero como en mi propia casa y me di un hartazgo cual nunca había imaginado que podría dármelo en mi vida. A la mañana siguiente fui descubierto por un muchacho de la hacienda a que pertenecía el potrero, y llevado a presencia del patrón, excelente sujeto llamado don Manuel, el cual dispuso que, mientras se averiguaba a quién pertenecía yo, se me diese hospitalidad, previa la diligencia de quitarme la enjalma y el bozal, que después de más de ochenta horas de llevarlos, me fastidiaban sobremanera.

A este pasaje de su narración había llegado El Merengue, y ya había amanecido, cuando fuimos interrumpidos por dos muchachos de a caballo que, dándonos los silbidos especiales de que se usa en toda la Sabana para aguijar a los caballos cuando se echa la recogida, nos intimaron que debíamos ir a la corraleja. Debo advertir que Morgante se nos había reunido unos momentos antes y que fue, lo mismo que el chiquitín, testigo de un acto mío que me llenó de vergüenza y de despecho: no bien vi caballos ensillados y montados, coleé maquinalmente.

Aquella ida a la corraleja me causó alguna zozobra: yo estaba muy bien hallado con mi potrero y con la buena compañía de que en él disfrutaba, y no sería maravilla el que el amo hubiese determinado privarme de una y otra cosa, y acaso poner punto a mis vacaciones.

Durante mis primeros días compartí
con otros el privilegio de pacer en El Pasaje

CAPÍTULO 5

*– Gracioso engaño que sufre don Cesáreo. – Más datos
sobre la vida de Merengue. – Defecto de que adolece y disertación
de Morgante acerca de él. – Merengue, continuando su historia,
pinta una escena de familia.*

Mis recelos eran infundados. El patrón sólo quería ver en qué
estado nos hallábamos y hacernos almohacear y peinar. Mostróse
satisfecho; varias veces me vio colear, pero no hizo otra cosa
que reñir a un muchacho porque con su descuido en limpiar
la caballeriza había dado lugar a que los mosquitos se multipli-
caran intolerablemente. Ordenó que se nos diese un buen
pienso de salvado y que en seguida nos soltasen a nuestro
potrero.

Una vez en él, me atreví a hacer a Morgante unas preguntas
que, de tiempo atrás deseaba dirigirle, pero que se me habían
atravesado en la garganta por el respeto que me inspiraba aquel
digno caballo:

–¿Usted y su compañero son de propiedad de don Cesáreo?
¿A qué han debido el privilegio de venir a pacer en El Paisaje,
potrero que el amo no permite, excepto en casos muy extraor-
dinarios, que sea pisado más que por los bueyes que están
cebándose?

–Mi compañero y yo, me contestó Morgante, pertenecemos

al doctor Barrantes. Éste es un abogado de buena y muy merecida fama que está defendiendo a don Cesáreo en un pleito de mucha monta que lo preocupa por extremo. Don Cesáreo no pierde ocasión de obligar a su abogado: siempre le está enviando primicias de sus cosechas, corderos cebados, manzanas exquisitas u otros regalos. Viendo que nosotros no estábamos muy bien en la pesebrera en que nos tenían, le instó a nuestro dueño que nos enviase a su hacienda, prometiéndole que nos cuidaría con esmero y que nos mandaría oportunamente a la ciudad, siempre que se nos necesitase.

—Entonces, repuse, el doctor tiene un niño y éste es el amo de Merengue.

—Así es la verdad, respondió, pero no es uno sólo el niño que lo monta. Uno grandecito monta solo y es capaz de manejarlo; de suerte que con frecuencia acompaña a su padre en los paseos, y aún espera le cumpla la promesa que le ha hecho de traerlo a *Hatonuevo*, atendiendo a la invitación que don Cesáreo está reiterándole siempre con vivas instancias.

Al niño Carlitos, que es el más pequeño, lo saca por las calles a caballo un hombre formal que acude a la casa para varios menesteres. Éste va a pie y lleva del diestro al caballito, ofreciendo materia de observaciones a las mujeres y a los muchachos. Estos últimos a veces ponen a prueba la vigilancia del conductor, tratando de arrear o de espantar a Merengue.

—El amito, interrumpió éste, tiene las piernas tan cortas que no le sobresalen de la coraza, y sólo se sostiene a fuerza de agarrarse de la cabeza de la sillita.

Merengue se aprovechó de estar en uso de la palabra para referirnos otras particularidades acerca de los servicios que prestaba a los niños, confesando ingenuamente sus imperfecciones, entre las cuales se contaba la de no tener paso; me refirió que en cierto viaje de unas tres leguas que había hecho con Eduardito (el mayor de los niños), éste se había estropeado tanto, que el alborozo con que había principiado la jornada se había trocado en llanto mucho antes de terminarla; que los calzones se le habían recogido, que las piernas y otras partes del cuerpo se le habían excoriado hasta el punto de quedarle pegadas a la ropa y aun a la silla, y finalmente, que el doctor Barrantes se había visto forzado a llevar al niño en la delantera de la silla y a buscar un muchacho que, montándose en Merengue, lo condujera a la casa.

—Lo que callas, probablemente por modestia, le dijo Morgante, es que tienes el resabio de resistirte, cuando no vas tras de otra bestia, a salir del sitio en que te montan y de otros en que se te antoja pararte, encabritándote, andando hacia atrás y levantando las ancas cuando te azotan. Este defecto desluce todas tus buenas prendas y es uno de los que despojan a un caballo de todo el valor que pudiera tener.

Aquí di yo un suspiro, y, a ser posible, me hubiera puesto colorado. Pero, ¡admírese el lector!, con vergüenza y todo, di un par de coleos; y para disimular, hice ademán de morderme el costado, como para espantar unos mosquitos que no había.

—Tengo una excelente excusa, dijo Merengue: ese defecto lo tienen todos los chirriquitines como yo.

—Calla, mentecato, replicó el otro: el que pequen los demás no es excusa del pecado: tú mismo confiesas que tu resabio es un defecto, y así no puede disculparte ni aun la ignorancia.

—¿Y por qué, pregunté, es esa nulidad tan común en los caballitos pequeños?

—Por dos razones, repuso Morgante: la primera es la de que, en ellos hay, como en las mulas, cierto instinto que los hace egoístas y regalones, esto es, que los induce a procurarse conveniencias y a ahorrarse incomodidades aun a costa del buen desempeño de su oficio; la segunda es la de que, lo corto de su alzada, no permite de ordinario que los monten y los eduquen buenos amansadores, sino muchachos inexpertos e incapaces de doctrinarlos.

—Ya es tiempo, dije a Merengue, de que usted me acabe de referir su historia; tengo curiosidad de saber si Romualdo Chinchilla dio con usted y cómo pasó del dominio de un carbonero al de un abogado.

—Con mucho gusto le explicaré a usted ambas cosas, me

respondió. Chinchilla no hizo por encontrarme, porque una desgracia que acaeció la misma noche en que me separé de la recua, le dio a entender que sería inútil buscarme. El camino de la estancia de Romualdo iba en un trecho bastante largo por entre la orilla del río de La Calera y una larga grieta que estaba anunciando el derrumbamiento de aquella parte del camino. Las aguas del río habían ido derrumbando poco a poco el barranco a cuyo pie corrían; en aquella aciaga noche, la creciente acabó de socavarlo y además ahondó la grieta, con lo que aquel trozo del camino no pudo resistir el peso de las bestias y de las personas que, sin advertir el riesgo a que se exponían, entraron en él y cayó en el torrente con estruendo espantable, sumergiendo en sus hinchados y bramadores raudales a tres de las bestias de carga y a aquella hija de Romualdo que había sido mi amansadora. ¡Pobrecita! El caballo que más tarde me refirió esta lúgubre historia me decía que nunca podría olvidar ni el penetrante alarido que dio aquella niña al despeñarse, ni la respiración anhelosa y los pataleos de las bestias que por algunos instantes pugnaron desesperadamente por salvarse.

Romualdo, al echarme de menos al día siguiente al de la catástrofe, tuvo por cierto que yo era de los que habían perecido.

Obra de cuatro meses haría que estaba yo a cuerpo de rey en la hacienda de don Manuel, quien no se había cansado de practicar indagaciones, siempre infructuosas, a fin de descubrir quién era mi dueño; yo había engordado como un lechón, y todos decían que parecía una bolita; el pelo tosco y aborrascado que antes me cubría el cuerpo había desaparecido y mi piel relumbraba como raso. Don Manuel hizo que me montara uno de sus hijos, no sin que antes me probara un muchacho de los que servían en la hacienda. De aquella especie de examen resultó que fui declarado muy manso, que tenía regular boca, y en fin, que era un caballito *de silla*, Mejor hubieran acertado si hubieran dicho que era un caballito de enjalma.

Pocos días después conocí a Morgante, por haber ido en él

su dueño a visitar a don Manuel. El señor Barrantes me vio, y como tuviera de muy atrás el propósito de comprar un caballito para sus niños, rogó a don Manuel que me vendiera. Éste no podía complacerlo por la sencilla razón de que yo no era suyo; pero prometió que, si alguna vez se averiguaba quién era mi dueño, haría lo posible para que el doctor quedara servido.

Todavía *estuve perdido* algunas semanas más, al cabo de las cuales parecí por fin. Cierto día, estando yo en un potrero que demora a orilla del camino por donde transitan los carboneros de La Calera, tuve la humorada de colocar las quijadas sobre un punto de la cerca en que ésta se hallaba muy rebajada, y me puse a mirar a los que pasaban; ya hacía rato que me encontraba en mi punto de observación, cuando vi que venía una recua de bestias con cargas de carbón, fijé la atención en ellas y reconocí con un sentimiento, que era mezcla de placer y de miedo, a varios de mis antiguos compañeros; un ligero relincho que me arrancó aquella emoción, hizo que los conductores de la recua me mirasen; uno de ellos dio voces llamando a Romualdo, que iba ya muy delante, lo hizo retroceder y le mostró mi cabeza, que era la única parte de mi cuerpo que se podía divisar desde el camino.

—"¡Pero es puro al Conejito!" (este es el nombre con que se me había bautizado en mi tierra), exclamó mi amo y se me acercó un poco.

—"¡Ooora, esque puro!" dijo el que me había visto primero. "¿No ve que es el mesmo Conejo? Mírele las dos manchitas blancas en la frente".

Yo tenía, efectivamente, una mancha blanca entre los dos ojos, y otra más pequeña en la nariz. Si en vez de ver mi cabeza sola, me hubieran visto todo el cuerpo, seguro está que me hubieran conocido.

Cerciorado de que yo era yo o, hablando en términos que usa el doctor Barrantes, verificada mi identidad, Romualdo acordó seguir hasta Bogotá, y al retorno, entrar en la casa de la hacienda a tratar de recuperarme. Así lo hizo, y de ahí resultó que yo fuera comprado por don Manuel para mi actual señor, por una suma que creo que alcanzó a indemnizar a Romualdo de toda la pérdida pecuniaria que había sufrido en aquella noche de descalabro.

Don Manuel me envió al siguiente día a la ciudad. Mi entrada en la casa del doctor Barrantes fue para toda ella una gran fiesta.

Al tiempo de mi llegada, no estaban en casa más que la señora, el niño Carlitos y las criadas. La que abrió la puerta para recibir a mi conductor, sin oír a derechas el recado que enviaba don Manuel, partió a correr gritando por todas partes: "¡Vengan, vengan y verán qué cosa tan chusca!".

Todas las mujeres iban saliendo muertas de curiosidad, y al verme prorrumpían en las más expresivas exclamaciones. ¡Ay! ¡Qué cosa tan primorosa! ¡Si esto es un prodigio! ¡Es un ángel!, dijo la cocinera, y al punto la miraron las otras medio risueñas y medio escandalizadas, y ella se puso colorada. La más avispada anhelaba hacerme cariños, pero tenía recelo de acercárseme, y le preguntó al mozo que me había traído si yo sería bravo. Una vez satisfecha de mi docilidad me acarició y me sobó a todo su gusto, y sus compañeras la imitaron. De tal suerte se familiarizaron conmigo, que no tardé en tener montado al niño Carlitos, no sin que de cada lado hubiese una persona teniéndolo de los bracitos, ni sin que la señora y la cocinera repitiesen: "¡Cuidado, cuidado; miren que puede sucederle algo al niño!" "Si es mansitico, es una oveja", decía el mozo; y el atrevimiento llegó hasta hacerme andar con el niño encima en contorno del patio.

Eduardito estaba en la escuela y el doctor Barrantes en su escritorio. Dos criadas salieron con los encargos de hacer venir al primero y de decirle al segundo que viniese lo más pronto posible, porque en la casa le tenían una sorpresa.

A Eduardito no le ocultó la sirvienta el objeto de la llamada, y apenas se enteró de él, la dejó atrás, y corrió desaforadamente hasta que, dándole a la puerta de la casa un empellón soberano, se halló junto a mí. Lo primero que hizo fue enfadarse porque Carlitos estuviera montado; luego me abrazó, me besó y me palpó todo el cuerpo. Preguntóle a mi conductor si yo era mansito, si sabía correr bien aprisa y cómo me llamaba. A esta última pregunta no pudo contestar porque ignoraba que yo tuviese nombre.

El doctor Barrantes vino a casa mucho más temprano de lo que acostumbraba, y al verme recibió la más agradable sorpresa. Cuando el mozo quiso marcharse, diciendo que se le hacía tarde, el doctor le dio una buena propina, y la señora y las criadas se mostraron escandalizadas de que pretendiera irse sin comer: él participaba de la simpatía que yo había inspirado y del agasajo y la obsequiosidad de todos los de la casa. Eduardo no tuvo sosiego durante la comida: se levantaba de su asiento y corría a la cocina a conversar con el muchacho y a hacerle más preguntas atañederas a mí y a todo lo que conmigo tenía relación, y luego bajaba al patio a mirarme y a tocarme. Al venir a una de aquellas visitas me trajo pan; y se mostró muy impaciente al ver que yo no sabía comerlo; me lo introducía en la boca, pero yo, después de recibirlo como por mera condescendencia y mantenerlo entre los labios con cierto movimiento tembloroso, lo dejaba caer.

Terminada la comida de señores y criados, se pensó en la mía. Una sirvienta trajo un tercio de hierba que había comprado, tercio hipócrita que por de fuera mostraba ser de cebada, pero que por dentro contenía *guascas*, *rabancá*, malvas y ortiga. A eso de las ocho de la noche, se cayó en la cuenta de que yo no había bebido, y toda la gente, con excepción del doctor, se ocupó afanosamente en hacer que yo apagara la sed, que en efecto me atormentaba bastante. Púsoseme delante una artesa con agua, pero como ésta se movía, y moviéndose, reflejaba la luz de la vela que alumbraba la escena, yo acercaba el hocico al agua y me retiraba asustado resoplando ruidosamente. Levantaban la artesa pretendiendo hacerme sumergir el hocico en el agua; y yo me apartaba desazonado. Alguien propuso, y su racional dictamen fue seguido, que se me dejase allí la artesa, por ser muy probable que hallándome solo y sin luz me atreviese a beber.

No habiendo pesebre en la casa, me echaron la hierba en el suelo, donde la pisé mucho, y aún hice algo peor que pisarla; por lo cual mi cena de aquella noche estuvo muy lejos de ser opípara. A la mañana siguiente muy temprano, vinieron los niños y las criadas a verme, y como notaron que yo había dejado la hierba en el suelo, trataban de forzarme a comerla, poniéndome la mano sobre la cabeza y pugnando por hacérmela bajar hasta que mi hocico tocara con el pasto.

—Lo que te sucedió con ese pienso, interrumpió Morgante, sucede con toda la hierba que se les administra a los caballos en las casas de una población. El caballo no prevé que va a hacerle falta la hierba que utiliza con las patas y de esos otros modos que tú has insinuado, ni se aprovecha más que de una pequeña parte de la que le destinan; y por desgracia, no sé si el olor de la hierba o el empezar a comerla le excita ciertos órganos, con lo que hace en el sitio en que está su alimento, cosas que tal vez no haría en otra parte sino mucho más tarde. Y son pocas las personas, es decir las personas humanas, que saben que, cuando falta pesebre, la hierba debe extenderse por la orilla de una pared, desenmarañándola bien; y que a una bestia no hay que echarle de una vez cantidad considerable de pasto.

—Usted debería añadir, dijo Merengue, que aquellos efectos que usted atribuye al olor de la hierba y al hecho de empezar a comerla, los produce también el de entrar en los corredores o patios de las casas, mayormente si aquéllos están esterados.

Morgante no hizo caso de esta impertinencia, e hizo la observación de que, para un caballo campesino, no hay ratos peores que los que pasa en Bogotá. Fuera de que todo lo que ve y lo que oye le es extraño y de que se siente como gallina en corral ajeno, ni el pasto ni el agua que se le da le parecen cosa de comer ni de beber, ni le satisface, ni impide que vuelva trasijado a su potrero.

Merengue terminó su historia, que por cierto fue un poco larga y pesada, refiriéndome que el día que siguió al de su entrada al servicio de los niños Barrantes, había sido colocado en las mismas pesebreras en que mantenían a Morgante; que éste se había reído mucho, por supuesto para adentro, que es como los caballos podemos reírnos, al ver a Merengue y al oír que era el doctor Barrantes; que había deseado vivamente quedar cerca del mismo Morgante para poderse informar del carácter y condiciones de sus nuevos amos, que tan diferentes eran de los que había tenido en sus primeros años; pero que la fatalidad había querido que todos los puestos inmediatos al que ocupaba su futuro amigo, estuviesen al menos por entonces destinados a otras bestias, por lo que no había podido entrar en comunicación con él desde luego; pero al fin lo logró al cabo de muchos días.

CAPÍTULO 6

– Vengo a ser alumno de un buen maestro. – Parrafada científica.
– Una escena campestre. – Obtengo mi diploma. – Perplejidad
de don Cesáreo acerca del destino que haya de darme.
– Mi exhibición en la capital. – Su afrentoso resultado.
– Se trata de bautizarme.

Yo había rogado a Morgante que me refiriera la historia de las campañas que había hecho, mas él excusó siempre toda conversación concerniente a ellas; en lo cual, si no me engaño, se mostró caballo cuerdo y de buen gusto. Para desagraviarme de dicha falta de condescendencia, me prometió la relación de un viaje que había hecho a los Llanos de Casanare, que él llamaba el infierno de los caballos.

Pero como hubiese ido dejando para luego el cumplimiento de tal promesa, ésta no vino a cumplirse hasta después de algunos años.

Cierto compadre suyo le había predicado mucho a don Cesáreo que no pusiera sus caballos en otras manos que en las de un tal don Antero, viejo picador que había cerrado ya su estudio, pero que, mediante los empeños que él mismo podía interponer, haría excepción, a lo menos por una vez, en favor de mi amo, del cual vino muy gustoso en que se le llamase.

Ya yo había recobrado mis carnes y un vigor más grande que el que había perdido en poder del excomulgado Geroncio, y vi llegar la hora tan temida en que habían de terminar los más tranquilos y venturosos días de mi juventud, que fueron los que pasé en El Paisaje, en compañía de mi querido amigo y sesudo consejero Morgante y del títere de Merengue, a quien también había cobrado entrañable cariño.

Fui presentado a don Antero, quien, después de examinarme, declaró que yo era un bonito potro y que de mí se podía sacar un buen caballo si se me manejaba bien. Echáronme la silla para que don Antero me probase, y sucedió lo que ya el lector sabe; y en esta ocasión, todavía se ofendió a los mosquitos con un juicio temerario. Pero cuando me montó un mozo para pasearme, es decir, para ver si brincaba, se vio patentemente que yo... ¡ay!... que yo era coleador.

La maldición que don Cesáreo le echó a Geroncio y las blasfemias con que la sazonó, armonizaban muy poco con su fisonomía monjil, e hicieron que nos espeluznáramos hasta los animales que las oímos.

Trasladado al pueblo de don Antero, pueblo que pertenecía a jurisdicción distinta de la de *Hatonuevo*, empecé lo que puedo llamar mis estudios superiores. Don Antero pecaba de blando como su antecesor pecaba de duro. Decía que con la suavidad y el cariño se podía hacer de un caballo todo lo que se quisiera, máxima que, si en rigor no es aplicable a todos los casos, lo es en la mayor parte de los que se le presentan a un picador.

No era aquel un profesor consumado en el manejo, pero poseía en alto grado el don sin el cual nadie puede ejercitarse con provecho en este difícil arte, sobre todo en lo que mira al paso del caballo.

Consiste ese don en una percepción sutil de lo que no puedo designar con otro nombre que con el de *matices del movimiento*. Mediante esa facultad, desenvuelta por el ejercicio, el picador verdadero consigue con imperceptibles toques del bocado y con ligeros movimientos de su cuerpo lo que los falsos picadores no lograrán jamás con las sofrenadas, los azotes, los espolazos y demás barbaridades.

Cuando el caballo es fino, esto es, cuando el paso es en él natural, como lo es en mí y en la generalidad de los caballos de mi tierra, el picador no necesita hacer otra cosa que ejercitar a la bestia en el paso o pasos que haya heredado, evitando con esmero que se *retrabe*, es decir, que tome el paso de dos y dos.

Cuando estaba finalizando mis estudios, tuve coyuntura de ver una función de que había oído hablar a mi madre y a que deseaba vivamente asistir como mero espectador. Mi madre había tomado muchas veces parte activa en ella y le había cobrado singular antipatía.

En las inmediaciones de la manga en que me había colocado don Antero, se hallaba una *montonera*, esto es, un cercado en que las gavillas de trigo, formaban muchas hacinas (vulgo, *montones*). A corto trecho se había formado la era, sorrapeando el suelo para ponerlo igual y resistente, y levantando una provisional cerca de madera que cerraba un círculo de unos siete metros de diámetro. Una montonera se forma de varias hacinas y no ofrece a la contemplación sino los despojos áridos de lo que fuera poco antes verde y risueña pompa de la campiña; semeja una agrupación de cabañas ciegas, inhabitadas y silenciosas, de color opaco y uniforme; y, sin embargo, en una montonera se apacienta la vista deliciosamente, tal y como se recrea delante del paisaje más fresco y más ameno.

En una madrugada en que el cielo resplandecía cuajado de estrellas, vinieron muchos peones y se entregaron a la tarea de pasar el trigo de una de las hacinas a la era, en la que iban extendiéndolo. El cielo se iba poniendo rosado hacia el oriente; corrían vientecillos suaves trayendo los aromas de mil plantas y el olor de la majada que deleita a los hombres que aman el campo; el viento cambiaba a menudo, y a intervalos traía los rumores de una fuente que a no gran distancia se precipitaba por entre riscos; las aves y todos los animales que viven con el hombre llenaban el aire de cantos y de voces apacibles; y parecía como si toda la naturaleza quisiera solemnizar el acto en que un hombre iba a recibir en sus manos el más precioso de los dones que le prodiga el seno de la tierra.

El estrépito de muchas pisadas me hizo mirar en la dirección en que se percibían, y vi venir numerosa yeguada, a la que se hizo entrar en la era. En la confusión que había producido la precipitada marcha, las crías se habían separado de las madres y unas y otras relinchaban a competencia. Colocado un peón en el centro de la era, obligó a la manada a extenderse por las orillas, y se puso a arrearla con silbidos, con chasquidos del zurriago y con gritos, para que con los cascos quebrantara la mies. Así trabajaron las yeguas largo rato y, cuando ya el sol brillaba a alguna altura del horizonte, se las hizo salir, y se sacó el tamo de encima de la parva. Volvieron luego las yeguas a su labor, y bien se echaba de ver lo duro de ésta, observando que había menguado el ardimiento con que al principio se había desempeñado la tarea; ya no se relinchaba, se ijadeaba bastante; los potricos empezaban a quedarse atrás y algunas yeguas provectas y marrulleras se iban arrimando bonitamente al centro, en donde se daban algún respiro mientras el aguijador daba una vuelta y las hacía continuar al trote. De la parva, ya muy triturada, se levantaba un polvo sutil que, penetrando en las narices, hacía estornudar a los animales.

Varias veces se repitió la operación de sacar a las yeguas para *destamar*, y mientras descansaban al lado de la era, los potricos aprovechaban la ocasión para exprimir las ubres maternas.

Desempeñada por las yeguas toda su tarea, se traspaleó y se empezó a aventar lo que quedaba de la mies; y era delicioso ver cómo de las porciones arrojadas al aire con las palas, el viento se llevaba la paja, mientras el grano caía como lluvia de oro, formando al caer un ruido que alegraba los corazones.

Cuando terminó la trilla, me quedé considerando que si ella ofrecía el espectáculo más animado y, al propio tiempo el más apacible, daba a mis congéneres un trabajo harto fatigoso; y que mi madre tenía sobrado motivo para mirarlo con poca simpatía.

Don Antero, después de haberme montado muchas veces, aunque siempre por pocas horas, y de haber hecho infructuo-

samente constantes esfuerzos para corregirme de mi maldecido defecto, mandó decir a mi amo que ya me tenía arreglado;
que es como si dijéramos que me había expedido mi diploma de
caballo de silla. Don Cesáreo dispuso que don Antero viniera en
persona a hacer entrega de la mía. Aunque la noticia, que él ya
aguardaba, de que el coleo estaba en todo su vigor, enfrió todo
el entusiasmo que en él hubieran podido excitar los elogios que
de mí hizo el viejo picador, y la gallardía con que yo exhibí en
su presencia las habilidades que me adornaban, no dejó de
mostrarse satisfecho y de pagarle a don Antero sus servicios sin
regatear demasiado. Comprometiólo además a que pasara unos
días en *Hatonuevo*, dándole a entender que lo hacía por el
agrado de gozar de su compañía; pero movido allá en sus
adentros por el deseo de hacerlo montar, como por agasajo,
algunos caballos que necesitaban lecciones de un jinete bien
diestro.

Cuando experimentó verdadera satisfacción fue cuando,
después de haberme dejado descansar por ocho días, me montó;
pero mientras más prendas descubría en mí, más se aumentaba
su despecho contra el villano que había tenido la culpa de que
tales prendas hubieran quedado empañadas para siempre.

Mi dueño empezó a titubear sobre si me conservaría des-
tinándome a su servicio, o si me vendería. Lo inclinaban a lo
primero mis estimables cualidades; y a lo segundo la esperanza
de que éstas contribuirían a seducir a algún comprador bastante cándido para no advertir mi defecto, o para no hacer caso de
él aunque llegara a advertirlo. Este último partido tenía para
don Cesáreo un atractivo particular, porque, si lograba venderme bien, se procuraría dos gustos: el de guardar en su caja
la suma que dieran por mí y el de *meter un clavo*, como él decía,
esto es, el de conseguir un triunfo, por medio de artimañas.

Mientras se decidía por uno de los dos partidos, dispuso
que me montara su mujer, a fin de poder, cuando se presentara
el caso, asegurar sin mentira que yo era *un caballo de señora*;
porque, aunque don Cesáreo, como buen tratante en caballos,
no se distinguía mucho por su amor a la verdad, tenía por

sistema el decir de cuando en cuando alguna que viniese en abono de sus demás aseveraciones.

Pretendiendo tentar el vado, quiso también que yo, montado por don Antero, fuera presentado en las calles de la capital, así como los padres de una muchacha la presentan a la sociedad cuando quieren salir de ella y dar a entender con disimulo que está a disposición de quien quiera llevársela.

En Bogotá hay siempre aficionados que paran la atención en los nuevos caballos que se presentan: los inteligentes están en acecho de ocasiones para hacer un buen negocio, como suelen hacerlo si los dueños de los caballos que les llaman la atención no son muy expertos: los aficionados legos andan siempre tentados del antojo de tener un buen caballo en que se puedan lucir; y, aunque jamás hayan de satisfacer tal antojo, se regodean contemplando una bestia hermosa y distinguida, rumiando la ilusión de que son dueños de ella y la de que, si no adquieren esa bestia, es porque aguardan hacerse con otra mejor.

Contaba don Antero que en toda su vida no se había visto en aprieto como el que lo martirizó, mientras estuvo exhibiéndome por los parajes públicos de la capital. Yo estaba bastante bien adiestrado para que a mi jinete no le fuera necesario ir moviéndome la rienda ni estimulándome de ninguna manera; pero como yo no había visto nunca una población como Bogotá; como en las calles me sentí aturdido por el estruendo de los carros, por las voces y el andar de la muchedumbre que iba y venía, y se cruzaba por dondequiera; como entre los objetos que iba viendo por entre una especie de niebla que casi me cegaba, había algunos que me sorprendían, me puse torpe, indeciso y renuente; don Antero consideraba que, si me hacía sentir el bocado o me amenazaba con el talón o con el azote, yo haría público lo que con más diligencia debía ocultarse. Mi jinete, usando de una prudencia que nunca podré encarecer bastante, me llevó como pudo y sin que ocurriera novedad desde la Plaza de Bolívar hasta la extremidad norte de la tercera Calle Real. Allí en un almacén, estaban haciendo tiempo tres o cuatro aficionados de los más inteligentes; y, como fuesen conocidos de don Antero, lo obligaron a que se detuviera. Después de haberme examinado aquellos señores con gran prolijidad y de haber dado vuelta en torno de mi cuerpo para contemplarme bien, hicieron a don Antero muchas preguntas sobre mi origen y mis condiciones y llegaron a indagar si mi dueño me daría por cierta suma que a mí me pareció exorbitante, con lo que me llené de orgullo. Despidióse al cabo don Antero, y cuando con un suavísimo toque a la rienda me significó que debía seguir... ¿me atreveré a decirlo?, coleé. Mis admiradores soltaron la más insultante carcajada; y un condenado pilluelo, que arrimado a la puerta del almacén había estado presenciándolo todo, prorrumpió en alta voz: "Mírenlo, si es obispo. Vean cómo va echando bendiciones". Este es el chiste con que en la Sabana de Bogotá se hace irrisión del caballo que tiene la desgracia de ... de hacer lo que yo hacía.

Al saber mi amo cuál había sido el sonrojo que don Antero y yo habíamos padecido, tuvo gran pesadumbre, pero aún no decidió lo que debiera hacerse conmigo.

Para ver de encubrir mi defecto se probó si usándome con retranca y atando a ésta cola, se disimularían sus movimientos; y se vio que aquello aumenta en mí el prurito de colear y no cubría el vicio sino muy imperfectamente. Se consultó con varias personas experimentadas sobre si convendría hacerme cortar el nervio de la cola, y unánimemente declararon que esa bárbara operación tendría efectos contrarios al aseo y al buen parecer y que mi parte posterior haría la más desairada figura si mi cola quedara colgando como un inanimado manojo de cerdas.

Como no era imposible que yo me quedara sirviendo en la hacienda, se pensó en bautizarme, esto es, en ponerme nombre. Tratóse de esta cuestión cierto día de fiesta en que, de paseo, habían venido dos hijos de don Cesáreo, que estaban estudiando en la capital y que, según se decía, eran muy dados a las letras.

Don Antero expuso el dictamen de que, siendo yo moro, y debiendo más tarde volverme rucio claro, o totalmente blanco, no admitía duda que yo debía llamarme el *Porcelano*. Desechado este nombre, fueron propuestos el de *Rigoleto* y el de *Ernani* por aquel de los estudiantes que era más filarmónico, pero no gustaron. Sucesivamente se propusieron el de *Mudarra*, el de *Aben-Humeya* y el de *Mac-Mahon*. Contra la adopción del primero se objetó que la gente rústica, a quien disonaría el que un animal macho llevase nombre acabado en *a*, convertiría el nombre en *Mudarro*; de los otros dos se dijo que vendrían a transformarse en *Benjumea* y en *Mamón*. De la discusión resultó, por supuesto, lo que resulta de casi todas las discusiones, es decir, no resultó nada; y vino a suceder que, no en virtud de resolución ninguna, sino por la fuerza de los acontecimientos, yo no tuve al principio de mi carrera otro nombre que el genérico de los caballos de mi color, y fui conocido por *El Moro*.

CAPÍTULO 7

— Autobosquejo del autor interpolado con teorías muy metafísicas.
— Pintura del Tuerto Garmendia. — Visita que hace a mi amo.
— Cómo mi amo salió de sus perplejidades cuando menos
lo pensaba.

Una vez que en esta narración he llegado a la época en que yo me había desarrollado y educado todo lo que había de desarrollarme y de educarme, es tiempo de que trate de ofrecer al lector mi propia pintura.

Procedo de estirpe generosa: mi padre descendía de Guainás, orgullo de las márgenes del Cauca; y mi madre, del Tundama, gloria del valle que riega el Sogamoso.

Ya he dicho que nací moro, por lo cual en mi infancia parecía negro: raros eran los pelos blancos que anunciaban que a mí me había de suceder lo que a los individuos de la especie humana, esto es, que con los años, el pelo que me cubría había de irse emblanqueciendo. Mi alzada es la de aquellos caballos que, siendo grandes, no vienen a ser incómodos para el jinete por una excesiva altura; y lo largo de mi cuerpo guarda perfecta proporción con la altura. Soy cenceño y todas mis formas son ligeras. La cruz muy hacia atrás, la cabeza descarnada y pequeña, llenas las cuencas, los ojos vivos, las orejas pequeñas, empinadas e inquietas, la crin escasa y sedosa, el casco acopado. Dos son los defectos de mi configuración: hoy un poco anquiderribado (vulgo, *caído de ancas*), y otro poco propenso a llevar la cabeza levantada, sin enarcar bastante el cuello. Mis brazos estriban en el suelo con firmeza, camino garbosamente, quieta la cabeza, sin levantar las manos con afectación y moviendo las piernas con soltura. Andando en manada con otras bestias, voy casi siempre delante de todas.

Nunca he sabido lo que es echar paso de dos y dos. Mi paso más natural es el *gateado*, en el cual parece que, de una vez, no se mueve sino una de las cuatro patas; para descansar o para hacer descansar al jinete, cuando éste merece atenciones, suelo tomar el *trochado*, paso en que se mueven simultáneamente el brazo y la pata opuestos, pero sin librar bruscamente el peso del cuerpo sobre los pies, como se hace cuando se trota, sino sosteniendo ligeramente el cuerpo sobre un brazo y una pata, mientras se pisa con los otros.

A veces tomo otro paso, que es el que debe tomar un caballo bien criado cuando lleva a una señora, y que aparentemente se asemeja al de dos y dos, pero en el cual no asentamos pesadamente y produciendo sacudimiento la mano y la pata de un mismo lado. Sé galopar corto, asentado y parejo, pero los jinetes entendidos cuidan de que no ejercite esta habilidad, porque el hábito de galopar es incompatible con la conservación del buen paso. Mi carrera es tan veloz como puede serlo en un caballo no adiestrado en un circo, y sé saltar con agilidad y suavemente.

De mi brío no hablaré sin exponer primero lo que es el brío, tal como yo lo comprendo y lo siento. El brío no es, como acaso lo imagina el vulgo de los hombres, ni un temor constante del castigo ni una muestra de impaciencia o de enojo contra el jinete.

El hombre y aquellos brutos que nacen para llevar una vida activa, sienten en los primeros años de su edad un irresistible impulso interior e instintivo que los incita al movimiento y al ejercicio de las facultades que les son peculiares. De ahí vienen la inquietud y la travesura de los niños y muchas de las locuras de los jóvenes; de ahí vienen los retozos y los correteos sin objeto de los becerros, de los potros, de los cachorros, de otros muchos animales y hasta de los pollinos.

Como creo que ninguno de mis lectores habrá dejado de sentir ese impulso natural, creo también que ni uno solo dejará de entenderme si le digo que el brío no es otra cosa que ese mismo impulso, impulso que no deja de animar a un caballo de calidad en todo el tiempo de su vida.

Nada tiene de singular el que en la constitución del caballo entre la necesidad del movimiento: esta necesidad le es común con otros brutos, pues bien sabemos que el león enjaulado gira incesantemente en el reducido espacio de que puede disponer, y que lo mismo se observa en otros muchos animales montaraces.

En cuanto a dejarme dominar más o menos por ese impulso, o lo que es lo mismo, en cuanto a sacar a lucir mi brío o moderarlo, yo procedo según el juicio que formo del jinete. Con un buen jinete, ágil y gallardo, me complazco en mostrarme fogoso y en hacer alarde de todas mis buenas cualidades. La pasión que siente el hombre por el caballo y el placer con que lo monta, no proceden únicamente del odio a la distancia y de la necesidad de la expansión, ni de la fascinación que ejerce el movimiento rápido: el caballo, considerado sólo como vehículo, no tendría más atractivo que un coche o que otro inanimado aparato de los que facilitan la locomoción. El principal hechizo que tiene el caballo para el hombre, consiste en que éste, cuando va montado, se ufana y se envanece, sintiéndose a la par más vigoroso y más gallardo, y se figura su persona embellecida con lo que embellece a su cabalgadura; goza tanto ostentando los atractivos de que cree adornada su propia persona como ostentando los ajenos que temporalmente hace suyos. Y es de notarse que el caballo que antes de ser montado le parecía a su jinete desprovisto de perfecciones, suele parecerle más o menos elegante cuando va sobre él.

El caballo, a su vez, siente la propia elación que posee a su jinete; y puede decirse que, en ciertos momentos, el espíritu que anima al jinete y el que anima al caballo no son sino un solo y mismo espíritu. El jinete y el caballo se compenetran.

Cuando conozco que mi jinete es torpe y desgarbado; cuando echo de ver que se trata de jornada larga y laboriosa, me contengo dentro de ciertos límites, si bien me suelo complacer en asustar al jinete a quien cobro señalada antipatía; cuando me monta una mujer procuro convertirme en una máquina, pero en máquina inteligente y obsequiosa que sabe servir al pensamiento.

Cuando considero cuál es el ascendiente que ejerce la mujer sobre el caballo; cuando recuerdo que he visto caminar con sosiego y con aire pacífico, con tal que lleven a una mujer sobre sus lomos, a varios caballos que sólo los jinetes consumados podían montar sin peligro, me convenzo de que no hay exageración en nada de lo que dicen los hombres, cuando encarecen el poder y el prestigio que, en cada uno de ellos y en su sociedad, ejerce lo que ellos llaman la hermosa mitad del linaje humano.

Fuera del brío genuino, hay otro, falso y artificial, que es el de los caballos inertes y apáticos por naturaleza, a los cuales han enseñado los picadores a temer la espuela, el azote y los ruidos y movimientos súbitos capaces de asustarlos. Las bestias que tienen ese brío se animan cuando se las aguija, dan un repelón y en seguida van acortando gradualmente el paso y entregándose a su flojedad nativa, hasta que, estimuladas de nuevo, se agitan aturdidamente con desordenados movimientos, para volver poco después a reclamar el castigo. Tales bestias afectan creer que su jinete tiene asuntos que tratar con cuantas personas encuentra, pues siempre que ven venir alguna, aflojan el paso, y al fin se paran si no han sentido los efectos del enojo que su torpeza excita siempre en el jinete.

Graciosos lances ocurren cuando en un camino se encuentran dos individuos que cabalguen en bestias de las que creen que en todo encuentro es de rigor pararse y dar lugar a un coloquio. Cada uno piensa que el otro tiene algo que decirle; se saludan con tibieza; se preguntan mutuamente con los ojos qué se ofrece; entre atufados y corridos no hallan qué decirse, y al cabo siguen de mal talante su camino, sospechando cada cual que el otro ha querido bromear con él.

Protesto que no ha sido la vanidad quien me ha dictado este mi *autobosquejo*. Para formarlo no he tenido que hacer otra cosa que repetir lo que acerca de mis cualidades he oído infinitas veces a los conocedores que han tenido ocasión de considerarlas. Veo que al alabar algunas me he quedado corto si comparo lo que he dicho con lo que las han decantado mis dueños cuando han tratado de verderme.

Sé que no estoy, como los hombres, moralmente obligado a guardar modestia; pero sé también que el mundo, gran patrono de vicios y de desórdenes morales, confundiendo por única vez sus máximas con las que emanan de los principios más elevados, condena a los vanidosos y los castiga con el azote más duro que tiene en sus manos, que es la burla. Contemplando estas cosas, yo no me habría atrevido a dejar de ser modesto.

———

En el capítulo anterior habíamos dejado a mi amo don Cesáreo indeciso en orden al destino que había de darme. Ahora voy a referir cómo, sin que él hubiera salido de su perplejidad, vine a pasar a manos de otro dueño o, para hablar con propiedad, de otro tenedor. Pero para que se comprenda bien lo grave y lo terrible de esta crisis, es indispensable que yo presente a los lectores un retrato del *Tuerto Garmendia*.

El Tuerto Garmendia, por una irrisión de la suerte, había recibido en las fuentes bautismales el nombre de *Lucio*. Era hijo único de cierto campesino acomodado que residía en uno de los pueblos comarcanos, y andaría en la época a que me refiero en los treinta y dos años. Se había tratado de educarlo, pero se fugó del primer colegio en que se le colocó y fue expulsado del segundo. Apenas si sabía leer lo impreso y garrapatear su nombre. Sus razonamientos iban siempre puntuados con vizcaínos, empedrados de voces indecentes y salpicados de obscenidades. Si quería declarar una idea que pudiera expresarse de más de un modo, él escogía, sin equivocarse nunca en la elección, el modo más grosero y más vulgar; y si uno de tales modos era obsceno, seguro estaba que dejase de preferirlo. Era un mozallón fornido y muy esforzado. Le atravesaba la frente, de la sien izquierda a la ceja derecha, un mechón de pelo. Su ojo izquierdo era reventón y parecía que sobre la pupila le había caído una gota de sebo. Sus carnes eran abundantes y flojas; su color, el del pergamino. Su tez parecía siempre sudosa o más bien embadurnada de grasa. Los pelos de la barba se podían contar desde lejos. El ala de su enorme sombrero se desmayaba y formaba un pico por el lado derecho, merced a la tosquedad con que lo trataba. Cada vez que usaba de una de sus cosas, la manejaba como si esa fuera la última en que había de servirse de ella. Destapaba las botellas de brandy y de cerveza degollándolas de un revés de su cuchillo. Se preciaba mucho de jinete y de vaquero, y efectivamente sobresalía como tal en todo lo que exigiera fuerza y brutal atrevimiento. Usaba zamarros excesivamente anchos y resobados, de cuero de pelo muy largo; y espuelas en que se había gastado el hierro de que pudiera hacerse una buena barra. Cuando iba a caballo, los zamarros pendían sobresaliendo del estribo más de un palmo. Su zurriago era hecho de un disforme garrote de guayacán. Nunca dejaba su cuchillo, que le pendía de un cinturón barnizado por la mugre y lustrado por el uso continuo. También tenía un trabuco, pero sólo lo llevaba consigo en ocasiones solemnes. Su padre lo había habilitado más de una docena de veces; pero él había disipado el dinero sin llegar a emprender ninguna especulación. Una vez se había metido a carnicero y había encontrado el oficio muy de su agrado, porque se reservaba siempre el matar las reses; y aun adrede les daba mal la puñalada para recrearse a espacio viéndolas agonizar. Mas las otras tareas del oficio se le hicieron insoportables; lo dejó y actualmente no tenía otro que el de jugador; pero, a ratos perdidos, se ocupaba también en beber y en toda especie de entretenimientos igualmente edificativos. De las siete noches de la semana pasaba seis y media fuera de su casa, y si alguna vez entraba en ella de día, era para pedirle dinero a su padre, que ya había resuelto negárselo, y a quien, con este motivo, el muy descastado le había alzado la mano más de una vez.

Su madre, fuera de ser madre, era tonta, y le proporcionaba dinero. Entrábale primero su hijo con zalamerías, pero en seguida, si no recababa de ella inmediatamente todo lo que venía a pedirle, la injuriaba y la amenazaba. La infeliz había ya empeñado o vendido las alhajuelas que tenía, y vivía sobrecogida por miedo de que su marido se informase de los desatinos que había cometido para alimentarle sus vicios al que era azote de su casa.

Se decía que el Tuerto había cometido varios asesinatos y que sus víctimas habían sido mujeres y hombres indefensos. Por lo demás, no había mandamiento del Decálogo ni artículo del Código Penal que él no hubiese violado. Las autoridades y las poblaciones se habían conmovido con cada uno de los atentados de Garmendia, pero nadie se había atrevido a proceder contra él. ¡Ay del que lo hubiera acusado, del testigo que hubiera depuesto en contra suya, y del Juez que le hubiera levantado un sumario!

No sé si habría exageración en lo que el público decía contra Garmendia; lo que sé es que él se jactaba públicamente de haber quitado de en medio a todo el que le *había debido alguna*; de todas las fechorías que se le achacaban y aun de algunas más.

Eran las nueve de la mañana de un domingo. Yo estaba atado cerca de la puerta de la casa, en la que no respirábamos más vivientes que don Cesáreo, un pajecito y yo. El resto de la gente de la casa estaba en el pueblo. De repente llegó a la puerta el Tuerto Garmendia y, con su voz áspera y destemplada, llamó a don Cesáreo. A éste, según lo advertí sin trabajo, le hizo mal estómago la aparición de Garmendia.

Ofrecióle asiento con toda la política que pudo, y haciendo

de tripas corazón, se le mostró atento y obsequioso, porque, como toda la gente de la comarca, le tenía miedo.

—Vengo, le dijo el Tuerto, a que me venda un buen patón.

—Ay, mi amigo don Lucio, respondió mi amo: cuánto siento que usted haya venido en tan mala ocasión: no tengo ahora ni un solo caballo de qué disponer.

—Hum, hum, ¿y la partida de patones que le he visto en el potrero?

—Esos... esos... esos... son ajenos.

—Vea, don Cesáreo, el que quiero que me venda es este moro que tiene ahí cogido.

—Pero, mi querido don Lucio, si ese caballo es el caballo de Macaria: es el único que le gusta; y, además, no tengo otra bestia en que ella pueda montar.

—Si no hace nadita que vi que lo estaban amansando. ¡Ella qué va a montar en ese potrejón!

—Es que es muy manso; ya lo ha montado muchas veces.

—Nada, don Cesáreo; yo me llevo el moro: me gusta y se lo pago bien.

—No puede ser; no puede ser; nunca he pensado venderlo.

—Usted nunca ha querido hacer un negocio conmigo.

—Tendría el mayor gusto en que hoy hiciéramos uno; pero ya le digo...

—¿Es que usted está pensando que mi plata no vale lo que vale la de cualquiera otro?

—No se me amostace, mi don Lucio; usted debe estar seguro de que yo le tengo aprecio...

—Qué aprecio, ni qué... (aquí dijo una expresión que por respeto a los lectores tengo que omitir).

—Mire, mire, por Dios, mi amigo, lo que le digo es la pura verdad. Si usted quisiera más bien uno de los caballos que están en el potrero...

—¿No dice que son ajenos?

—Pero... pero... pero es que... tengo recomendación de vender algunos de esos.

–No me haga tan cotudo. Yo estoy cansado de saber que esos son los mochos viejos y dañados que usted hace convalecer para metérselos a los p... (aquí también omito una palabra). Pero yo no soy de los que se dejan clavar por un viejo miserable. ¿Ya lo oye?

Don Cesáreo se requemaba de ira. Se le había enronquecido la voz, y la cara se le ponía alternativamente muy pálida y muy encendida. Se echaba de ver que, de mil amores, habría pateado y echado de su casa a aquel bellaco; pero mi dueño amaba sobre todas las cosas la tranquilidad; y, como todos los que aspiran únicamente a este bien, era débil por todo extremo. Guardó silencio después de haber sido insultado por su salvaje interlocutor, y éste continuó:

–¿Sabe lo que hay, don Cesáreo? Que usted está pensando que yo me quedo con su plata.

–No, don Lucio; por Dios, no diga eso: si yo sé muy bien que usted es un hombre honrado...

–Pues entonces, véndame *El Moro*.

–¡Válgame Dios! Déjeme siquiera consultarlo con Macaria: el caballo no es propiamente mío sino de mi mujer.

–Nada. Disculpas. Póngale precio y ahorita mismo me lo llevo.

–Hasta eso: ni he pensado nunca lo que pueda valer ese caballo.

Yo era todo oídos para no perder una sílaba de aquel diálogo, de cuyo resultado pendía mi destino. Nada sabía yo entonces acerca de la índole y de los antecedentes del Tuerto; pero para conocer lo grave del infortunio que me amenazaba, me había bastado contemplar su cara. Ya un sudor frío había comenzado a bañarme todo el cuerpo.

–Pues sepa, prosiguió Garmendia, ya con voz alterada por la cólera, que no me voy sin el Morito.

–Nada, mi don Lucio, ¿sabe lo que hemos de hacer? Usted se aguarda a almorzar con nosotros y después hablamos.

–No puedo: allí no más me están esperando unos amigos.

Don Cesáreo sabía que los camaradas y los compañeros

habituales del Tuerto sólo eran mejores que él porque no podía haber nadie peor ni siquiera igual. Con todo, hizo por mí el sacrificio, que nunca olvidaré, de decirle a Garmendia que ellos también podían venir a almorzar. Por fortuna esta amable invitación no fue aceptada.

—No se puede; no se puede. Mire, don Cesáreo, usted no me emboba. Usted no me deja el caballo porque cree que soy un tramposo; y a mí nadie me trata de tramposo. ¿Ya lo oye?

El miedo, la indignación y la angustia me habían reducido a tal estado, que ya me fue imposible seguir oyendo el diálogo. No volví a oír ni a ver nada hasta el momento maldecido en que sentí que el odioso Tuerto me echaba encima su silla sin poner sobre el asiento los estribos ni la cincha y dejándomela caer sobre los lomos desde muy alto.

Montó, me dio un rasgón con las espuelas, me dejó andar un corto trecho, me dio una sentada que estuvo a punto de hacerme ir de espaldas; y despidiéndose de don Cesáreo le dijo: "Por sus quinientos morlacos (pesos) no tenga cuidao, que una noche de estas los gano, y...".

El ruido de un zurriagazo con que, para hacerlo seguir adelante, envolvió al caballejo en que había venido, impidió oír el fin de esta frase. Poco se perdió, porque era bien sabido que de la promesa que ella encerraba nunca había de volver a acordarse.

Capítulo 8

Por muchas semanas he tenido suspendido este trabajo. Continuarlo es volver a saborear las amarguras de los días más negros de mi vida. Paréceme que, al volver a ellos con la memoria, torno a sentir las angustias y los martirios que llenaron todas sus interminables horas. Pero la voz secreta y misteriosa que me impele a hacer la relación de mi vida, me manda *renovar un dolor infando*, y fatalmente tengo que obedecer a ella.

Cuando salimos de la casa de Hatonuevo, no estaban esperando ningunos amigos al *amigo don Lucio*: mal podrían estar cuando él había asegurado que estaban.

Después de dejar en su casa la bestia que llevaba delante, siguió Garmendia camino de cierto pueblo, en cuya plaza se desmontó. Atóme a la baranda del corredor exterior de una casa, sin quitarme el freno y sin reparar en que me dejaba al rayo de un sol que hacía ver chiribitas, y sobre un empedrado escabrosísimo, que había de maltratarme cruelmente los cascos, por estar yo entonces sin herraduras. El Tuerto desapareció y no volví a verlo hasta cerca del anochecer; vino a mostrarles a unos amigos que lo acompañaban la que él llamaba *reciente compra*. Propuso a uno de ellos que me montase para probarme, y él, que no deseaba otra cosa, estuvo al punto sobre mi lomo.

—¿A que no le prendes al pecho?, le dijo al jinete uno de los circunstantes.

—¿Que no? Ahora verás. Y me abrazó con las piernas, clavándome las espuelas en el pecho con todas sus fuerzas.

Mi primer movimiento fue el de mirar con el rabo del ojo los instrumentos del martirio que se me hacia sufrir; pero sentí aquella contracción espasmódica que acompaña y produce la *brincada*. La que yo *eché* en aquella ocasión fue violenta y prolongada; pero el pícaro que me había *prendido* se mantuvo firme como si hubiera echado raíces en la silla.

Me volvieron a atar y tornaron a desaparecer, y yo estuve clavado en el sitio en que me dejaron hasta cerca de la media noche, padeciendo los tormentos de la rabia impotente, el cansancio, el hambre, la sed y, en las últimas horas, el frío. Además me dolían las patas, las heridas de los ijares, la boca y la nariz, despedazados por el freno y el bozal.

Cuando hube llevado a Garmendia a otra casa del mismo pueblo, en la que iba a pasar el resto de la noche, me soltaron en una manga repelada, en la que no había más agua que la de un caño en que dos cerdos habían hecho varios hoyos para revolcarse en ellos.

Oí que Garmendia dio orden de que a la mañana siguiente me cogiesen y ensillasen muy temprano, porque tenía mucho que hacer.

Pasé la noche buscando hierba en los mismos lugares en que ya otras muchas bestias la habían buscado inútilmente, y acudiendo al arroyo a hacer esfuerzos por vencer la repugnancia que me inspiraba el cenagoso líquido. Me ensillaron y me pusieron el freno poco después del amanecer, y me dejaron atado a la puerta de la casa, no sobre un empedrado, como el día anterior, sino sobre un fangal, en el que permanecieron hundidos mis pies. *Mi don Lucio* tardó cinco horas en levantarse. El malestar que yo sentía era tan intolerable que casi me alegré de verlo, pues esperaba que, como tenía mucho que hacer, me montaría y siquiera me haría variar de suplicio.

Pero él salió hasta el extremo de la calle; se puso a conversar con unos polizones y con dos de sus amigos que encontró allí; luego anduvo ganduleando con ellos por otras calles y tomó aguardiente en dos tiendas. Repetía que tenía que irse y que se le había hecho tarde, pero no llegaba a desprenderse de los compañeros. Llegó a ponerse los zamarros y a soltar el cabestro, pero entonces uno de los camaradas le dijo que si iba con él al billar, él lo acompañaría luego. Fuéronse al billar, y yo estuve oyendo por cosa de dos horas los golpes de las bolas. Cuando volvieron cayeron en la cuenta de que no habían almorzado, discutieron largamente sobre si almorzarían o no en el pueblo, resolvieron el punto afirmativamente y se encaminaron a la casa en que habían de almorzar. A eso de las dos de la tarde parecía que ya se iba a emprender la jornada, pero el vagamundo que debía acompañar al Tuerto había olvidado hacer traer su caballo, y hubo que esperar a que se lo trajeran. Por fin montaron. Mi aborrecido jinete me dio el rasgón y la sentada de ordenanza; me dejó andar un poquito, y se volvió hacia la plaza, en la que topó con otros virotes que andaban también a caballo. Dirigiéronse todos a una tienda, tomaron cerveza y encendieron cigarros; montaron y picaron en ademán de ir a emprender el viaje; pero al pasar por otra tienda, se desmontaron, volvieron a beber, y salieron con aire de quien está ya expedito y listo para marcharse. Ya montados, empezaron a altercar: unos instaban para que toda la comparsa tomara el camino de cierta venta distante en donde la chicha estaba muy buena; otros invitaban a los demás a seguir para un pueblo inmediato en que vivían no sé qué muchachas; el punto no llegó a decidirse; la discusión, que se había acalorado, les secó los gaznates, y hubo que volver a una de las tiendas a

refrescárselos. En seguida se disolvió el grupo, desapareciendo
algunos y tomando varios la dirección de la venta y varios las
del pueblo de que habían hablado. Garmendia se quedó todavía
con sólo un compañero, anduvo y desanduvo muchas calles
buscando a no sé cuál de los que se habían desaparecido; lo
encontró, pero mientras conversaba con él se le perdió aquel
con quien lo había buscado. En esto se aparecieron inopinadamente tres de los que habían partido para el pueblo en que iban
a ver muchachas; el Tuerto los reconvino groseramente in-
crepándoles el que con el fin de separarse de él y de es-
cabullírsele, habían fingido la intención de irse a aquel pueblo;
uno de los tres entró en explicaciones con ánimo pacífico;
Garmendia no las aceptó; dividiéronse todos los de la pandilla
en dos parcialidades, se engrescaron y armaron una chamus-
quina de todos los demonios.

Anocheció. Garmendia resolvió quedarse en el pueblo. Me
desensillaron y fui a dar a la misma manga que la noche
anterior. Allí habría yo muerto de sed, pero llovió copiosa-
mente, se recogió alguna agua limpia en las partes más bajas
de la manga y pude beber a contento.

Si la relación que acabo de hacer de lo que sucedió en los
dos primeros días que pasé en poder del Tuerto, ha sido tan
monótona y tan enojosa como ha visto el lector, ¿cómo serían
para mí esos dos días y otras dos noches en que se repitieron
las mismas escenas y en que apuré las propias amarguras?

El jueves siguiente a aquel domingo aciago en que caí en las
uñas de Garmendia, como a éste se le hubiese agotado el dinero
que había traído y como se hubiesen ausentado los *cuartos*,
esto es, los compañeros con quienes contaba para el juego,
declaró de nuevo que tenía mucho que hacer y emprendió la
jornada. En cuatro días de riguroso ayuno y de forzado reposo
sobre empedrados y fangales, yo había perdido el vigor y la
salud; los pies me dolían agudamente y no podía ponerlos en
el suelo sin experimentar estremecimientos que me hacían
colear frenéticamente. El Tuerto se empeñó en curarme y en
restituirme el aliento a fuerza de *rasgones* y de latigazos; y,

renegando como un condenado contra el viejo don Cesáreo, que le había *metido* carísimo un caballo, sin advertirle que era coleador, me magulló el rabo y el anca a garrotazos.

Yo tenía curiosidad de saber cuál era la incumbencia tan importante de que Garmendia hablaba siempre al anunciar su partida, y cuando hubimos llegado al término del viaje, descubrí que todo se reducía a ver un gallo que le habían ponderado mucho y que pertenecía a un viejo con quien aquel holgazán había contraído amistad en las galleras de la comarca.

En hablar ociosidades y naderías sobre gallos, y en murmuraciones contra medio género humano, pasó Garmendia ese jueves, y se fue a dormir en una venta inmediata a la casa del viejo gallero. Esa noche me soltaron en una manga en que había tan poca hierba como en la de las noches anteriores. Yo, que casi no había pasado un bocado desde la madrugada del sábado, estaba como enloquecido por el hambre; hallé un *paso* en la zanja que mediaba entre la manga y un buen potrero; me aproveché de él y me puse a comer desesperadamente. La hierba era de la mejor calidad, pero muy escasa; y, buscando sitio en que abundara, me alejé mucho de la manga. En el extremo opuesto del potrero, encontré portillo; pasé por él y seguí andando y comiendo alternativamente. Cuando rayó el día, me hallé en una especie de península: yo había acertado, no sé como, durante la noche, que había sido oscurísima, a tomar el único camino seco que comunicaba aquel punto con los terrenos que había recorrido. No me pesó encontrarme allí, pues se me figuró que en ese sitio no había el Tuerto de dar conmigo. Corría el mes de mayo y las lluvias que ya habían sido copiosas y muy continuadas, iban arreciando día por día. Las aguas que casi por todas partes rodeaban el prado en que yo estaba paciendo muy a mi sabor, crecían visiblemente. De los juncos cuyo pie divisaba el día anterior, ya sólo se veían las puntas; las hileras de sauces y de eucaliptos que, a trechos, engalanaban las praderas y que yo había visto dibujarse sobre el fondo verde del césped, descollaban ahora sobre la blanca y reluciente superficie de las aguas y se retrataban en ella formando paisajes encantadores. Bandadas de patos y de otras aves acuáticas subían del sur de la Sabana atraídas por las lagunas formadas por el desbordamiento del río. Todo me anunciaba el peligro que iba a correr, pero yo no lo conocí. Durante la noche del sábado, las aguas subieron hasta cubrir el camino por donde yo había entrado en la península; me veía como encerrado, pero el espacio en que podía pacer era todavía regular, y no llegué a pensar que pudiera faltarme.

Cuando yo era joven, creía que ninguno de los contratiempos que les sobrevenían a los demás podía caer sobre mí; así como, ahora que soy viejo, creo que han de sobrevenirme hasta aquellos que a nadie le sobrevienen.

Por fin, en la tarde del lunes concebí algún recelo, mas no tan vivo que me hiciera pensar en las dificultades que tendría para salir a sitio no inundado. Antes que la aurora del día siguiente me hubiera puesto a la vista la situación a que había llegado, el agua que empezó a cubrime los cascos y que iba subiendo sensiblemente, me advirtió que yo estaba privado de alimento y amenazado tal vez de peligro aún más inmediato que el de perecer de hambre.

Pasé las primeras horas del martes en zozobra mortal; el instinto de la conservación me aconsejaba permanecer clavado en el paraje en que la inundación me había sorprendido, que era, por lo pronto, el más seguro; pero el desasosiego que me me poseía me forzaba a dar pasos, ya en una dirección, ya en otra, oliendo el agua y buscando salida, como si, pocas horas antes, no hubiese visto que por dondequiera había de encontrar aguas profundas. En una ocasión en que anduve más, me desorienté; y queriendo volver al sitio de que me había apartado, di con uno en que el piso era inclinado y resbaladizo y en que no me era dable sostenerme sino con esfuerzos constantes que me iban dejando sin aliento; mas, por desesperados que fueran aquellos esfuerzos, no estorbaban que yo perdiese terreno gradualmente. En medio de esta agonía, divisé una garza que se abatió sobre un punto no muy distante, y que se puso a pescar, dando señales de tener las patas sobre el suelo.

Arrojéme a nado hacia donde estaba aquella ave, y, más fácilmente y en menos tiempo de lo que yo había pensado, llegué a
desalojarla. Seguí su vuelo con la vista, esperando que me
guiara a otro punto más cercano a la orilla del agua, pero mi
esperanza quedó burlada: el ave giró por encima un rato y fue
luego a perderse en el horizonte. La prueba que había hecho
me dio a conocer que yo podía nadar por bastante tiempo, y esto
calmó mi turbación. Dirigí una intensa mirada en contorno y
columbré la parte superior de una cerca de piedra que las aguas
habían cubierto casi enteramente. Entonces discurrí: en donde
hay asiento para una cerca debe haberlo para un caballo; me di
algún descanso, y echándome resueltamente al agua, gané el
bajío y me coloqué junto a la cerca. Encima de ésta vegetaban
el liquen que llaman barba de piedra y otra planta compuesta
de hojas y tallos carnosos y mollares, que llaman *chapahuevo*
o *Echeverría*. El hambre me obligó a probar de entrambas. La
primera me pareció un pasto excelente para los caballos de
bronce que, según dicen, adornan las plazas de ciertas ciudades
muy remotas; la segunda, con su jugo viscoso, me había hecho
vomitar si hubiera algo capaz de hacer vomitar a un caballo. De
allí se divisaban las puntas de los maderos de la puerta que
interrumpía la cerca, y pude llegar hasta esa puerta; un poco
apurado me vi al tratar de hacer pie, porque encontré un
barrizal, y el lodo estaba pegajoso; pero al fin asenté las patas
sobre un piso firme y alcancé a ver tierra libre de la inundación,
a una distancia que podía recorrer nadando. Ni siquiera tuve
que nadar hasta la orilla, pues por largo trecho caminé sin que
el agua me llegara al vientre.

Me hallé en un potrero en que, al parecer, no había animal
alguno, y no pensé en otra cosa que en hartarme de pasto. Al
día siguiente, los pasos que, sin dejar de pacer, iba dando para
buscar las hierbas que más me gustaban, me llevaron a una
parte del potrero que estaba sembrado de maíz; entré en el
maizal, y a poco oí los gritos de una chicuela que le avisaba a
alguno que había un animal haciendo daño. Vinieron pronto
un muchacho y la chica que había dado el aviso, los cuales,

dirigiéndome improperios y tirándome piedras y terrones, me hicieron salir a un camino público. Pací algo en sus orillas, y luego traté de orientarme. Hatonuevo está situado al pie de unas colinas, y descubrí, con regocijo que no podría pintar, que esas colinas no estaban distantes. Tomé el camino que me pareció debía llevarme a mi querencia; pero, después de haberlo seguido por mucho rato, descubrí que recodaba hacia la parte opuesta a Hatonuevo. En el recodo había una ventana y oí lo que hablaban dos mozos que se hallaban a la puerta.

—¿Si será éste, decía el uno, el caballo que me encargó don Lucio?

—¿De qué color dijo que era?, repuso el otro.

—Dijo que era moro.

—¡*Ah malhaya* un rejo, para cogerlo y ganarle a don Lucio unas buenas albricias!

—¡A don Lucio sí que le cogería usted albricias! Me las como en ...

Como yo había apretado el paso, aunque disimuladamente, desde que empecé a oír la conversación, no percibí el fin de la frase. Fingiéndome muy espantado por la presencia de un gozque que salió de la venta a ladrarme, tomé el galope, y, pasada una revuelta del camino, el galope se convirtió en carrera. Por una vereda, volví al camino que había seguido primero y comencé a andar por él en dirección opuesta a la anterior; y, palpitándome violentamente el pecho, de miedo y de satisfacción, llegué a un punto que con Geroncio había frecuentado mucho, y de donde podía ir en derechura a Hatonuevo.

Me apresuro, llego a una eminencia, y me detengo a respirar. Allí está la casa... Ahí estará mi amo, mi buen amo, que estuvo dispuesto a sacrificarse por mí, exponiéndose a almorzar con una pira de patanes inmundos... Más allá está El Paisaje... Columbro unos bultos... Si serán unos bueyes... Si serán mi Morgante y mi Merengue... Siento como un aire fresco y sabroso que me llena los pulmones, que se difunde por todo mi cuerpo y lo llena de vida nueva...

¿Pero qué veo por este otro lado?... Vienen tres hombres a caballo... ¡Si uno de ellos fuera el Maldito!... No; dos son más pequeños, el otro es como él, pero ese no es su sombrero gacho... Sin embargo... Y creo que me miran mucho... ¡Ah! el uno es Cantalicio, su satélite inseparable... ¡Maldición! ¡Es el Tuerto con un sombrero de castor!...

Corro, y corro, y corro. Me detengo un instante para mirar hacia atrás, y veo que mis perseguidores corren y que gradualmente se acorta la distancia que me separa de ellos. Pero la puerta de Hatonuevo está ya cerca. ¿Cómo no he de encontrar allí algún amparo? Luego. ¡Maldición! ¡Maldición! La puerta está cerrada. Me vuelvo para acá y para allá, y torno cien veces al medio de la puerta. Siento el lazo que me ciñe el pecho y la cruz. ¿Cómo no? Cantalicio pasa por el primer enlazador de la Sabana. Huyo brincando; el rejo se atesa... En fin, ya estoy en las garras de mi verdugo.

Capítulo 9

– Últimos brochazos de un retrato ya esbozado. – Aguante.
– Don Cesáreo no aguanta. – Juicio sumario y sentencia. – Quiebra
de la soga por lo más delgado. – La estrella del Tuerto empieza
a palidecer. – Tenebrosa maquinación. – La gran tragedia.
– Vuelta al hogar.

No continuaré la especie de diario que forma la mayor parte de los dos últimos capítulos; pero sí añadiré algunos brochazos al retrato del Tuerto Garmendia y al tétrico cuadro de mis padecimientos.

Si en aquel compendio de todas las malas pasiones había algo que se pudiera calificar de pasión dominante, yo me atrevería a afirmar que la del Tuerto era su afición a martirizar a los animales.

En una de las poblaciones que frecuentaba más, acostumbraba hacer tertulia en la botica; y como allí pudiera echarle el guante a un animal, perro, gato, ratón o pollo, compraba, digo mal, pedía (porque él no compraba nunca) una botella de aguarrás, bañaba al animal en este líquido, le pegaba fuego y, cuando le era posible, le cerraba la puerta para recrearse con todos los lamentos, todas las convulsiones y todas las agonías de la infeliz criatura.

Yendo sobre mí, encontró una vez un asno cargado de chamarasca (vulgo, *chamiza*). Apeóse, quitóle de la mano el

83

ronzal a una pobre indiecita que lo llevaba, y le puso fuego a la leña de la carga. No sé a quién compadecí más, si al animal, que, entre congojas horribles, quedó medio consumido por el fuego, o a la india, que lloraba a gritos, de lástima, de cólera y de miedo.

Distinguiendo, como distinguía, a Garmendia y a sus habituales compañeros, un arrojo insensato, era común que anduviesen a caballo, a paso precipitadísimo, por las cuestas más agrias y por las sendas más resbaladizas y más llenas de fangales profundos. En cierta ocasión bajábamos hacia una cañada por entre pedriscos y lodazales, y uno de los caballos metió una mano entre dos maderos de un puente viejo. El caballo cayó y se oyó un traquido horripilante: el brazo se le había roto; el jinete le dio garrotazos en los dientes para obligarlo a sacar el brazo, cuya parte inferior pendía y oscilaba como el badajo de una campana. Alguien propuso que se matara el caballo, y Garmendia apoyó este dictamen, añadiendo que a él le tocaba matarlo. La desdichada bestia había caído a tres o cuatro pasos de un tallar, y el Tuerto quiso ocultar en él al caballo, a fin de que, si alguna persona pasaba, no lo viese ni le prestase auxilio. Para que se levantara y anduviera hasta el centro del matorral, acopió paja y ramas secas hacia la cola del caballo, y les aplicó un fósforo encendido; cuando la bestia cayó donde él quería, labró con su cuchillo una estaca de más de un jeme y se la introdujo al animal por la boca, fijando un extremo abajo de la raíz de los dientes inferiores y otro en el paladar. "Así, dijo el Tuerto, se mata al rango sin necesidad de meterle el cuchillo: los chulos y los perros lo despenan de aquí a mañana".

Tenía aquel malvado un perro que era a la vez instrumento y víctima de muchas de sus crueldades. El perro era feo como su amo, estaba cubierto de lanas largas, o más bien de largas y asquerosas cascarrias. Siempre se le veía flaco y averiado; pero tenía un geniazo que suplía por el vigor y la agilidad que pudieran faltarle. El infame Tuerto lo azuzaba siempre que se ofrecía ocasión, contra cualquier cosa que tuviera vida. Le había puesto por nombre *Aguante*; y le parecía el colmo de lo ingenioso y de lo chusco gritarle "¡Aguante, Aguante!" siempre que con los dientes tenía agarrado del hocico a algún animal, o a una persona le estaba atarazando la pantorrilla.

Desde los primeros días de mi suprema desdicha, se declaró entre el inmundo perro y yo una enemistad mortal. Él llegó a prendérseme de los labios, pero en otra ocasión logré atizarle una coz magistral que lo dejó baldado por mucho tiempo.

Si el Tuerto creía que Aguante no le obedecía puntualmente alguna de sus inhumanas órdenes, o si hacía algo que no fuera de su gusto, como ladrar o aullar cuando él quería dormir, le arrojaba con ira lo que encontraba a la mano, aunque fuera una barra; o le daba una tanda de patadas, y aún llegó el caso de que lo hiriera disparándole un arma de fuego.

El lector se habrá preguntado si cabe en lo verosímil que mi legítimo dueño y señor dirigiera con paciencia y mansedumbre los vejámenes que su buen amigo don Lucio le hiciera devorar. Don Cesáreo tenía sobrado amor propio y demasiado afecto a sus cosas para que le fuese dable tragarse el robo y los insultos. Así fue que para ver de que le enderezaran el tuerto que se le había hecho, habló con el Alcalde y con los Jueces a quienes correspondía reprimir las demasías de Garmendia; pero esos funcionarios nada se atrevieron a intentar contra el Tuerto, y cometieron la indiscreción de divulgar la especie de que don Cesáreo había ido a acusarlo.

Esto dio lugar a que Garmendia convocase a los de su cuadrilla a una sesión extraordinaria, en la que, por unanimidad de votos, se condenó a don Cesáreo a recibir una paliza. Para que la sentencia pudiera ejecutarse a mansalva, se necesitaba determinar día, hora y sitio conveniente.

Entre los de la gavilla había un tal Cupertino, que era el de más edad entre todos; y que entre todos se distinguía por sus prendas físicas y morales. Llevaba siempre afeitada toda la barba, y la cabeza constantemente inclinada hacia el lado derecho y hacia abajo. Los párpados no le dejaban descubiertos los ojos sino lo muy preciso para que pudiera mirar al suelo con una modestia la más edificativa. Su voz era meliflua y jamás afirmaba nada rotundamente. A éste, como al más redomado, tocó la comisión de averiguar, a la disimulada, por medio de los criados y peones de Hatonuevo, qué ocasión sería la más propicia para pillar a don Cesáreo solo, indefenso y desapercibido; y la desempeñó satisfactoriamente. La sentencia había sido dictada un lunes, y el miércoles siguiente, por la tarde, debía don Cesáreo ir a la hacienda de cierto amigo cuya casa distaba una legua de Hatonuevo. El camino que había de llevar no era público: era una vereda que atravesaba potreros desiertos y varios sembrados y matorrales. Mi señor montaría en esa ocasión una yegua de paso de dos y dos que todo el mundo conocía perfectamente. Con esos datos, se decidió que el golpe se daría (o, por mejor decir, que se darían los golpes) cuando don Cesáreo regresara a su casa, lo cual no podía dejar de suceder a hora muy favorable para la empresa.

Llegó la tarde del miércoles. Un espía dio aviso de que don Cesáreo había emprendido su proyectada excursión, y entonces los que habían de ejecutar la sentencia se emboscaron en una espesura inmediata a cierto sitio en que la senda se ensanchaba considerablemente.

Ya el sol había declinado mucho cuando empezó una lluvia deshecha que los emboscados reputaron muy oportuna, pues acrecentaba las probabilidades de que no se presentara ningún importuno testigo.

Se iba haciendo demasiado tarde; ya comenzaban a impacientarse, y ya repetidas veces había alguno salido del matorral a ver si alcanzaba a percibir alguna cosa. De golpe dijo uno: "Como que siento algo". Todos guardaron profundo silencio y aplicaron el oído. A los pocos instantes percibieron distintamente ruido de pasos de una bestia, y uno dijo en voz muy queda: "Es el viejo: el paso de la yegua no deja duda". Oíase en efecto el compás duro y chocante del paso de la yegua, que venía chapoteando por entre los lagunajos que había formado el aguacero. Apostáronse entonces como tenían acordado, y cuando la yegua y su jinete estuvieron entre los de la gavilla, uno de ellos se apoderó del cabestro y detuvo al animal, y los demás cayeron sobre el jinete vomitando denuestos y descargándole garrotazos.

—¡Y esto qué es! ¿A mí por qué me pegan?, clamó una voz muy diferente de la de don Cesáreo.

—¡Malditos sean todos los diablos!, bramó el Tuerto Garmendia. ¡Este no es el viejo cochino!

Hubo entonces maldiciones y blasfemias que cantaban el misterio. Al que montaba la yegua, que era un muchacho y que había sufrido las primicias de la paliza, le pegaron algo más y le dejaron seguir su camino.

El dueño de la hacienda donde le había cogido el aguacero a don Cesáreo, se había empeñado en que éste pasara la noche en su casa, tanto para que no fuera a mojarse, como para que tuvieran una sesión de tresillo; y como mi amo objetara que su mujer pasaría gran cuidado si no lo veía llegar, se le ofreció enviar un muchacho a dar aviso de que no se le debía aguardar esa noche. Convino don Cesáreo; y, a fin de ahorrar molestias al obsequioso amigo, recabó que el mensajero fuese a Hatonuevo montado en la yegua en que él mismo había venido.

He aquí cómo algunos de los palos destinados para mi señor, vinieron a caer sobre costillas muy diferentes de las suyas.

Enterado don Cesáreo del caso y cediendo a instancias de su mujer, resolvió trasladarse por algún tiempo a Bogotá, mientras hallaba medio de proveer a su seguridad.

Una vez en la capital, le expuso su cuita al doctor Barrantes, su abogado, el cual era hombre de influencia y diputado al Congreso. A éste no le fue difícil excitar en favor de su cliente el interés de las autoridades, ni conseguir que a los empleados municipales que tan cobardemente se habían conducido, se les conminase y se les apremiase para que procedieran contra Garmendia y contra sus cómplices. Hasta obtuvo el doctor Barrantes la promesa de que se enviaría fuerza al pueblo en que debían enjuiciarlos.

En esta situación las cosas, ocurrieron los sucesos que voy

a referir; sucesos que me repugna traer a la memoria, pero que relato con cierto placer, por ser los últimos en que, a lo menos en esta parte de mi narración, he de tratar del aborrecido Garmendia.

Al declinar de cierto día, me montó el Tuerto y se dirigió a un llanito solitario y escampado, pero circuido por todos lados de maleza. En el centro del llano lo estaba aguardando uno de los amigotes, y, sucesivamente fueron llegando, uno a uno, hasta que se reunieron cinco. Noté que en todos sus movimientos guardaban cautela, que hablaban bajo y que permanecían con la nariz a los cuatro vientos, como si recelaran que se les acechase.

La conversación que entablaron me dio a entender que se trataba nada menos que de matar a un tal Avendaño que, hasta pocos días antes había sido muy compinche del Tuerto. Respecto del motivo que había para pensar en cosa tan grave, sólo puedo decir que, al tratar de ella, se repitió mucho el nombre de una mujer.

Uno de los miembros de aquel consistorio manifestó tímidamente que podía ser preferible una paliza, por lo muy arriesgado que era cometer un homicidio; no bien acabó de hablar, cuando Garmendia lo reprendió brutalmente, lo trató de gallina y lo amenazó. Convínose en que tres días después se convidaría a Avendaño a jugar en una venta bastante aislada en que otras veces habían estado reunidos; y que durante el juego, uno de los de la gavilla armaría una pendencia con otro de los mismos; que los demás aparentarían tomar parte en ella; que en medio de la trifulca se apagaría la vela y que entonces Garmendia (que había de haber tomado muy bien sus medidas para no desorientarse en la oscuridad) se asestaría a la víctima en la cabeza un garrotazo tal como él sabía darlos en las ocasiones solemnes.

Cuando, llegado el día funesto, llevé a cuestas al facineroso hasta el lugar en que debía verificarse la tragedia, me parecía que el cielo y la tierra estaban cubiertos como con una niebla negruzca y pesada; los rumores del viento, que soplaba con ímpetu desacostumbrado, me parecían, ya rugidos de fieras gigantescas, ya gemidos y ayes lastimeros de moribundos. Yo andaba flojamente y de mala gana, y esto me valió tratamientos aún más crueles que los ordinarios.

Los caballos de los otros bandoleros, reunidos conmigo en la ramada de la casa, parecían también consternados y sobrecogidos de espanto.

El juego había comenzado, y por largo rato no se oyeron más palabras que las que siempre se les oyen a los tahúres. Inopinadamente llegó a la casa un individuo que no era de la confianza del Tuerto; y sin embargo tomó parte en el juego. Parecía que la presencia de este extraño había de desconcertar el horrendo plan; y así lo esperé por algunos momentos. ¡Qué engañado estaba!

Pronto levantaron la voz dos de los malsines, y tras esto se empezó a oír todo lo que deberá oírse cuando los demonios armen las zambras que más hagan retemblar los abismos.

Reinó por fin un silencio más siniestro que la escena que acababa de verificarse. Garmendia salió inmutado, cubierto de sudor, jadeante y tembloroso; montó y partimos. Parecía indeciso respecto del rumbo que había de seguir. Me ató a un árbol, se despojó de los zamarros y de las espuelas y, a pie, se encaminó sigilosamente al teatro de su atentado. De allí volvió al cabo de mucho tiempo acompañado de uno de sus cómplices. Ambos se mostraban acobardados e inquietos. No sabían a dónde habían de ir a pasar la noche. Después de recapacitar mucho, dijo a Garmendia su compañero: "Donde debemos quedarnos es allí mismo: si huimos van a decir que nosotros hemos sido los que hemos matado a Avendaño". El Tuerto, sin dar respuesta, montó y siguió cabizbajo al otro pillastre. En la casa todo era garbullo. Avendaño no era el único difunto: al lado de su cadáver se veía el de uno de sus asesinos, cosido a puñaladas; el cuchillo de Garmendia, que él, con harta zozobra, había ya echado de menos, había aparecido en el suelo y estaba ensangrentado. El extraño que se había introducido se encontraba herido y muy aquejado, y alternativamer‘e se quejaba y echaba maldiciones y amenazas contra Garmendia y sus paniaguados.

El Tuerto andaba tan mohíno y tan atarantado, que no se acordó de atarme. Detrás de la casa se extendía un pradito, y yo me puse a pacer en él y a buscar agua; las riendas cayeron al suelo y yo metí por entre ellas una de las manos. Entre los percances de menor cuantía que pueden acaecerle a un caballo, ninguno es más enfadoso que éste y ninguno más difícil de remediar; los esfuerzos que yo hacía para librarme de esta incomodidad no tenían otro efecto que el de lastimarme y mortificarme más. Ora paciendo, ora dando saltos para desembarazarme del estorbo de la rienda, me alejé de la casa, caí en un hoyo que habían abierto a fin de sacar barro para un tejar; y, como el fondo era de greda pegajosa, y yo no usaba libremente de mis brazos, no pude salir. La cabeza me quedaba fuera del borde y alcancé a oír, aunque indistintamente, gran ruido de voces que de la casa se levantó cuando empezaba a rayar el día. Luego reinó profundo silencio. Yo no acabé nunca de convencerme de que me era imposible salir del hoyo, y estuve fatigándome por conseguirlo desde que caí hasta la tarde del día siguiente, hora en que una muchachuela que andaba pastoreando unas ovejas me hubo visto y hubo dado a la dueña de la casa el aviso de que, entre el hoyo, se encontraba una pobre bestia. Las mujeres campesinas son compasivas con los animales; y así lo experimenté en esa ocasión como en otras muchas. Por el momento no había en la casa ningún varón, y la ventera en persona, con ayuda de sus criadas, acometió la empresa de sacarme del hoyo, cosa que hacía impracticable la circunstancia de estar yo encabestrado. Mucho habían bregado y muy bañadas estaban mis benefactoras en barro y en sudor, cuando advirtieron que, mientras no se me desenredase de la rienda, trabajarían en vano. Para desembarazarme ocurrieron al singular arbitrio de despojarme de la brida y de la jáquima, con lo que pude trepar a la orilla y verme en libertad. Pero el cabestro de la jáquima estaba atado a la silla, y jáquima y brida, enredados, venían arrastrando y tocándome las patas.

Gracias a lo poco que se educa a los caballos de mi tierra, muchos somos *cosquillosos*, y siempre que algún objeto tal como rejo, correa o bejuco nos toca las patas, experimentamos aquella tirantez nerviosa que nos hace brincar. Yo di unos pocos brincos, pues no estaba para más lozanías, y eché a andar, unas veces a carrera y otras a trote, pero siempre agitado y excitado con el contacto de aquellos arreos, y algo también por la novedad de la situación en que me hallaba, sintiendo la cabeza libre y desnuda, al mismo tiempo que sentía la silla sobre los lomos. Naturalmente tomé el camino más ancho y más trillado, y éste acertó a ser el del pueblo. Mi llegada a la plaza ocasionó gran bulla y conmoción: parece que, enteradas las autoridades de los sucesos de la pizmienta noche, se estaban ocupando con celo y eficacia en buscar a Garmendia, uno de cuyos colegas estaba ya en la cárcel; yo era muy conocido como caballo del Tuerto, y mi presencia se tuvo por indicio de que él se hallaba en las inmediaciones de la población; y hasta sucedió que, en vista del estado en que yo me presentaba, se formaron diversas conjeturas, que, pasando de boca en boca, tomaron proporciones de noticias. Había en el pueblo quien asegurase que Garmendia, huyendo a caballo por cierto sendero, había caído y se había quebrado una pierna. Aseguraban otros que el bribón había tratado de atravesar el río por un punto en que era invadeable; que se había ahogado y que yo había salido a la orilla con mucho trabajo: la greda de que estaba embadurnado hasta las orejas, no dejaba duda ninguna en cuanto a lo acertado de esta versión.

Todo mi cuerpo y todos los arreos que llevaba fueron objeto de prolijo examen, y de todo lo que en mí se pudo observar se sacaron consecuencias más o menos descabelladas.

Yo fui entregado a un vecino a quien el Alcalde nombró depositario, y éste me colocó en un rastrojo en que no faltaban relieves.

Al otro día me llevaron a la puerta de la casa municipal, y lo primero que vi en el corredor que daba frente a la plaza fue la fisonomía de mi buen amo don Cesáreo, más plácida y risueña que nunca, y en la que ahora se retrataban todas las bienaventuranzas. Yo ignoraba que le tuviese cariño; pero por el júbilo que sentí al verlo, caí en la cuenta de que se lo profesaba muy acendrado. Ya se ve, ahora que lo comparaba con el execrable Tuerto, me parecía un ángel, un arcángel, un serafín. El Alcalde oyó con benignidad las reclamaciones de don Cesáreo y dispuso que yo le fuese entregado, con lo que el paje me asió del cabestro y tomó conmigo el camino de Hatonuevo. Dos siglos fueron para mí las dos horas que tardamos en llegar. Con cien lenguas que tuviera, no podría encarecer bastante el alborozo que inundó todo mi interior, cuando divisé esa tierra bendita, y mucho más cuando, en la puerta de la casa, comparé las impresiones que me deleitaban con la ansiedad mortal y la furia que me habían agitado la última vez que me había acercado a esa puerta.

Don Cesáreo llegó poco después que mi conductor; estuvo contemplándome y ponderando los estragos que en mí había causado el haber servido al Tuerto Garmendia, y dispuso lo que había de hacerse para curarme de las dolamas de que debía estar lleno y para hacer desaparecer las infinitas lacras que me afeaban todo el encanijado cuerpo. Me dio con cariño unas palmetadas en el cuello y en el anca, y mandó que se me llevara al potrero de San Félix.

Al oír esta orden, me asaltó un recelo: ¿iría yo a quedar separado de Morgante y de Merengue? Con esa penosísima duda entré al potrero, y con ella corrí desde la puerta hacia donde alcancé a divisar un grupo de bestias; cuando me iba acercando, vi maravillado, entre ellas, un objeto blanquizco y lustroso que me parecía una esfera. Me acerco más y relincho, la esfera vuelve hacia mí una cabecita que la adornaba, relincha también y me sale al encuentro: es Merengue, que merced a la vida regalona que ha llevado por muchos meses, ha tomado una forma que se asemeja más a la de una esfera que a cualquiera otra. Merengue me huele, me palpa, parece como si quisiera besarme; nota en mí cierta inquietud; me adivina y echa a andar haciéndome una seña como para que lo siga. Lo sigo, y ¡oh delicia! me señala a Morgante, que estaba oculto tras un morro.

¡Lo que es la vida! Las grandes alegrías son compradas siempre con grandes dolores, con dolores siempre más largos que ellas. Apenas hay alegría pura y completa que no consista en la cesación de una pena.

En San Félix mudé de pelo, eché barriga
y me extasié charlando con mis amigos

CAPÍTULO 10

– *Forzado silencio. – Fastídiome de contar mis trabajos*
y propongo nuevo tema. – Especulaciones sobre la vaquería.
– El Estuche. – Más especulaciones. – Gordura y flacura. – Se
levanta la sesión. – La juventud aspira a instruirse. – El Mohíno
tiene la palabra. – Preámbulos y requilorios. – Un oyente menos.

En los primeros días de mi residencia en el potrero de San Félix, tuve que reprimir mi apetito de charlar con mis amigos, porque sobre él prevalecía el de embaular hierba en mi pobre bandullo. Merengue, que, según creo, pasaba días enteros sin comer por no permitírselo su pletórica obesidad, me iba acompañando por dondequiera que yo pacía, me entretenía con su amena cháchara, y me hacía preguntas que yo contestaba con ligeros movimientos de cabeza. Morgante, que era la prudencia misma, sólo se me acercaba dos o tres veces cada día, para informarse acerca de mi salud y para decirme alguna cosita que pudiera agradarme.

Cuando merced a los remedios que don Cesáreo me hacía aplicar, al descanso, y sobre todo, al buen pasto, comencé a echar barriga y a mudar pelo, principiaron las sabrosas pláticas, en las cuales mis dos amigos íntimos y otros de menos confianza que yo había encontrado en San Félix, se impusieron en todos los deplorables sucesos que habían enturbiado mi existencia desde que yo había sido robado. Escuchaban mis relaciones horrorizados y suspensos, y se estremecían discurriendo que a ellos podía haberles tocado o podía tocarles en lo sucesivo suerte tan negra como la que a mí me había cabido.

Este tema de conversación llevaba trazas de no agotarse nunca, pues a ninguno de mis oyentes dejaban de ocurrírsele todos los días nuevas preguntas y nuevos comentarios.

Yo me fastidié al cabo de tanto repetir y rumiar lo que más olvidado quisiera tener; y, para que variásemos de asunto, expuse la observación que había hecho de que el caballo de uno de los amigos de Garmendia, con ser de raza ordinaria, feo y rechoncho, nos llevaba ventaja a los que con él solíamos andar en excursiones largas y laboriosas, siempre que se tratase de mostrar agilidad, vigoroso esfuerzo, aliento infatigable, firmeza para sostenerse en los senderos resbaladizos, obediencia perfectísima a la rienda, rapidez en la carrera y desprecio de los peligros.

—Si no estoy engañado, dijo un Alazán tostado, caballo muy viejo y de tanta experiencia como Morgante, ese animal ha sido educado en alguna de aquellas antiguas y grandes haciendas de Cundinamarca o de Boyacá, en que hay crías de ganado bravo o arisco y de yeguas cerreras; en una palabra, creo que ha sido caballo de vaquería.

—¿Cómo era el caballo?, preguntó un pajizo que formaba parte de la tertulia. Era, dije, un caballo bayo mono, careto y tresalbo, tan grande como usted.

—¡Acabáramos! repuso el Pajizo. ¿No está marcado en la pierna izquierda con un fierro que representa algo como una calavera de caballo?

—Sí, señor; esas señas le corresponden.

—Entonces lo conozco, y hasta fui compañero suyo hace algunos años; recuerdo que se llamaba el Estuche. Como dice el señor (y señaló al Alazán tostado), ese bayo nació y sirvió algunos años en la hacienda de X, donde se empleaban siempre muchas bestias en la vaquería, y donde nunca había ninguna que, o continuamente, o en las ocasiones en que era menester, no trabajara en la vaquería.

—¿Y sobresalía en efecto por las cualidades que le he atribuido?

—No sobresalía entre los caballos de aquella hacienda, porque casi todos eran todavía mejores que él; pero debe sobresalir entre otros que no hayan tenido aquella disciplina.

—En la vaquería, continuó el Pajizo, se ejercitan todos los músculos y todas las facultades del caballo. Adquiere fuerza en el lomo y en los cuatro remos; se habitúa a andar por suelos escabrosos y resbaladizos en circunstancias desfavorables, como cuando, pisando sobre ellos, sujeta o arrastra a la arción a un animal indómito, con lo cual el andar por fragosidades o por laderas de greda humedecida viene a ser para él cosa de juego. Siente la acción de la rienda tan a menudo y en tal variedad de ocasiones y de actitudes, que aprende a obedecerle como una máquina obedece al impulso de su motor. El oficio que desempeña lo acostumbra a correr, a saltar, a atropellar los obstáculos y a arrostrar los peligros que se le presentan de improviso. Hasta su vista se hace más perspicaz y penetrante.

—En los Llanos de Casanare, observó Morgante, vi que las bestias llegan a adquirir en la vaquería tanta inteligencia, que el jinete puede dejar al caballo solo sujetando la res que ha enlazado, mientras él se desmonta y se ocupa en otro menester.

—Díganme ustedes ahora, intervino el Alazán tostado, si con un caballo doctrinado en la vaquería, podrá compararse uno a quien se ha enseñado únicamente a andar a paso moderado, siempre siguiendo un camino más o menos recto, trillado y liso, sin tener que revolver sino pocas veces y todas éstas con pausa y comodidad; sin hacer uso de sus fuerzas más que para resistir el peso del jinete, ni que correr o saltar sino en ocasiones rarísimas y nunca sin precauciones y cuidado. Y lo peor es que mientras más digno de estimación sea un potro, más se le ahorra todo ejercicio fuerte o extraordinario, y más pronto es exclusivamente destinado para el servicio de su

dueño o de otras personas que no pueden o no saben hacer con
él otra cosa que dejarlo andar hacia adelante.

—No es extraño, no, concluyó el Pajizo, que muchos campesinos
prácticos a quienes he oído discurrir sobre la materia profesen
la opinión de que, conforme van subdividiéndose las haciendas
antiguas, y consiguientemente reduciéndose las crías de ganado y de yeguas, y ocupando las razas de animales mansos y de
fácil manejo el lugar que antes ocupaban los cerriles y bravíos,
vayan desapareciendo los caballos recomendables por las cualidades, tan apetecidas por los jinetes de nuestra tierra, que,
según se nos dice, distinguían al Estuche.

—Pero las ventajas de la vaquería, prorrumpió un rucio
gordiflón y apoltronado que no había llegado a terciar en la
conversación, serán para nuestros jinetes; que, lo que es para
nosotros, el sistema que modernamente se ha introducido es
infinitamente preferible. Cuando me amansaron a mí, el principal cuidado de mi dueño no era el de que yo resultara capaz
de servir bien en cualquier género de trabajo: todo el punto
fincaba en que yo me mantuviera siempre gordo; y desde que
salí de manos del picador, tampoco se ha atendido sino a que
no me enflaquezca; cosa que creo hará que todos los circunstantes envidien la suerte que me ha tocado.

—Te la envidiaríamos, grandísimo remolón, le dijo el Alazán
tostado, que lo trataba con mucha llaneza, si nos sintiéramos
destinados a pasar una vida muelle y regalona como la de los
cerdos, y a no servir en el mundo más que para criar carne y
grasa; pero los caballos de raza noble nos sentimos llamados a
fines más altos y participamos del orgullo que inspira al
hombre el deseo de sobresalir entre sus semejantes por algo
más que por el peso y el volumen del cuerpo.

—Y, a propósito, interrumpió Morgante, he oído a algunos
hombres, y yo también he observado, que los animales destinados a la actividad y a la lucha, señaladamente el hombre, el
caballo y el perro no son aptos para ejercer cumplidamente las
funciones a que su naturaleza los llama, ni pueden aprovechar
todas las fuerzas y todas las facultades de que los ha dotado,

cuando están cargados de carnes y de grasa. He oído también que, por allá en regiones muy remotas, hay unos hombres que se llaman los árabes y los tártaros, para cada uno de los cuales el caballo es como una parte de su propio ser; y en cuya vida desempeña el caballo papel tan importante, que sin él no se podría ni imaginar. Y dicho sea de paso, nosotros descendemos de los caballos árabes, y naturalmente, debemos participar de su condición. Pues bien, en los países que habitan esos hombres, nunca se alimenta el caballo más que lo preciso para no perecer de hambre, y sólo por rareza se ve una bestia gorda. Sin embargo, en cuanto a vigor, ligereza, agilidad y aliento, no hay en nuestra tierra caballos que puedan competir con aquéllos.

—Eso lo dice usted, le respondió el amarranado Rucio, porque usted siempre está flaco y no tiene esperanza de engordar.

De esta sandez nadie hizo caso; y, como ya el palique se hubiese prolongado más de lo que a los estómagos les parecía razonable, nos dispersamos, dirigiéndose cuál al bebedero, cuál a los sitios en que blanqueaban las flores del carretón y amarilleaban las de la chisacá, cuál a otros ya repelados y aparentemente áridos en que sabían que habían de hallar pastos menos lozanos pero más jugosos.

Días después, en tertulia compuesta de los mismos caballos que habíamos platicado sobre la vaquería, volvió ese asunto a estar sobre el tapete. Tres o cuatro caballos nuevos que conocían muy poco mundo confesaron que ellos casi no habían visto vaqueros funcionando.

—Yo, dijo uno, estaba cierto día en la plaza de un pueblo de los de abajo de la Sabana, y vi que un hombre montado y acompañado de dos de a pie, trajo a la plaza, enlazado, un novillo, que debían matar al día siguiente; el pueblo se veía desierto; pero no bien se hubo el novillo dejado ver en la plaza, pareció que la tierra brotaba por dondequiera mozos y chicuelos, los que en alegres grupos y metiendo gran bulla, dieron a la solitaria población el más animado aspecto. Todos se quitaron las ruanas para servir de ellas como de capas de torear;

y todos corrían hacia el novillo, pero guardando respetuosa distancia. Sólo dos de los concurrentes lo llamaron y lo sortearon de veras, arrostrando el peligro de las cornadas y el que parecía mayor, de ser cogido por el rejo. Entretanto el que había traído el novillo seguía sus movimientos; y, arcionando, lo detenía cuando intentaba salirse de la plaza, o lo arrastraba hacia el centro cuando se obstinaba en permanecer arrimado a una pared, lo mismo que cuando hacía ademán de meterse en alguna tienda. Yo me admiré de que el caballo del vaquero tuviera tanta fuerza como era menester para contener al novillo o para hacerlo andar a pesar suyo. Esta ha sido la única vez que he visto función de vaquería.

–Pues yo, prorrumpió otro de los novatos, ni aun eso he visto, y juzgo que algunos de mis compañeros se hallan en el mismo caso que yo; por lo cual le quedaríamos muy reconocidos a aquel de los circunstantes que quisiera y pudiera hacernos el favor de ofrecernos una pintura de las grandes funciones en que nuestros congéneres lucen su habilidad en campo vasto.

Todos los caballos machuchos se miraron unos a otros, y alguno de ellos carraspeó, como si, en el acto de ir a hablar, le hubiese parecido que el hacerlo era presunción y petulancia y se hubiera tragado las palabras ya medio formadas.

Tras un silencio embarazoso, el Alazán tostado mostró con cierto ademán discreto un caballo mohíno que, en tiempos para él más prósperos, había sido morcillo, y que para disimular la emoción que le causaba el prever que se le había de invitar a tomar la palabra, estaba con la pierna derecha muy estirada y con el hocico sobre el anca izquierda, fingiendo rascarse con los dientes desesperadamente una sarna que creo no tenía. No sé cuál otro aclaró lo que con aquella seña había querido significar el Alazán tostado, y se formó un concierto de instancias encaminadas a recabar del Mohíno que contara todo lo que supiese respecto de las grandes funciones en que caballos y vaqueros hacen prueba de su destreza.

–Yo, dijo modestamente el Mohíno, me creo el más digno

de ocupar la atención de este auditorio; pero deseo corresponder a la benevolencia con que se me invita a hablar, y tengo entendido que puede hallarse aquí alguno que ignore varias particularidades de que yo estoy al tanto, gracias a mi extrema vejez y a haber oído las tradiciones que fielmente se han conservado en la hacienda en que nací y en que pasé lo mejor de mi vida.

Animado el Mohíno por toda la tertulia a desembuchar sin empacho lo que de su boca se esperaba oír, manifestó que, ante todo querría hacer una descripción parcial del teatro de los hechos que se proponía relatar, y que desde luego renunciaba al aplauso a que podría parecer acreedor, pues todo lo que iba a decir se lo había oído leer a su primer dueño.

—Un día, concluyó, en que mi amo, dejándome atado a un árbol, se sentó sobre la hierba en un sitio amenísimo en que debía hacer una comida campestre con su familia y con varios amigos, les leyó a éstos las descripciones y los relatos que ustedes van a oír. Yo las escuché atentísimamente, y así no deben maravillarse de que las reproduzca de un modo casi textual ni de que me explique muy por lo fino. Ni es raro que alguna vez dé muestras de prodigiosa memoria, quien, como yo, teniendo muy pocas ideas y muy poco en qué pensar, concentra en ocasión determinada todas sus facultades en un solo punto.

Ruego a los que van a favorecerme con su atención no pierdan de vista que muchas expresiones de que voy a valerme, que pueden parecer un poco afectadas en boca de un caballo, no son mías sino de mi amo.

Un potrico, moro como yo, vivaracho, impaciente y nervioso, fastidiado con lo largo del preámbulo, volvió las ancas, se retiró un poco y... en fin, se puso a morder hierba y al cabo se alejó y no oyó ni una palabra. ¡Allá se las haya!

Capítulo 11

–La hacienda en que nací, comenzó el Mohíno, es una de las de la Sabana de Bogotá. Comprende una parte alta y montuosa, denominada por la gente de la comarca el *Páramo*, y otra parte baja y llana, bañada por el río Funza. Picos elevados, agrios peñascales, cañadas profundas, suaves recuestos y cimas anchas y casi planas cubiertas de un césped semejante al de los potreros ribereños, diversifican infinito el aspecto de la parte alta. En algunas explanadas cubiertas de vegetación de un verde caído y negruzco, que a pardes deja descubierta una tierra negra y porosa, despunta el pardusco y triste fraílejón. De lo más eminente de las sierras descienden arroyos de aguas purísimas, que a veces se esconden en las hondonadas con triste murmullo y salen luego a disfrutar de la luz del sol.

Uno de esos arroyos se precipita de unas rocas, cae en una gran pila natural, y al estrellarse, se desata en gotas menudas, forma arco-iris, lleva una como melena de espuma y con su estruendo llena la hondonada. Las aguas rebosan y, al seguir su curso, pasan por debajo de un puente cuyo piso igual y cuyo arco bastante perfecto harían atribuir al hombre aquella fábrica, si lo escarpado de los peñascos que pone en comunicación permitiese suponer que en algún tiempo se había transitado por el sitio en que se encuentra.

Por encima de las otras cumbres y dominando dos valles, yergue su cima un cerro que, por su figura cónica, se apellida el *Pan de Azúcar*. Es hermoso ver desde esta cima, en mañanas despejadas, cómo las nubes abandonan su región y se posan sobre las dos planicies, formando dos mares blancos, encerrado el más pequeño entre montañas elevadas, e ilimitado el otro por el lado de occidente, donde se confunde con el cielo.

Al declinar el día, sobre todo cuando una lluvia general y copiosa ha dejado diáfana la atmósfera, se ve desde *Pan de Azúcar* otro bello cuadro. En su primer término se descubre la Sabana, con sus dos ciudades, sus pueblos y caseríos; sus sembrados y sus ricas dehesas, sus lagunas y su tortuoso río; en el segundo término del cuadro, las nubes del poniente, tomando formas y colores que cada vez parecen nuevos y más brillantes, se confunden con las sierras lejanas y añaden a las poblaciones, a los bosques y a los lagos verdaderos, ciudades, selvas y piélagos fantásticos.

Las faldas occidentales de la serranía, que en suave declive vienen a confundirse con la llanura, están empradizadas; mas la verde alfombra que las cubre parece a trechos despedazada, y bordada en ciertos parajes con labores caprichosas. Tal ilusión producen las vetas de casquijo, las sementeras y los talleres que dan a su aspecto pintoresca variedad.

El ganado, que en su mayor parte era bravo, dividido en hatajos, pacía o ramoneaba diseminado en el páramo. Estaba hecho a tomar sal en los salegares, sitios en que había piedras aparejadas para que las reses lamieran en ellas la sal. A estos parajes concurría el ganado siempre que se le llamaba gritándole *toy, toy, toy*. Estos gritos llevaban un aire triste y prolongado, y un ritmo lento, y los ecos de los montes los multiplicaban repitiéndolos melancólicamente. Las vacas, apenas los oían, bramaban llamando a los becerros, y éstos con las vacas y los toros se reunían en el salegar inmediato a sus querencias.

De ordinario, se les dejaba retirarse sosegadamente, o sólo se les inquietaba para enlazar alguna vaca vieja que debía bajarse a pasar sus penúltimos días en un potrero de ceba, o unos toros que se habían vendido para que fuesen a solemnizar unas fiestas luciendo en ellas su fiereza.

Pero cuando había llegado el tiempo de *los rodeos*, la cosa terminaba de muy diverso modo.

Los rodeos eran una función clásica y solemne que se celebraba anualmente en las haciendas *de cría*, reuniendo todo el ganado para herrar y señalar los terneros que hubieran nacido en el curso de los últimos doce meses.

Herrar los animales es aplicarles un hierro candente que deja marcado en su piel el *fierro* de la hacienda; y *señalarlos* es hacerles alguna cortadura, con la que, o se les cercena cierta parte de las orejas, o se les hace una verruga o colgajo en alguna parte determinada del cuerpo.

Señalado el día para los rodeos, se congregaban y se apercibían para la solemnidad, no sólo los vaqueros de la hacienda, sino otros muchos que, con invitación o sin ella, venían de los lugares circunvecinos.

Reunido un hatajo de ganado en su salegar respectivo, era rodeado por un cordón de vaqueros de a pie y de a caballo, los cuales, después que las reses habían consumido su ración de sal, y a una orden del patrón o del mayordomo, las arreaban y las hacían encaminarse hacia la llanura, a fin de que quedasen encerradas en un potrero mientras llegaba el día de la *fierra*.

No es dable ver ni aun imaginar cosa de más animación que la atropellada marcha de aquella turba heterogénea, que ya rompía con ímpetu las malezas más enmarañadas, ya trepaba por riscos escabrosos haciendo rodar el pedrisco; ya descendía tumultuosamente a las cañadas, en donde el estrépito de aquel río animado, la vocería, el ladrar de los perros y el bramar del ganado iban a reunirse con el estruendo de los torrentes.

En medio de aquella turbulencia aturdidora era común que

una res se aprovechara del claro que los accidentes del terreno hacían dejar a los vaqueros que rodeaban el hatajo, y disparase intrépidamente por entre breñas y jarales. Entonces varios vaqueros, a todos los cuales les hacía cosquillas en las manos el rejo de enlazar ocioso, abandonando sus puestos, emprendían la persecución de la res fugitiva, sordos a las reconvenciones que a gritos les dirigían el amo y el mayordomo. Estas defecciones daban lugar muchas veces a que todo el hatajo rompiese la fila de vaqueros y se dispersara.

Lo que llevo descrito se repetía en cada uno de los salegares, y a esto seguía *la rebusca*, que tenía por objeto reducir a viva fuerza, esto es, por medio del rejo de enlazar, a las reses que, por ser más ariscas que las demás, no habían *caído* en la recogida general. Para tal operación, digna de ocupar a los vaqueros más afamados, se echaba mano de los mejores caballos. En esta y en otras faenas semejantes no era raro que hubiese que *lajear* a un toro furioso y pujante, andando por una torrentera de las muchas que servían de trochas, en que el piso se componía de dos planos inclinados convergentes en una línea, y de ordinario tan resbaladizos como si estuvieran cubiertos de jabón. También ocurría que, para escapar de la acometida de una res, fuera preciso correr por sendas como la que acabo de pintar y asperezas horribles, teniendo muchas veces que romper malezas tupidas. Ha de saberse que un vaquero fincaba su honra en no soltar el rejo, sucediera lo que sucediera. Yo vi *amarrar seco* a tres pasos de un precipicio, sin que el vaquero hiciese caso de que él y el toro iban cuesta abajo, ni de que su caballo pisaba sobre un gredal humedecido por las lluvias.

—Pero esos hombres debían ser unos *matroces*, interrumpió no sé cuál de los oyentes.

—¿*Matroces*? ¡Qué! si yo los vi llorar como chiquillos y temblar como azogados una vez que se vieron en peligro de ser reclutados: la vista de un soldado o la de un arma de fuego los ponía a punto de desmayarse.

Repetidas las maniobras de la rebusca cuanto era menester

para reducir todo el ganado del Páramo a uno o dos potreros, podía darse comienzo a las tareas de contarlo, de apartar los becerros que hubieran de ser marcados con el fierro y señalados, y de apartar también los toretes y las vacas viejas que habían de quedarse en los potreros bajos para ser vendidos.

Una *apartazón*, sea de ganado bravo, sea de ganado manso, es operación de gran movimiento, en la que el caballo aprende más en materia de boca que en ninguna otra. Un vaquero de a pie hace de portero en la puerta que comunica dos corralejas; el que dirige la operación va designando los animales que han de entrar a la que está desocupada; los vaqueros, *voleando* el rejo o dando zurriagazos, tratan de separar y de encaminar a la res hacia la puerta; tal vez se deja dirigir, pero antes que ella, llegan otras; el portero se esfuerza por espantar a las intrusas, abriéndole campo a la que debe entrar, y, si entra, le da muy ufano un sonoro zurriagazo; pero, de cada veinte casos, en diez y nueve, sucede que el portero, por alejar de la puerta a los animales que no deben pasar, aleja de ella a los que debían hacerlo. A esta dificultad suele añadirse la de que unos vaqueros arriman a la puerta un hatajo, al mismo tiempo que otros, por distinto lado, tratan de arrimar otro; los dos hatajos se confunden y se alborotan y queda perdido mucho trabajo. En esta brega, el vaquero para, revuelve, y aguija el caballo cien veces por minuto; lo hacen correr en un espacio de dos varas, y girar en un redondel del tamaño de un plato.

Dos o tres bostezos que se les soltaron a otros tantos de los circunstantes, fueron parte a que el Mohíno interrumpiera su razonamiento.

—Temo, dijo después de una breve pausa, haber fastidiado a ustedes, y por otra parte, creo que será bueno que tomemos un piscolabis. Ya saben ustedes que yo no puedo comer sino muy despacio, gracias a los portillos que se han abierto en mis encías, y lo que hoy he comido no ha sido todo lo que reclaman mi flaqueza y mis achaques.

El Pajizo miró al cielo como para ver qué tan alto estaba el sol, y declaró que era hora de tomar las once, con lo que, in-

clinando la cabeza, más para empezar a escoger hierbecitas que
para manifestar nuestro asentimiento, principiamos a espar-
cirnos por el potrero.

Aquella tarde me sentí triste, y para ver de espantar la
murria, renové las instancias con que en vano había importu-
nado otras veces a Morgante, a fin de que me refiriera las
campañas en que se había encontrado. Esta vez condescendió
mi amigo, pero exigió de mí formal promesa de que guardaría
secreto sobre lo que me iba a contar.

Mediante la palabra que empeñé de no soltar ninguna
acerca de ello, me hizo una interesante relación, que siento no
poder reproducir para entretenimiento y solaz del lector.
Morgante había hecho sus campañas sirviéndole a un jefe,
circunstancia que le había sido favorable para poder hacer
detenidas observaciones sobre la suerte de las bestias que en
esta tierra llaman de brigada. Dicha relación me tuvo suspen-
so, pero cuando hubo concluido, noté que, lejos de disiparse
con ella mi melancolía, ésta se había hecho más negra. Lo que
oí en aquella ocasión me hacía temblar considerando que yo
podía alguna vez ser declarado elemento de guerra, como están
expuestos a serlo todos los caballos paisanos míos, hasta los
que pertenecen a ministros y diplomáticos. Desde aquel día me
dominó un horror por la milicia y por la guerra, comparable
únicamente con el que me infundía la idea de volver a caer en
las garras del Tuerto Garmendia, horror que, dicho sea de
paso, nunca dejaba de asaltarme y constituía para mí una
verdadera obsesión.

En aquella tarde, era tal mi abatimiento, que cuando
Morgante se separó de mí, sin dejar yo de experimentar profunda repugnancia por la soledad, no tuve ánimo para seguir a mi
amigo.

Anochecía. El círculo del horizonte se había reducido, y
Hatonuevo estaba como encerrado en una bóveda formada por
nubarrones densos, pardos o cobrizos aquellos a donde alcan-
zaban algunos reflejos del poniente; y negros otros, en donde
ya reinaban las sombras de la noche; truenos sordos se dilata-

ban pavorosamente por aquel espacio entenebrecido, y parecían amenazas de un monstruo gigantesco que, al ir acercándose, fuera ensoberbeciéndose más, y reforzando sus bramidos. En los intervalos, el silencio parecía más fúnebre que aquellos ruidos estupendos y medrosos.

¿Esta hosquedad de la naturaleza sería presagio de desventuras? Mi melancolía me inclinaba a pensarlo. Pero qué, ¿no se complace a veces la naturaleza en reír y en ostentar su alegre pompa en las horas de mayor calamidad? ¿Muchas de las más amargas lágrimas que derraman los humanos no brillan a los rayos más puros del sol?¿Por qué un cielo encapotado no ha de cobijar alguna vez escenas apacibles y corazones tranquilos?

Tras una noche, que para mí fue larguísima, amaneció un día nebuloso y frío. Todos los caballos del potrero parecían mustios y taciturnos, y no se dio puntada en orden a que se continuara la relación del Mohíno. Éste, que había probado el placer de ser escuchado, y que naturalmente deseaba seguir saboreándolo, pero que era modesto y nada petulante, no osaba poner de manifiesto sus deseos; pero andaba inquieto y se acercaba, ya a un grupo de caballos, ya a otro; dirigía miradas interrogadoras; y, en fin, dejaba adivinar que estaba que no se le cocía el pan por despotricar lo que faltaba de su relato.

Así pasó el día, y durante la noche Morgante y el Alazán tostado recorrieron el potrero, y con fino disimulo para no ir a ofender al Mohíno, hicieron entender que al día siguiente era preciso que todos nos reuniésemos y que invitásemos al venerable narrador a continuar sus relaciones. Ellas pueden, me dijeron a mí, ser o no ser interesantes; pero no hay que dejar desairado a nuestro pobre compañero; y, en fin, es necesario *salir de eso*.

Dicho y hecho. Al otro día, después del desayuno, se reunió la tertulia, y el Mohíno, conciliándose nuestra atención con un exordio que, a no dudarlo, tenía prevenido desde la antevíspera, y sin encubrir la satisfacción que, como autor, no podía dejar de sentir al lograr un auditorio, prosiguió su razonamiento en los términos que verá el lector en el capítulo siguiente.

CAPÍTULO 12

– El Mohíno prosigue y termina su relación. – Mirada
hacia el porvenir. – Soy llamado al servicio activo. – De cómo, por
una sentencia en causa civil, se me impuso una grave pena.
– La soledad y la sociabilidad. – Sale a la escena un nuevo
personaje.– Pintura de un tipo.

–Tras una noche que los terneros, ya apartados, pasan respon-
diendo con incesantes berridos a los bramidos maternales,
viene una mañana que casi siempre es clara y serena, pues para
los rodeos se escoge el tiempo en que menos probabilidades
haya de lluvias y de nublados. En lugar conveniente arde una
hoguera, en la que están calentándose los fierros. Los vaqueros
forman compañías de a cuatro, a fin de que cuando uno enlace
un ternero haya quien ayude a sujetarlo. Regularmente se
prohíbe que a la corraleja entren para la herranza vaqueros a
caballo, pero la prohibición no es respetada.

Comienza la función. Cerca de la hoguera, entre nubes de
humo y de polvo y oleadas de calor sofocante; en medio de una
bulla atronadora, mezcla confusa de órdenes, regaños, dispu-
tas, chistes de grueso calibre y berridos penetrantes; entre una
enmarañada red de rejos que se cruzan por todas partes, yacen
cuatro o seis terneros agarrotados y sujetos; un vaquero tiene
a cada uno asido de la barba; otro tira de la cola hacia atrás si

el ternero es pequeño, o metiéndola por entre las piernas y sacándola por un lado, la mantiene sobre el ijar. Otros dos, con sendos rejos, sujetan las patas traseras y las delanteras.

El hierro viene de la hoguera y pasa a manos del patrón; si al aplicarlo éste sobre la parte del animal que deba ser marcada, se levanta instantáneamente una nube de humo espesa y blanca, la operación queda bien ejecutada, y es breve, pues no se da tiempo al becerro de patalear y sacudirse; si sale poco humo, y éste es oscuro, lleva su regaño el peón encargado de calentar los fierros; el animal pugna por soltarse, y sus movimientos, comunicados al fierro, ponen al que maneja en la necesidad de aplicarlo más de una vez; y como es muy raro que acierte a volver a colocarlo en donde lo aplicó la primera, el ternero queda mal herrado.

Los vaqueros que lo tienen, impacientes por ir a enlazar otro, llaman a gritos y con instancias al que ha de hacerle la señal y al que ha de echarle un poco de sal en la boca, agasajo con que se consuela al maltratado becerrillo.

Cada ternero es traído al sitio en que debe sufrir las operaciones descritas, enlazado con uno o con muchos rejos; él y los que lo traen penetran sin ceremonia y sin miramiento por entre cualquier grupo que se halle cerca de la hoguera; el ternero y el rejo hacen venir a tierra a las personas con quienes topan; a la sazón se están levantando, ya despachados, dos o tres terneros que, ciegos de dolor y de coraje, cierran con quien pueden; quién rueda en el polvo; quién cae sobre la hoguera; quién hace una suerte; quién sale arrastrando enredado en un pejugón de rejos llevado por un becerro que se levantó sin que lo hubieran soltado bien; quién, finalmente, habiendo traído un becerro *a la arción* en un caballo cosquilloso, proporciona a los concurrentes, si los rejos le tocan las patas al bruto, el espectáculo adicional de una *brincada*. Parece que en aquel lío, en aquel laberinto indescriptible, deberían verse accidentes horrorosos, piernas y brazos rotos, y hasta desastrosas muertes; pero yo nunca he visto que en rodeos sobrevenga desmán alguno.

Lo que sí dejaban los rodeos era copioso asunto de conversación: cada uno de los que habían tomado parte en ellos refería sus proezas y sus percances, empleando hipérboles, o algo más que hipérboles, con la profusión con que, según antigua fama, suelen los cazadores contar los suyos. Y era lo bueno que nadie prestaba atención al relato de aventuras ajenas, porque nadie hacía otra cosa que acechar la ocasión de empezar el de las propias.

El rodeo de yeguas era en mucho semejante al del ganado vacuno. Para recoger las que pacían en el Páramo se corría mucho, y era preciso apostar vaqueros en ciertos sitios para atajarlas y hacerlas tomar las veredas que conducen a los terrenos bajos. El día de herrar las crías, se atusaban por un parejo a las mismas y a sus señoras madres; no quedaba alma viviente (si es que las yeguas y los potros son almas vivientes) con crin en el pescuezo ni con cerda en el rabo. Como los animales de nuestra especie son, cuando no están domados, mucho más arrebatados e impetuosos que las reses vacunas, la función era, si no más animada, mucho más peligrosa que la de la herranza de terneros. Lo era sobre todo para las yeguas, de las cuales siempre salían averiadas tres o cuatro; y años hubo en que algunas sufrieron la avería que para ellas debía ser la postrera.

En otras haciendas de la Sabana, los rodeos sólo se diferenciaban de los que he procurado descubrir, en que el ganado se recogía batiendo el monte, lo mismo que lo baten los cazadores para acorralar la bestia que persiguen.

Aquí terminó la relación del Mohíno. Los que se la habían perdido le dieron las gracias por la condescendencia de que había usado, y algunos de los oyentes le dirigieron las más lisonjeras alabanzas por la manera como había hecho su narración. Yo noté que alguno de los que con más calor se las había dirigido, la censuró acremente después que nos hubimos dispersado, asegurando que había estado pesada y muy poco interesante. Así es el mundo.

Ya hacía algunos meses que yo estaba a cuerpo de rey en el

potrero, y había recobrado mi vigor y mis carnes. Mi piel parecía satinada y mi color había cambiado notablemente: sobre un fondo blanco de plata, se me habían formado ruedas de pelo negro, desvanecidas en los bordes. Yo era entonces lo que creo que se llama un rucio rodado.

Al sentirme rejuvenecido, comencé no sé si a esperar o a temer una mudanza en mi situación. Mi porvenir era oscuro: ¿Me reservaría don Cesáreo por fin para su servicio, o me vendería? ¿Estaría yo seguro de no volver a caer en las garras del infernal Garmendia, que reputándome suyo, no dejaría de hacer esfuerzos por recobrarme, si lograba, como otras veces, dejar burlada la Justicia?

Cierto día fui cogido y llevado a la casa, en donde se me ensilló con los arreos del amo. Éste, antes de montar, me hizo *pasear* por el mayordomo, diciendo que, aunque yo era manso, como había descansado tanto, podría *hacer algo*. No puedo ocultar que esto me ofendió mucho: yo era demasiado noble para no sentir que mi amo desconfiase de mí. No obstante, después que él me hubo montado, me conduje de manera que él no se cansó de elogiarme. No necesito decir que el rabeo estuvo en todo su auge, ni que mi amo se lamentó como otras veces de que con ese defecto me aplebeyase y desluciese mis buenas prendas.

Desde aquel día fue frecuente el que don Cesáreo me montara. Servíase de mí en las excursiones que tenía que hacer a los pueblos inmediatos a Hatonuevo y a los potreros de la hacienda. A la señora doña Macaria también la solía llevar a la parroquia los días de fiesta, y ella declaró muchas veces que nunca había montado un caballo que más le acomodara.

Fuera de mis perennes temores de volver a manos de mis verdugos, nada había alterado en muchos meses la tranquilidad de mi ánimo, cuando una tarde vi llegar a la casa a un mozo que de Bogotá venía a traerle una carta al patrón. A la mañana siguiente fueron cogidos Morgante y Merengue, y entregados al mozo, quien partió con ellos.

Profundo fue mi desconsuelo; pero ese día y el siguiente

abrigué la esperanza de volver a reunirme con mis amigos. "No puede ser otra cosa, me decía, sino que el doctor Barrantes y su niño van a dar un paseo. Mis amigos volverán muy pronto".

Al tercer día llevaba yo a don Cesáreo y oí una conversación que tuvo con un amigo que lo acompañaba; conversación que me dio a conocer la causa y la extensión de mi desgracia.

El pleito aquel se había perdido. Las simpatías de mi amo por el doctor Barrantes se habían enfriado y convertídose en enojo. Don Cesáreo le había escrito a su abogado que, con motivo del desfalco que acababan de padecer sus intereses, tal vez tenía que vender la hacienda; que, además, los pastos estaban muy escasos, y que por tales razones no podía seguir manteniéndole sus caballos. El doctor Barrantes contestó inmediatamente la misiva, pidiéndolos.

Acostumbrado, como yo lo estaba, a las dulzuras de un trato íntimo y franco con un amigo tan sensato y discreto como Morgante y con otro tan ameno y afectuoso como Merengue, sentí, al verme separado de ellos, todas las amarguras de la soledad.

Los hombres ignoran acaso, pero deberían haber observado, que el caballo necesita la sociedad, lo mismo que ellos.

Cuando un caballo está solo en un potrero, se olvida de comer por andar recorriendo la orilla de la cerca, ya para ver de dar con alguna salida a fin de ir a buscar compañía, ya para elegir un punto desde donde pueda otear los campos vecinos y columbrar a alguno de sus semejantes. Y como sabe que todos éstos participan de su sociabilidad, relincha a menudo esperando que haya alguno que atienda a su llamamiento. Y si donde está es en una caballeriza o *ramada*, y si, habiéndose encontrado allí con otros caballos, viene a quedarse solo, se inquieta y se agita, tira del cabestro que lo sujeta, se encabrita y escarba con impaciencia. La suerte le depara tal vez un compañero de su especie, y entonces lo recibe con algunos de aquellos relinchos trémulos, breves y recogidos con que solemos los caballos expresar el cariño y la satisfacción.

El que por algún tiempo ha estado reunido con otro individuo de su especie, se le apega fuertemente, o según el lenguaje de que se usa en la Sabana de Bogotá, los dos se *amadrinan*.

Para nosotros no es en ningún caso indiferente la compañía con otra bestia. Un caballo fogoso o mal domado y espantadizo lleva con sosiego a su jinete cuando va al lado de otra bestia, o detrás de ella.

Y a tal grado llega la sociabilidad del caballo, que (lo confieso con rubor) admite gustoso, y tal vez busca, la compañía del asno y (lo que con más rubor confieso), a falta de otra, hasta la de la mula.

En cierta ocasión vi perecer, entre crueles agonías, a un caballo, víctima de su adhesión a otro cuyo pesebre era contiguo al que él ocupaba. Lleváronse a este otro, y aquél, que estaba atado a una viga del techo, empezó a agitarse violentamente. La verja de la entrada era alta y estaba formada de balaústres puntiagudos. El caballo quiso saltarla, y detenido por el cabestro en medio del salto, fue recibido por las puntas de los balaústres, las que se le introdujeron en la parte inferior del vientre. Los sacudimientos del infeliz y el peso de su cuerpo, que tendía a descolgarse hacia atrás, hicieron que aquellos instrumentos de martirio fuesen penetrándole hacia el pecho y desgarrándole todas las entrañas.

El vínculo que a mí me ligaba con Morgante y con Merengue no era simplemente la instintiva simpatía que nace de la conveniencia; era aquel sentimiento que los hombres llaman amistad, y que, entre ellos, al decir de ellos mismos, es tan raras veces pura y duradera.

Desde que se hizo frecuente el que me montasen mis amos tuve roce casi diario con Emigdio, muchacho de unos trece años, a quien los rústicos, suprimiendo una *g* que les parecía redundante y exótica, llamaban *Emidio*; y como sólo así se llamaba, así lo llamaré yo también.

Entre mis memorias agradables, se señala tanto la que tengo de aquel muchacho, a quien tomé mucha ley, que no puedo dejar de decir algo acerca de él.

Los hombres no se cansan de repetir que para ellos no hay en este mundo felicidad cumplida; pero yo sé de varios que, a lo menos por algunos años, gozan de la vida con plena fruición. Estos son los muchachos (vulgo *chinos*) de las haciendas de la Sabana de Bogotá que están destinados a servir directamente a las personas de los patrones, sin formar parte de la servidumbre doméstica propiamente dicha, y teniendo por arma suya la caballería, como diríamos si se tratara de militares.

Las convicciones que en orden a esto adquirí rozándome con Emidio, se han robustecido mediante lo que podré llamar mi trato con otros mil arrapiezos de la propia ralea, de toda la cual se formará el lector idea cabal si logro retratar a Emidio.

Emidio dormía en la vivienda de sus padres, rancho que no distaba dos tiros de fusil de la casa de don Cesáreo. Almorzaba y comía en ésta o en la paterna, o en una venta, según la naturaleza de las ocupaciones del día; y era frecuentísimo que comiera o almorzara en uno mismo, en todas tres partes. En las faltriqueras jamás le faltaba una provisión de pan y panela, que allí reposaba en amor y compañía con un bolsillo (vulgo *portamonedas*) desboquillado; con las cachas de una navaja que había perdido las cuchillas; y con otros cachivaches de menor utilidad.

Estaban destinadas a su servicio, o *eran de su silla*, todas las bestias de ínfima categoría, esto es, todas las que, por su vejez o por algunos ajes incurables se hallaban inutilizadas para el servicio de los patrones, y aun para el de los vaqueros. Pero entre tales bestias había algunas que conservaban el brío y los buenos pasos, cualidades que lucían en provecho de Emidio, el cual hacía en ellas sus bizarrías, como pudiera el jinete más galán. A él no se le daban dos pitos de que su caballería se le cansara, o se le cayera, o le renqueara un poco. Casi todos sus quehaceres eran de los que se despachan a caballo; de suerte que disfrutaba ilimitadamente del placer de montar, que, de todos los imaginables, es el primero para los muchachos de la Sabana de Bogotá.

Emidio recogía muy temprano las vacas que debían ordeñarse, e iba luego a *echar la recogida* de los caballos; cogía y ensillaba el que hubiera de montar el patrón, frecuentemente remudaba el suyo, y hasta la hora en que encerraba los becerros de las vacas de leche se ocupaba en hacerles mandados al amo y al ama, mandados entre los cuales nunca faltaba el de ir por el pan a la venta de la comarca en que mejor lo amasaban. Allí recibía su adehala (vulgo *ñapa*).

En las funciones de vaquería, mangoneaba como el mejor; en ellas y en el desempeño de sus funciones ordinarias iba haciéndose consumado enlazador y vaquero, así como, en ocasiones que a menudo se presentaban, aprendía a tenerse en una brincada. Sus triunfos como jinete y como vaquero, que para él y para la gente de su esfera eran el colmo de la gloria terrenal, dejaban más satisfecha su naciente ambición, que pudiera quedar la de un conquistador el día de su entrada en la capital del imperio subyugado.

Si alguna vez pudiera la alegría ser enfermedad, yo diría que Emidio padecía de alegría, como un hipocondríaco padece de melancolía. A veces, yendo a caballo, echaba a correr a rienda suelta y dejaba escapar penetrantes gritos a fin de desahogar el júbilo que lo inundaba. Otras veces iba silbando y cantando encarnizadamente y con el desentono propio de los sabaneros.

Era mestizo de indio y blanco; y llevaba en la cara y en las manos los matices característicos de las dos castas; la frente, siempre protegida por el sombrero, era mucho más clara que el resto del semblante. Era feo, y sin embargo su fisonomía lo hacía amable a cuantos lo trataban.

Sus arreos de montar eran los de desecho que había en la hacienda, y siempre se veían chafallados a fuerza de añadiduras y costuras hechas con *cabuyas* o con correítas de cuero crudo.

En su traje de entre semana no había a veces una sola pieza que él mismo hubiera estrenado. Para la octava de la parroquia o para alguna otra solemne ocasión se ataviaba, mediante los esfuerzos combinados de la madre, de la patrona y aun de él mismo, con camisa limpia y sombrero, ruana, pantalones y alpargatas nuevas; y es de advertir que los flamantes pantalones de *manta*, siendo siempre demasiado largos para sus piernas, estaban arremangados, del propio modo que los desechados por don Cesáreo que venían a ser de su uso. En tales días de gala contrastaban las piezas nuevas de su traje, y sobre todo la limpia camisa, con la cara y manos chafarrinadas; pues lo que era para lavarse no había festividad que le pareciera bastante solemne.

Este cuadro de la dichosa vida de Emidio tenía sus sombras. ¿Cómo no había de tenerlas? Cuando cometía alguna tunantada, si la cosa llegaba inmediatamente a conocimiento de su patrón o de sus padres, llevaba una tanda de azotes que le hacía poner los chillidos en el cielo; pero así como las tinieblas son lo que hace apreciar lo que vale la luz, esos sinsabores le hacían saborear más a Emidio las dulzuras de la existencia. Yo no habría aprendido a regodearme con los bienes de descansar en un buen potrero, de comunicarme con mis amigos, de verme bien tratado por mis amos y de lucir con orgullo mis prendas, si la adversidad, encarnada para mí en Geroncio y en Garmendia, no me hubiera ofrecido un término de comparación.

Por bastante tiempo fue Emidio quien me cogió, me almohaceó, me peinó, me ensilló y me desensilló; a los manoseos consiguientes a estas operaciones él añadía otros que yo interpretaba como caricias, y además me hablaba mucho y con mucho cariño, con lo que vine a cobrárselo tan entrañable, que no llevaba a mal el que me montase en pelo, como lo hacía para traerme y llevarme, siempre que se creía seguro de no ser observado por hombre nacido.

Hago señalada mención de esta última circunstancia, porque siempre me ha indignado y me ha hecho sentirme envilecido el que otros muchachos o peones hayan cometido el abuso de cabalgar en pelo sobre mí, fraudulenta y clandestinamente.

CAPÍTULO 13

*— Anuncios de mi enajenación. — Conviértome
en caballo urbano. — Mis primeras impresiones. — Las pesebreras.
— Paseos terapéuticos. — Revolcarse es una necesidad.
— Vida sedentaria.— Cómo salgo de la inacción. — Lo caro que costó
una lección sobre el modo de atar una bestia.*

Consternado y abatido quedó mi amo con la pérdida del pleito:
no creo que hubiera podido quedarlo en superior grado si toda
su fortuna se hubiera deshecho y si la miseria y el hambre
hubieran tocado a sus puertas. Todos los desembolsos que
antes del descalabro acostumbraba hacer, le parecían tan de
primera necesidad como los indispensables para la subsisten-
cia; hasta el que consistía en colocar productivamente la parte
de su renta que de cuando en cuando destinaba, por no tener
otra cosa peor que hacer con ella, a acrecer su capital.

No cesaba de lamentarse, y repetía que le era forzoso
desprenderse de muchas de sus cosas, aun de las que más
quería; entre estas últimas íbamos contados sus caballos, y le
oí decir que, si lograra deshacerse de mí por lo que pudiera
valer sin el defecto del coleo, haría el sacrificio de venderme.

Como fueron muchas las personas que le oyeron tales
especies, éstas llegaron a oídos de otras que deseaban comprar
caballo, lo que explica el suceso que voy a referir.

Cierto día festivo llegó a la hacienda un caballero, que al punto supe se llamaba el señor Ávila y era comerciante de Bogotá, el cual iba a proponer a don Cesáreo que le vendiera un caballo bueno y muy manso. Refirióle que la vida sedentaria que llevaba en el almacén había quebrantado su salud, por lo cual los médicos le habían aconsejado que diariamente hiciese ejercicio a caballo. Expuso que él era ignorantísimo en materia de caballos y que, así, se atendría ciegamente al juicio de don Cesáreo en orden a la elección del que había de tomar y al precio que hubiera de pagar por él.

Yo admiré la ingenuidad con que el mercader confesó su falta de conocimientos hípicos.

Puedo decir que él es el único hombre de cuantos he conocido que ha hecho semejante confesión, aunque he conocido innumerables que no han puesto, para adquirir tales conocimientos, otro medio que el de montar una que otra vez en caballos mansos y doctrinados.

Dados los antecedentes del negocio, era imposible que el señor Ávila y mi amo no se aviniesen; y he aquí que, al día siguiente al de la negociación, era yo propiedad del señor Ávila y estaba instalado en una pesebrera de la capital.

Sentíame yo ese día tan aturdido, que no puedo definir la emoción que dominaba entre las que confusamente me poseían. Me halagaba verme en situación tan nueva para mí, situación que me parecía más elevada y honrosa que la de un *caballo de hacienda*. Yo era aún joven, y en la juventud siempre seduce la novedad. Me venía además una idea vaga de que, en la ciudad y bajo el dominio de un sujeto acaudalado y respetable, estaba yo más asegurado contra cualquier tentativa del Tuerto Garmendia.

Pero, por otra parte, al verme encerrado entre paredes y pisando empedrados, yo que estaba habituado a enseñorearme con la vista de todo el horizonte; a reputar mío un espacio amplio y abierto alrededor del sitio que ocupara; a respirar el aire libre, puro y embalsamado de las praderas; y a recrearme en compañía de amigos o de semejantes míos, suspiraba por la vida que, tal vez para siempre, había dejado.

No podía perdonarle a don Cesáreo el que, dando muestras de insensibilidad, me hubiera, por decirlo así, echado de su casa, por conseguir en cambio unas monedas. Entonces, más que nunca, me sentí maravillado de que los hombres estimen tanto el dinero, cuya utilidad no podemos comprender los animales; y entonces, más que nunca, ponderé la ventaja que les llevamos a los hombres no viéndonos agitados, atormentados y divididos por el anhelo de las riquezas.

Sin embargo de esto, yo gemía en mi interior acordándome de mi antiguo amo, y mucho más de la señora doña Macaria, que había llorado a lágrima viva al verme salir de Hatonuevo. A Emidio y a otras personas de la hacienda, así como a varios de mis compañeros, les consagré también muchos suspiros.

Las pesebreras en que fui colocado no eran de las mejores. Su dueño afectaba creer que lo mejor para que las bestias se mantengan gordas es el método y la sobriedad; sólo a horas determinadas se llenaban las pesebreras, aunque a otras aquejase el hambre a los parroquianos; y digo mal cuando digo que se *llenaban*, pues nunca las vi llenas. La escasa yerba fresca y sabrosa que se nos daba iba revuelta con paja o tamo de trigo, alimento a que los caballos de la Sabana somos muy poco aficionados. Lo escaso del crédito de que gozaba el establecimiento hacía que ninguna bestia permaneciera en él por mucho tiempo, de que resultó que, mientras estuve allí, no tuviera sino relaciones pasajeras con algunos caballos. Para colmo de males faltaba el aseo, y los malos olores y los mosquitos me atormentaban.

Mi nuevo amo principió con mucho fervor a poner en práctica el consejo de los facultativos. Todas las mañanas, lloviera o tronara, era yo llevado a la casa por el muchacho que en ella servía, que se llamaba Juan Luis, uno de los marrulleros más insignes que he conocido, pero aún más simpático y despabilado que marrullero.

Del primer paseo que dio el señor Ávila quedó tan hechizado, que al apearse dijo a su mujer que nunca había de dejar pasar un día sin salir a caballo; que, merced a este paseo y al viaje que había hecho a Hatonuevo, se sentía vigorizado; que tenía muy buena gana de almorzar; que no comprendía cómo tantas personas que pueden dar tales paseos se privasen de ellos; y finalmente, que era preciso enviar algún regalo a don Cesáreo, pues no le quedaba duda de que sólo a la benevolencia y obsequiosidad de aquel bello sujeto debía el haberse hecho por un precio, relativamente moderadísimo, con un caballo que, en concepto suyo, era el cúmulo de las perfecciones que pueden adornar a un individuo de su especie.

Este elogio, lejos de halagarme, me avergonzó: pensé en el condenado coleo, y al acordarme de él, coleé, como había coleado cien mil veces sin que mi amo se percatara de ello o de que el colear era un feo vicio.

Al otro día el paseo fue más temprano, y más temprano aún al día siguiente: tal era el entusiasmo con que el señor Ávila había tomado el método curativo que se le había prescrito. Unos días salíamos por la vía del norte hasta Chapinero o más adelante; otros días por la de occidente, hasta Fontibón; otros por la de Soacha o la de Yomasa; y aun hubo días que trepamos por el camino de Ubaque.

A mí me agradaban los paseos, y me habrían aprovechado, si el alimento que se me daba hubiera sido abundante: el trabajo de una o dos horas diarias es excelente para un caballo que come lo que necesita comer. Pero la verdad sea dicha, como yo comía mucho menos empezó a cargarme la puntualidad con que mi amo se aplicaba su remedio; y, a ojos vistas, empecé a desmedrarme.

Esto último fue observado por cierto amigo del señor Ávila, más instruido que él en cuanto a caballos; y aconsejó que se me trasladase a otras pesebreras de mejor reputación que aquellas de que yo era huésped en la actualidad. Entre otras ventajas de que empecé a gozar en mi nuevo alojamiento, merece particular mención la de que los vecinos que me tocó tener en los pesebres inmediatos al mío, que eran caballos muy tratables, permanecieron allí por mucho tiempo y consiguientemente pude trabar amistad y platicar largamente con ellos.

Tal vez causará extrañeza al lector, si no es caballo, saber que entre las incomodidades que en la pesebrera me hacían suspirar más por mi vida de campesino, no ocupaba ínfimo lugar la posibilidad de revolcarme después del trabajo. No sabré explicarlo, ni habrá acaso quien lo explique, pero es lo cierto que el revolcarse al fin de una jornada o de cualquiera otra tarea produce un descanso, un deleite y bienestar indecibles. Parece que se aflojan los músculos que han trabajado y que entran en ejercicio los que habían estado ociosos. Por otra parte, el restregarse los lomos contra el suelo sustituye a la impresión desagradable que ha dejado el contacto con la silla y que el sudor hace más molesta, con otra tan deliciosa como la que experimenta todo el que siente comezón y se rasca a su gusto. A muchos hombres les he oído decir que al sentir gran cansancio nos han tenido envidia a los que solemos revolcarnos, y aun nos han imitado.

Una mañana no fue por mí Juan Luis, y a la siguiente tampoco. Supe que de esta omisión del paseo tenía la culpa un catarro de mi amo. Días después, nueva omisión: era que había trasnochado en un espectáculo y no se había podido levantar temprano. Otra vez fue el mal tiempo y otra el correo lo que no permitió montar a mi dueño. Llegó día en que dejó de salir porque le dio pereza; y otro, y otro, y otro sucedió lo mismo. Los días en que no había paseo llegaron a ser más frecuentes que aquellos en que lo había. En fin, a los dos o tres meses de haber comenzado a hacerlos, mi amo no volvió a salir a caballo.

—Esta es, le decía su médico al señor Ávila, la historia de todos los enfermos a quienes se prescribe el paseo a pie o a caballo: al principio, mucho fervor y mucha puntualidad; luego se empieza a hacer demasiado caso de los estorbos que se presentan y aun a verlos venir con agrado; entran la pereza y el aburrimiento, y al cabo prevalecen los hábitos antiguos.

—Usted tiene razón, replicaba el señor Ávila; pero no puede

negarse que hacer todos los días un viaje largo o corto sin *ir* a
otra cosa que a *volver*, agotaría la paciencia de un santo; y todo
el mundo ha experimentado que lo que se hace y se repite por
obligación, aunque sea en sí cosa placentera y sabrosa, viene a
producir hastío y fastidio invencible.

Pero el señor Ávila, abrigando uno de esos propósitos que
nunca se cumplen, aguardaba hallarse alguna vez en disposición de continuar haciendo ejercicio a caballo, y quería
conservarme en su poder. Entretanto yo me fastidiaba sobera-
namente y experimentaba en mi cuerpo los abominables efectos de la inacción. El dueño y el administrador de las pesebreras ignoraban que a un caballo que no se monta hay que
dejarlo cada día por alguna o algunas horas en libertad de hacer
ejercicio. Milagro fue que a mí no me hubieran acometido las
mismas dolencias que aquejaban a mi amo, que eran efecto de
la vida sedentaria y que habían dado ocasión a que él me
comprara.

En muchas semanas, sólo una vez salí del forzado reposo,
y esto fue del modo que voy a explicar. Juan Luis se pirraba por
montarme. En los días en que el señor Ávila cabalgaba, me
sacaba de la pesebrera o de la casa llevándome del diestro, y
apenas doblaba una esquina se detenía para encaramárseme.
Las primeras veces que lo intentó, yo me oponía a aquella
truhanada y me rehuía de manera que, haciendo centro en mi
cabeza, describía círculos con el anca. Pero la bestia que ha
sido hecha para vivir sujeta a los hombres, tarde o temprano es
supeditada por la porfía con que cualquiera de ellos, sea grande
o pequeño, poderoso y esforzado o desvalido y enclenque, trata
de acostumbrarla a hacer algo que le repugne. Juan Luis me
habituó al cabo a dejarme montar, y con ello se granjeó
alabanzas de los amos, por la ligereza con que desempeñaba el
oficio de traerme a la casa. La holganza en que yo me encontraba cuando hubieron cesado los paseos era para Juan Luis tan
enojosa como para mí mismo: si él hubiera sido el enfermo,
seguro está que las higiénicas excursiones se hubieran interrumpido.

Apretado al fin por la gana de montar concibió y llevó a cabo un atrevido proyecto. En la tarde de cierto día de fiesta pidió licencia a la señora de la casa y la obtuvo de ella para ir a ver a una hermana suya que estaba muy mala en el hospital. Para la gente de la clase de Juan Luis, nadie está *malo*: el que no está sano está *muy malo*.

Dirigióse a las pesebreras y me pidió en nombre del señor Ávila. Sacóme, echóme *jetera* con el lazo que servía de cabestro, cabalgó y emprendió una excursión por los alrededores de la ciudad, huyendo de los sitios en que le parecía deberse temer el peligro de ser visto por personas conocidas del señor Ávila. Por los lados del sur y del oriente recorrimos aquellos arrabales en que abundan los tejares y en que la tierra en lugar de producir frescas, aromáticas y lozanas plantas que alegren la vista con sus flores y que con sus semillas fecunden el suelo que les da vida, no producen más que barro. ¡Qué triste me pareció el aspecto de esos lugares! En ellos está la tierra como desollada y llena de heridas, y parece que de allí huye la vida.

El higiénico paseo le excitó a Juan Luis el apetito y la sed. Se detuvo a la puerta de una venta de las del barrio Las Cruces, en la que había gran concurrencia y un jaleo infernal. Me ató a una columna dejando el cabestro tan largo que rozaba el piso, y echando un mal nudo. Mientras él se refocilaba en la tienda, varios mozos maleantes que, ya más que refocilados, se hallaban en la puerta, me espantaron y me hicieron dar una vuelta, con lo que el cabestro se me enredó en las patas. Sobreexcitado por las cosquillas que me hacía el lazo y por la zambra que armaron aquellos tunos, me encabrité, salté, tiré del lazo y, al tirar, apreté la manea que ya me ligaba los brazos; me agité y sacudí desapoderadamente, hasta que caí con violencia. Juan Luis, lleno de afán y de espanto, pugnaba por desatarme, pero ni él ni nadie habría sido capaz de deshacer el perverso nudo. Ya atraídos por la bulla, habían salido y me rodeaban todos los parroquianos de la venta, y uno de ellos sacó su cuchillo y cortó el lazo. Yo me levanté magullado y aturdido, y, siempre aguijado por el trozo del cabestro que había quedado y que me tocaba las patas, corrí sin saber a dónde. Varias de las personas con quienes me encontraba trataban de atajarme, pero yo no podía contenerme.

Divagué, no sé cuánto tiempo, por calles y encrucijadas, y al cerrar la noche, habiendo sido guiado por un instinto ciego, llegué a la puerta de mis pesebreras. Introdujéronme en mi departamento, no sin observar que yo llegaba harto asenderea-do.

Juan Luis, según lo supe más tarde por haber oído ciertas conversaciones, pensó no volver a la casa del señor Ávila; pero, considerando que, si se fugaba, no podría sacar su ropa; y esperando que alguna casualidad lo librara de reconvenciones y castigos, volvió a la casa.

Al día siguiente, el dueño de las pesebreras mandó avisar al señor Ávila que yo, después de haber sido sacado por Juan Luis, me había aparecido solo y lleno de tumores y escoriaciones. Interrogado Juan Luis, negó que él me hubiera sacado y perjuró que había pasado la tarde del domingo en el Hospital. Un dependiente de mi amo verificó un careo entre Juan Luis y los mozos de las pesebreras, en el que aquél se vio compelido a confesar que él era quien me había sacado. Reconvenido por su amo, explicó el suceso diciendo que, al salir del Hospital, se había encontrado con unos parientes que habían venido de su pueblo; que éstos tenían vehemente deseo de conocerme porque habían oído que yo era un caballo hermosísimo; que me había sacado hasta la calle, sin alejarse de la puerta de las pesebreras; que allí habían formado tumulto unos paseantes que iban borrachos, los que adrede me habían espantado; que yo había huido arrebatándole el cabestro y que todas las diligencias que habían hecho él y sus compañeros por alcanzarme, y luego para descubrir mi paradero, habían sido infructuosas.

Requerido en seguida para que explicara por qué no había dado oportunamente aviso de lo que había ocurrido, dijo que él lo iba a dar el lunes, pero que, cuando había salido a comprar la leche, se había encontrado con uno de sus compañeros de la víspera, y por él había sabido que yo había vuelto a las pesebreras.

Esta explicación pareció poco plausible. El señor Ávila fluctuó entre castigar él mismo al galopín, ponerlo en manos de la policía o simplemente echarlo de la casa. Las vacilaciones dieron tiempo para que la cosa se enfriara y para que se calmara todo enojo; de que resultó que se abrazase el más benigno y menos enfadoso de los tres dictámenes; esto es, el de expulsar a Juan Luis.

Así aprendió (o debió aprender) éste, entre otras cosas, que a un caballo se le debe atar *alto y en corto* y de tal suerte que, al tirar del cabo suelto del cabestro, el nudo se deshaga fácil y totalmente.

Capítulo 14

– Cometo algo como un sacrilegio. – Móntame mi ama y el diablo hace que no pueda portarme bien con ella. – Me veo reemplazado por un mal rocín. – En un potrero. –Espectáculo lastimoso y tristes reflexiones.– Un jinete a pedir de boca. –Bello proyecto y más bella realización.– El día más glorioso. – Blandos arrullos. – Por qué no obsequio al lector con una descripción del Salto de Tequendama.

Por allá entre los entresijos de la memoria, se me había quedado trasconsejada una aventura que dio origen a un gran susto y a muchas carcajadas reprimidas.

En la temporada en que don Cesáreo y doña Macaria me montaban a menudo, se recibió en Hatonuevo la visita de unas religiosas extranjeras, y como éstas fuesen muy aficionadas a montar, don Cesáreo dispuso para agasajarlas que diesen con él un paseo por los potreros, no todas a la vez, pues no había más que dos sillas, o sea galápagos, de mujer, sino de dos en dos.

Tocóme a mí cargar nada menos que con la superiora, señora muy acatada y reverenciada de cuantos la trataban. Cuando partimos de la casa yo vi salir adelante y muy aprisa al caballo de la otra religiosa, con lo cual sentí gana de ir a paso más vivo de lo que convenía a un jinete como el que llevaba. La venerable señora entró en cuidado, y don Cesáreo picó para ponérsele al lado y tratar de tranquilizarla; el haberme alcanzado el caballo de mi amo me avivó más; en esto un largo rosario lleno de cruces y medallas que pendía de la cintura de la religiosa, empezó a hacer ruido y aun a darme golpecitos; apreté más el paso, y el miedo de la señora llegó a lo sumo. Extendió la mano buscando la de don Cesáreo, y éste se la alargó; así asidos, siguieron por un rato; al fin, al dar los dos caballos un salto muy corto y ligero para pasar una zanjita, la religiosa, por apoyarse más en la mano que tenía agarrada que en la silla, cayó al suelo y rodó un poco, con lo que su blanco hábito quedó a trechos con manchas de color de la hierba y de color de tierra.

Un jinete que se apoya en algo que esté fuera de la bestia en que va montado, pierde el equilibrio; y, si no puede afirmarse en la silla apretando las piernas (como no puede hacerlo quien va a mujeriegas), viene al suelo indefectiblemente.

Después de la barrabasada de Juan Luis volví a aquel reposo que me era tan antipático. Ya hacía tiempo que de mi cuerpo había desaparecido todo vestigio de los magullamientos y lastimaduras, cuando la señora doña Paz, mujer de mi amo, determinó ir con su marido, con sus hijas mayores, Mercedes y Matilde, y con los niños y niñas, a una hacienda en que residía una hermana de aquella señora. El señor Ávila declaró que doña Paz no podía hacer el viaje de ninguna manera más cómoda y segura que yendo en mí; la señora, que había nacido y se había criado en una de las comarcas de Colombia en que las mujeres no aprenden a montar y que sólo había cabalgado para subir del Magdalena a la Sabana, lo rehusaba porfiadamente y aseguraba que se moriría de miedo si llegaba a verse sobre un caballo; pero la pertinacia de su marido fue mayor que la de ella, y quedó acordado que yo llevaría a la dama sobre mi lomo.

Llegó el día señalado para la expedición. Las señoras no quisieron montar en la casa, para no dar en las calles un espectáculo que habría llamado demasiadamente la atención; y los caballos fuimos trasladados a una quinta, en cuyo patio se efectuó la laboriosa operación de hacer montar a las señoras. Doña Paz quiso que me paseasen para ver si yo era *bien mansito*, y me montó a mujeriegas uno de los mozos que nos habían llevado, el cual se cubrió las piernas con una ruana grande que debía hacer las veces de amazona. Yo me reí para adentro de estas precauciones e hice todo lo posible para inspirar confianza a mi señora. En la obra de ayudarle a montar tomaron parte todos los presentes: uno tenía el taburete que debía servir de escalón; otro sostenía el galápago por mi lado derecho; otros dos me tenían de la rienda; otro guardaba los guantes, el pañuelo y el latiguillo para entregarlos a doña Paz cuando estuviera ya bien acomodada. Una persona apretó las cinchas después que hubo subido; otra, haciendo que previamente le pusiera la mano izquierda en el hombro y que con la derecha se apoyara en el galápago, le arregló las faldas; otra, finalmente, alargó y acortó el estribo hasta que mi señora, que ignoraba cómo le convenía llevarlo, declaró de puro fastidiada, que ya estaba en el punto debido.

Durante esta escena doña Paz respiraba sonora y angustiosamente, temblaba un poco, hacía exclamaciones y se encomendaba fervorosamente a los santos.

Partimos. Al principio todo anduvo tan a pedir del deseo que mi ama empezó a cobrar ánimo y a alabar mi mansedumbre y la suavidad de mis movimientos; pero nos vino de cara una ráfaga que le arrebató el sombrero a Matilde y me lo echó a los pies. Yo, espantado, me paré un instante, puse la barba contra el pecho y agucé las orejas. Doña Paz no cayó, pero volvió a ponerse nerviosa. Más adelante vi una casa que quedaba a la orilla del camino y a cuya puerta había caballos, y procediendo (lo confieso) como un caballo vulgar y mal nacido y dando por sentado que debíamos entrar a aquella vivienda, empecé a saborear el bocado y acercarme a ella andando de lado, cosa con que mi señora se creyó perdida. Ella trataba de encaminarse bien, pero no acertaba a hacerlo.

Las mujeres, y aun los hombres, cuando no han aprendido a montar, manejan la brida desmañadamente, separando el codo del cuerpo y levantándolo, y llevando las riendas altas y flojas.

Finalmente, doña Paz pudo seguir; pero estaba de Dios que, en aquel viaje, perdiera yo para con mi señora el buen crédito de que no sin justicia disfrutaba. Ella había exigido como condición para ir a caballo, que un mozo campesino que hacía de paje fuera constantemente a su lado. Yo me *amadriné* al caballo en que él iba; y, como el mozo se hubiera adelantado para cumplir cierta orden que se le dio, yo relinché, y mi relincho puso más espanto en el pecho de mi ama, que hubiera podido ponerle el rugido de una fiera: ella creía que el relincho era señal de rebeldía y de irritación contra el jinete.

Y no fue éste el único percance: ya tal vez iba latiendo con regularidad el corazón de mi señora cuando un maldito insecto penetró en uno de mis oídos y empezó a hacerme sentir un cosquilleo intolerable; arrisqué la oreja y me puse a sacudir muy a menudo la cabeza, en lo que doña Paz vio nuevos peligros. En resolución, ella declaró que de ninguna manera seguiría en un caballo que iba matándola a sustos y que, a seguir en él, prefería echar a andar a pie. En esta ocasión ya no valieron ruegos ni persuasiones, y el señor Ávila, después de madura deliberación, no halló solución mejor para el problema que se le presentaba, que disponer que su consorte montara en el caballo del criado, que éste montase en el que llevaba al mismo señor Ávila, que no era muy bueno, y que él seguiría sobre mi lomo. El caballo del criado era lerdo por todo extremo, y desde que se hizo el cambio hubimos de seguir paso ante paso, lo que nos quemaba la sangre a mí y a los demás caballos de raza que iban en la expedición, y ocasionaba a los jinetes grave incomodidad e impaciencia.

La estancia en la hacienda término del viaje fue para mí deleitable, pues nada deseaba yo tanto después del largo encierro en las pesebreras como esparcirme a mis anchas en un potrero. Felizmente aquel en que me hospedaron era de los mejores de la Sabana.

Cuando, rebasando del grupo de cerezos y nogales que le

servía como de portada, pude dominar la extensión del potrero, se me ensanchó el ánimo y la vista se me recogió. Hacia la entrada la hierba estaba más tupida, lozana y floreciente, por ser aquella la parte más hollada y más nutrida por el abono con que la próvida naturaleza ha dispuesto que los animales restituyan a la tierra los elementos de la vida.

La llanura, interrumpida únicamente por pequeñas eminencias, estaba cubierta por un inmenso y alegre tapiz de fondo verde –azulado y claro– formado por las gramas, y lucía labores de plata y oro con que lo reclamaban el trébol y la chisacá en primaveral y lujosa florescencia.

Algunos árboles, esparcidos en desorden, ofrecían su sombra a los huéspedes de la dehesa.

Cerrábala por uno de sus costados el río, que a la sazón estaba desbordado y se ensenaba en los sitios más bajos de sus márgenes. Por la citerior corría una hilera de sauces que, fornidos y poderosos, *como árboles que crecen al borde de las aguas*, habían vencido con su peso a la tierra que los sustentaba y se inclinaba atrevidamente sobre el río.

Por entre su ramaje se veía chispear inquieta la luz del sol, reverberando en las ondas menudas y movedizas que el viento levantaba.

Mientras estuve en esta hacienda tuve ocasión de ver caballos desempeñando una de las tareas más penosas a que los hombres han podido sujetar a mis semejantes. Había una máquina, no sé si de aventar trigo o de trillarlo, a la que se daba movimiento por medio de un mecanismo que, más bien que para un fin industrial, parecía inventado para castigar y martirizar a los infelices animales. El caballo, encerrado en un recinto de que no puede salir, se ve forzado a dar eternamente un paso sobre una tabla que baja con el peso de la bestia; ésta da otro paso sobre una nueva tabla que se le presenta y que baja como la primera, atrayendo a la que le sigue; pisada ésta, baja y hace venir otra sobre la cual tiene el caballo que poner las manos. Aquel movimiento, que semeja una cruel pesadilla, y que es igual al que hace un caballo que va subiendo, no puede suspenderlo sin caer. Un caballero que se hallaba de visita en la hacienda y que estuvo contemplando aquel suplicio, dijo que se parecía al de un tal Sísifo, personaje que yo no había oído nombrar; y que recordaba unos versos de un señor Olmedo, igualmente desconocido para mí, versos que, si mal no me acuerdo, decían, hablando de un caballo:

Ufano, da en fantástica carrera
Mil y mil pasos sin salir del puesto.

A mí me pareció oportuna la cita, aunque no era aplicable en cuanto a lo de la ufanía.

Uno de los pobres caballos que tenían destinados para aquella ímproba labor era cojo: no podía prestar otros servicios, y lo obligaban a hacer aquél, que no podía dejar de prestar aunque lo hiciese a costa de esfuerzos violentos y de vehementes dolores.

Este espectáculo, como antes lo habían hecho otros igualmente capaces de lastimar mi sensibilidad, me sugirió la desconsoladora reflexión de que yo podía llegar al estado miserable a que habían venido aquellos caballos. Una vez inutilizado por los años o por algún accidente, mi suerte podía ser la de ellos, u otra tal vez peor. Para cuando yo sea muy viejo o para cuando esté baldado no puedo abrigar otra esperanza que la de haber inspirado cariño al amo en cuyo poder envejezca o quede inválido, y la de que él sea tan bueno que desinteresadamente me mantenga hasta el fin de mis días.

Mi ama volvió a la ciudad en una yegua muy mansa y muy dócil, pero muy zonza y muy fea. A mí me tocó al regreso cargar con Mercedes, la mayor de las Ávilas, joven despierta y alegre, que no había montado muchas veces en su vida, pero a quien reconocí por jinete consumado apenas estuvo sobre mi espalda. Durante el viaje, para aprovecharse de mis buenas prendas, picaba y se adelantaba por largos trechos, aguardaba a los demás de la comitiva y volvía a adelantarse. Tan pegada quedó de mí, que, a fin de volverme a montar, y antes de que llegáramos a la ciudad propuso a su padre que, dentro de breve término y convidando a algunas personas, encabezase un paseo al Salto de Tequendama. El señor Ávila, que era hombre campechano, y que mimaba a su hija cuanto ella merecía ser mimada, que parece no era poco, convino en ello; y así fue que, desde que llegamos a Bogotá, se hicieron los preparativos y las invitaciones para el paseo.

El día fijado partimos por la tarde para el pueblo de Soacha, en el que debíamos pernoctar. Formaban la comitiva del señor Ávila, sus hijas y sus hijos y seis o siete personas extrañas. No me sorprendió que doña Paz no fuese de la comparsa, pues bien sabido me tenía que el montar a caballo no era su pasión dominante.

No nos habíamos alejado gran cosa de la ciudad cuando empecé a oír calurosos elogios de la figura que hacíamos Mercedes y yo. Ya yo estaba enterado de que, a juicio de los hombres, no hay para una mujer ocasión de ostentar sus atractivos y de extremar su gentileza como la de ir bien montada. Por otro lado, también me constaba que lo que más realzaba la hermosura y las buenas partes de un caballo es llevar sobre sí una mujer bella que monte con soltura y gallardía. Por tanto, aquellos elogios me inflaron sobremanera, y tanto más cuanto tenía para mí que eran merecidísimos. Yo no puedo juzgar de la belleza de las mujeres; pero, según lo que en aquella y en otras muchas ocasiones oí a los hombres, Mercedes era una de las muchachas más garridas de su tiempo.

No puedo ponderar mi satisfacción ni el ahínco con que procuré hacer brillar todas las prendas que debía a la naturaleza y a la educación. Pompeándome soberbiamente, simulaba una fogosidad capaz de poner en cuidado a los buenos jinetes, y obedecía a la rienda adivinando el pensamiento de mi señorita. Llevaba la cabeza, como siempre, quieta y erguida, pero logré enarcar el cuello más que de costumbre.

El velo de la linda amazona, sus amplias faldas y mis crines, impelidos hacia atrás, cuando el viento nos venía de cara, se agitaban y ondeaban airosamente.

Lo que no pude ¡ay! fue abstenerme de colear. A trueque de no colear aquel día hubiera yo consentido en permanecer por una semana en poder del Tuerto Garmendia.

Todo elogio que de mí hacían las personas conocedoras de caballos que iban observándome, terminaba con la exclamación que tantas veces me había atormentado los oídos: "¡Qué lástima que sea coleador!".

Mercedes estaba para casarse, y se cae de su peso que el novio era de los del paseo. Juntos éste y aquélla y casi siempre separados de los demás, hicieron el viaje de ida y vuelta y me ofrecieron coyuntura para imponerme en lo que son los coloquios de los enamorados. Yo había imaginado que tales coloquios se compondrían de finos y delicados conceptos, y que en ellos se descubriría cierta seriedad, puesto que, todo bien considerado, en ellos se trata de lo más serio y más trascendental que hay en la vida de los hombres. ¡Qué desengaño! Ni los mismos novios ni yo podríamos decir qué fue lo que hablaron: tan insustancial fue todo ello. Allí hubo quejas recíprocas y mil veces repetidas sobre imaginados y menudísimos agravios y desdenes. Burbujeaban preguntas tales como ¿me quieres?, ¿me adoras?, ¿me idolatras?, y llovíznaban respuestas sazonadas con *mi amor, mi lucero, ángel mío, mi cielo, mi encanto, mi gloria.*

Y cuenta, que los enamorados no eran ningunos palurdos ni ningunos cursis: él era doctor y mucho más; ella sabía discurrir sobre literatura y sobre artes por modo tan encumbrado y tan por lo fino, que, cuando hablaba de eso yo no podía entender una jota.

Enajenados los dos amantes, repitieron que aquel había sido el día más dichoso de su vida: protestaron que jamás se olvidarían de ninguno de los objetos que, en lo sucesivo, pudieran recordárselo; y encarecieron el afecto que siempre me habían de profesar a mí que tanto había contribuido a hacerlo delicioso.

Ni fue sólo el amartelado galán quien declaró que, montada sobre mí, Mercedes se había mostrado en la plenitud de su deslumbradora belleza. Ya en unos términos, ya en otros, todos los de la comitiva expresaron ese mismo concepto. Hubo quien propusiera que se nos retratara, y la proposición fue acogida con aplauso y entusiasmo.

Pocos días después se puso por obra el sacar el retrato; yo no lo vi, porque cuando se hizo, el fotógrafo nos dejó ir sin mostrárnoslo, pero supe que de él había resultado un cuadrito precioso, y que Mercedes, no queriendo que su imagen completa fuera a andar en manos extrañas, volvió la cabeza y dispuso los pliegues del velo de manera que no quedasen retratadas sus facciones.

Entre los placeres de aquel paseo no puedo contar el que me habría procurado la vista del Tequendama: desde el paraje en que quedamos atados los caballos, mientras nuestros jinetes bajaron a su orilla, no podía contemplarse, y hubimos de contentarnos con oír el estruendo solemne de la catarata, y con sentirnos, cuando avanzó el día, envueltos en las nieblas con que, como con velo que oculta misterios augustos, se cubre el Tequendama cuando pasa la hora de ofrecerse a la contemplación de los mortales. He aquí por qué no puedo regalar al lector, como desearía hacerlo, con una descripción del Salto de Tequendama.

Prefería el anonimato a ser reconocido
por valiente difunto

CAPÍTULO 15

– Entre soldados. – Sirvo a Cupido antes de servir a Marte.
– Mal de muchos... – ¡Fuego! – Se aviva mi instinto antimarcial.
– Mudanza de domicilio. – Cuasi-discurso sobre la necesidad de
echarse.– Se abre el hipódromo. – Sueños de gloria. – Nueva pasada
que me juega mi cola. – Primeras impresiones en el Circo. – Segundas
impresiones. – Yo también corro.– Sórdidos misterios que se me
revelan.

Tras otra temporada de fastidiosa holganza en las pesebreras me vi sorprendido cierta mañana por un soldado que, llevando orden escrita de mi amo para que me entregaran, me sacó y empezó a conducirme por calles que yo conocía. Yo iba amilanado y trémulo con la idea de que se me había destinado a servir en el ejército, cosa a que, como ya lo saben los lectores, tenía yo el horror más profundo. Juzgué, eso sí, que de guerra no se trataba por lo pronto, pues la ciudad, según indicios que por dondequiera se me presentaban, estaba de fiesta. Las puertas y ventanas se veían decoradas con festones, coronas, banderas y gallardetes; la gente andaba endomingada y formando grupos, y cada individuo mostraba en su talante que estaba o se proponía estar de holgueta. Recordé, a mayor abundamiento, que en la noche anterior había estado oyendo el traqueo de infinitos cohetes; y que en todas las últimas horas las campanas de las iglesias habían estado a menudo echadas a vuelo. El soldado me llevó a la casa de un oficial, que, según lo supe más

141

tarde, era hermano de un dependiente de mi amo, y había ocurrido a éste para que le permitiese servirse de mí en cierta fiesta nacional, que era la que se celebraba aquel día.

El oficial me hizo dejar en el patio de la casa y empezó a enviar al soldado a diferentes puntos a fin de conseguir arreos de montar, artículo del cual se hallaba desprovisto: de una parte vino el galápago; de otra la brida; de otra la gualdrapa, y de otra vinieron los estribos; pero otro oficial que llegó ya montado hizo ver al primero que los arreos que le habían prestado estaban muy traídos y poco elegantes; y siguió la brega del soldado, hasta que se consiguió un galápago mejor y se adquirió certidumbre de que no era posible hacerse con brida, estribos y gualdrapa de mejor apariencia que los ya conseguidos. En equiparse, acicalarse y relamerse también empleó el oficial bastante tiempo; pero siempre pudo montar, como se lo había propuesto, dos horas antes de aquella en que debía reunirse con sus jefes y tomar parte en la función que había de celebrarse.

Empleó aquellas dos horas en lucir su cabalgadura y su uniforme, recorriendo muchas calles y pasando y repasando incansablemente por una en que se hallaba cierta ventana a la cual encontró asomada unas veces, y otras no, a una muchacha que debía ser la señora de sus pensamientos.

Iba muy entonado y garboso (a lo menos así lo pensaba él mismo), con el cuerpo tieso y echado hacia atrás, con las piernas bien estiradas y con los pies abiertos y fuertemente apoyados en los estribos.

Por fin hizo rumbo a donde su deber lo llamaba, y se detuvo a la puerta de un edificio en que estaban ya reunidos los más de los militares que, junto con los altos magistrados, habían de encabezar la fiesta. La cabalgata transitó por buena parte de la ciudad, deteniéndose en algunos sitios en que se pronunciaron discursos.

Ya en la plaza mayor, y mientras los cuerpos hacían evoluciones y vistosos ejercicios, los de a caballo estaban, ya parados en torno de los jefes, teniendo para el público las apariencias de estar recibiendo importantes órdenes, ya andando a buen paso con aire de quien va a hacer algo muy indispensable.

Yo había visto que el oficialete calzaba botas con espolines, y aunque él no se atrevió a emplearlos, la sola idea de que los tenía tan cerca de mi vientre, me hizo colear desaforadamente. Tuve, sí, el consuelo de notar que los más de los caballos de los otros militares coleaban poco menos que yo.

La primera descarga cerrada que hizo la tropa me sorprendió y azoró bastante, con lo que mi jinete se vio un poco apurado y tuvo que echar mano a mis crines; en las otras logré mostrar algo de serenidad. Cuando todos los cuerpos, a una, empezaron a hacer fuego graneado, mi asombro, mi turbación, mi anonadamiento me dominaron de modo que no tuve ánimo para otra cosa que para seguir maquinalmente en pos de los otros caballos; y todos permanecimos, en tanto que la crepitación asordadora, los torrentes de fuego y las nubes de humo nos tenían atortolados, describiendo, dentro del cuadro que formaban los batallones, un círculo por el que corríamos con nuestros jinetes, en una fuga que nunca nos alejaba del objeto que producía nuestro sobresalto.

En las últimas horas de aquel día mi jinete pasó otra docenita de veces por la consabida ventana; y más veces habría pasado si yo no le hubiera hecho sufrir un sonrojo que debió de retraerlo por mucho tiempo de ponerse delante de los bellos ojos que lo fascinaban. Fue el caso que, habiéndose encontrado con un conocido frente a la ventana, lo detuvo y le movió conversación a fin de gozar por más tiempo de la presencia de la ninfa. Yo, que no había estado en reposo hacía no sé cuántas horas, di allí una muestra de lo que es la debilidad de la naturaleza caballuna.

Las impresiones que dejó en mí el servicio prestado al oficial estuvieron muy lejos de mitigar mi odio a la milicia y a la guerra. Yo no ignoraba que el fuego de ese día era de mojiganga, ruido y humo vano; pero imaginé lo pavoroso que debía ser aquel estruendo cuando en una batalla cada una de las cien mil detonaciones puede ser anuncio de la muerte desastrada de un hombre o de la de un caballo. Y si, de la conducta que observó conmigo el oficial, hubiera de sacar indicios sobre el modo de tratar los militares a las caballerías, podía quedar seguro de que, si alguna vez mi mala suerte me llevaba a servir en el ejército, mi vida, ya de guarnición, ya en campaña, no había de ser de las más llevaderas.

Por este tiempo acaeció un suceso que reputé como de los más prósperos de mi vida. Mi amo, ignoro por qué, me hizo mudar de pesebreras; y, en las que vine a habitar se acostumbraba hacer pasar la noche a las bestias sueltas en un potrero. No era éste grande ni muy pingüe; pero en él se podían estirar y sacudir los miembros a placer, y lo que vale más, podía uno echarse. El lector humano, esto es, el que pertenezca a la especie humana y esté, además, dotado de la virtud de la humanidad, sabrá ponerse en el lugar y compadecerse debidamente de un caballo cuyos cuatro delgados remos tienen que sostener el enorme peso de su cuerpo; que permanecer perennemente por semanas y tal vez por meses enteros encerrado en un recinto estrecho, de suelo duro, inclinado y sucio, donde no puede echarse. Es maravilla que los hombres, para quienes el acostarse es necesidad diaria y de las primeras, no se percaten de que los caballos debemos experimentar esa misma necesidad, ni de que en nosotros ha de ser más premiosa, pues las cuartillas sobre que se libra el peso del cuerpo caballuno no son de ordinario mucho más gruesas que los extremos inferiores de las piernas humanas. Y no puede alegarse que el caballo tiene doble número de pies, porque es notorio que el peso de nuestro cuerpo sobrepuja en más del doble al del cuerpo de un hombre.

Parece que en aquel país de que, según lo referí, me hablaron dos caballos extranjeros, se habitúa a los potros a acostarse, y a ellos y a todos los individuos de nuestra especie que viven al lado del hombre, se les pone y se les mulle y limpia todos los días una buena cama.

Pero en esta nuestra tierra, en donde se deja crecer al potro en estado salvaje, no se le infunde aquel hábito, ni al caballo ya domado se le da otra cama que el santísimo suelo, ni cuando está en una pesebrera hay quien se duela del martirio a que se le somete no arreglando el piso de suerte que en él pueda estar echado.

De este descuido viene en mucha parte el que los más de los caballos coterráneos míos se vuelvan *patones* y se inutilicen en la flor de sus años.

No fue la circunstancia de que he hablado la única que me hizo bendecir la mudanza de alojamiento. Gracias a ella pude tener, como se verá adelante, la más agradable de las sorpresas y pasar unos días placenteros.

A los que iban a ser compañeros míos los encontré enfrascados en animadísima conversación sobre unas carreras de caballos que se estaban preparando. Ya varios de los interlocutores habían sido ensayados, y otros habían presenciado los ensayos. Todos estaban impuestos de los detalles del asunto, asunto que absorbía su atención y que excitaba en ellos ardiente entusiasmo. Hacíanse pronósticos y conjeturas a granel sobre el éxito de cada una de las carreras y de las apuestas que estaban ya anunciadas, y se disputaba con calor sobre el mérito de los caballos que habían de correr. Yo lo escuchaba todo y sentía nacer en mí el entusiasmo. Como los lectores lo habrán observado, mis virtudes favoritas no son la humildad y la modestia, ni el encogimiento y el amor a la honrada medianía mis hábitos más arraigados. En mi ardimiento me puse a fantasear triunfos hipodrómicos y a escuchar y saborear con mi imaginación el estrépito de enloquecedores aplausos.

Bien se me alcanzaba que yo no podía aspirar a glorias de aquel linaje: ni mi educación ni el género de vida que había llevado me hacían apto para competir en la carrera con otros caballos adiestrados para tal ejercicio; pero eso no se oponía a que yo me regodease con aquellos castillos en el aire. ¿De qué serviría la imaginación si no sirviera para hacernos gozar de lo que no tenemos?

Yo me alampaba por ver las carreras y me dejaba halagar por la esperanza de ser montado por alguno que quisiera concurrir a ellas a caballo. Llegó el día en que debían verificarse; y tuve la satisfacción de ser llevado a casa del novio de Mercedes, a quien el señor Ávila había ofrecido mis servicios para aquella ocasión. Estaban viéndome ensillar mi futuro jinete y unos amigos suyos muy currutacos que lo acompañaban; montó aquél para examinar si las aciones estaban en el punto conveniente; yo coleé apenas sentí encima al jinete; y los amigos, escandalizados de que él fuera a dejarse ver en un caballo coleador, lo persuadieron, no sin gran trabajo, a que desistiera de exponerse a las zumbas de todo el público. Uno de los amigos le ofreció puesto en el coche en que pensaba ir al hipódromo; él aceptó el convite y yo fui vergonzosamente despedido.

Las pesebreras quedaron casi desocupadas, y tristes como dos cementerios: sus inquilinos, ya conducidos del diestro, ya llevando bizarros jinetes, ya cargando gente pobretona y pelafustanes a quienes no se les daba un pitoche de exhibirse mal montados con tal de que pudiesen ver las carreras, estaban asistiendo a ellas, y aun tomando en ellas parte activa, pues en nuestras pesebreras estaban alojados tres de los caballos que debían correr.

Hasta se hallaron, ¡caso pasmoso!, hasta se hallaron dos sujetos bastante despreciadores de las pompas y vanidades del mundo para sacar dos de las mulas que estaban con nosotros, a fin de concurrir montados en ellas al incitante espectáculo. ¿Podréis contener la risa?

Yo devoré, desesperado e iracundo, el ultraje que se me había hecho sufrir y maldije de todo corazón y por la cienmillonésima vez a mi torpe amansador.

Mi despecho subió de punto cuando, al anochecer, restituidos los camaradas a sus pesebres, y libres más tarde en el potrero, soltaron las lenguas para referir lo que habían visto; para hacer comentarios sobre los lances que habían presenciado; para enmendar unos las relaciones que otros hacían; y para jactarse del acierto con que habían pronosticado triunfos y vencimientos. Mohíno, acoquinado y taciturno los escuchaba yo a todos, temblando de que con alguna pregunta me forzaran a declarar que no había presenciado la función, y a explicar por qué, después de haber esperado concurrir a ella, me habían dejado con tantas narices.

A los ocho días debía haber otra; pero yo no me congratulé de ello, pues tenía por seguro que aquello no había de ser para mí sino nueva ocasión de desengaños y desazones.

Empero, resultó mejor de lo que esperaba. Ernesto, el hijo mayor del señor Ávila, ya pollancón, alcanzó de su padre licencia para ir en mí al hipódromo. Ernesto era amigo de hombrear, petulante, bullicioso y fanfarroncito; esperaba lucir sobre mí como había lucido su hermana, y no daba importancia a lo del rabeo.

Cuando, con Ernesto sobre mi lomo, llegué al Circo, todo en él tenía aire de fiesta y de conmovedora expectación: el animado gentío ceñía como corona viviente el espacio en que se había de contender por la victoria; y, como flores de esa corona, resaltaban a trechos los trajes y vistosos atavíos de las damas que, ora en tablados, ora en sus coches, atraían las miradas de la turba; en lo alto de los postes que marcaban la pista flameaban al viento banderolas de gayos matices, con rumor que provocaba al regocijo; en un palco lujosamente engalanado se ostentaban los objetos con que blancas manos habían de premiar a los jinetes que triunfaran en las carreras de honor; las notas de una música militar agitaban el aire y hacían latir los corazones con sensaciones indefinibles. En los semblantes de todos los espectadores se pintaba la emoción propia de quien ve ya llegar un momento que se ha esperado con anhelo y en que el ánimo se ha de conmover profundamente.

Varios de los caballos que habían de correr estaban a la vista, y de ellos no quitaban la suya muchos de los concurrentes, mirándolos con el interés con que entre los hombres es mirado el personaje que va a hacer alguna cosa grande y extraordinaria. No faltaba quien se tuviese por afortunado pudiendo acercarse a alguno de aquellos animales a tocarlo.

Con algo como un sobrecogimiento se oyó la señal que anunciaba el principio de una carrera; reinó silencio de desierto, y todo el mundo clavó ansiosamente la vista en tres caballos que, con sus *jockeys* o jinetes a cuestas y girando y encabritándose con impaciencia, aguardaban la voz que había de ordenarles arrancar. *Una... dos... tres*, gritó el que presidía la función, y se oyeron las pisadas de los caballos que resonaban como si el suelo de la pista cubriera un subterráneo.

¡Cosa singular! Veinticuatro horas después pocos se acordarían ya del éxito de aquella lucha, éxito que únicamente tendría importancia para los que de él esperaban lucro y para los dueños de los caballos empeñados en el lance; y, sin embargo, no había entre los concurrentes ni uno que no hubiera abrazado el partido de alguno de los tres caballos; que no se afanara al ver que el de su devoción perdía terreno, y que no se llenara de alborozo al ver que lo ganaba.

Ni envidia ni entusiasmo excitaron en mí las victorias alcanzadas por caballos que llegaron a la meta después de haber agotado su aliento y de haberse dejado azotar como bestias de carga. Ganar así una carrera puede satisfacer la necesidad de que las apuestas queden decididas; pero no llenar de orgullo al vencedor. Entusiasmo y envidia excitó en mí un castaño de mucha alzada y de formas ligeras, cuellierguido como yo, al cual, después de haberle ganado la carrera a un competidor digno de él, le sobró aliento para triunfar en una carrera más.

Terminado el espectáculo, Ernesto, que nunca las había visto más gordas, quiso aprovecharse de la libertad en que se hallaba y de mis servicios, lozaneando y divagando por el circo y por sus alrededores en compañía de ciertos amiguitos con quienes se había juntado. Uno de ellos le propuso que apostasen a correr, en lo que convino mi jinete. Con vanidad pueril, que, con más propiedad, puedo llamar *potril*, me complací al ver que se me ofrecía coyuntura de probar que yo también sabía correr, y no sentí sino que fueran muy pocas las personas que habían de admirarme, pues casi toda la concurrencia se había ya retirado.

Uno de los amiguitos dio las tres voces de regla, y mi competidor y yo partimos a escape. A poco de haber arrancado, el contrincante de Ernesto, que era tan intenso como él, dejó ir su caballo por entre los postes, con lo que tuvo perdida la apuesta, y no supimos más de él. Ernesto, aturdido por el ímpetu de la carrera, perdió los estribos y la cabeza, y agarrado a mis crines no pensaba ya en apuesta ni en cosa que no fuera contenerme y salvarse del peligro en que su botaratada lo había puesto. Como él tiraba fuertemente de la rienda y por otra parte yo no me sentía ya estimulado por la competencia con el otro caballo, resolví parar, y, tratando de hacerlo pronto, tuve que dar los bruscos y duros saltos que da un caballo cuando termina la carrera sin ir acortando gradualmente los pasos. Con los sacudimientos, Ernesto saltaba del galápago; y fue mucha fortuna que siempre hubiera vuelto a caer sobre él.

Ya había cerrado la noche cuando volví a mis pesebreras, y fui soltado inmediatamente al potrero. Allí se charlaba y se altercaba con más calor que nunca. La novelería me llevó a un corro en que se hallaba Orión, uno de los caballos que había corrido aquella tarde. Éste dialogaba con un Alazanito que alardeaba de muy conocedor en materia de carreras, y los demás del grupo escuchaban en silencio.

—¿Y entonces por qué, estaba diciendo el Alazanito, reconvino su amo de usted al *jockey*?

—Pues porque me aguijó demasiado, contestó Orión, al fin de la carrera, y como el otro caballo iba aflojando, pudo la cosa salirle muy mal.

Yo, entonces, echando mi cuarto a espadas, pensaría, le dije, su amo de usted que su *jockey* habría debido reservar el aliento de usted para los últimos momentos.

—¡Qué reservas ni qué cuerno!, replicó Orión.

—Entonces no comprendo...

—Pues es claro: de lo que se trataba era de evitar que yo ganase la carrera.

—Ahora comprendo menos. ¿No habla usted de su amo, del que debía tener el más vivo interés en que usted le ganara?

—Pues no que no. ¿Y de quién sino de él estoy hablando?

—Es que usted no está en autos, intervino el Alazanito: al amo de Orión lo que le interesaba era que su caballo perdiese la carrera, porque había apostado bajo mano a favor del de su adversario, arriesgando fuertes sumas por medio de ciertos agentes; mientras que a favor de su propio caballo, para cubrir el expediente, sólo había aventurado una suma insignificante.

—¿Y es posible que eso se haga? ¿Y la vergüenza y oprobio de la derrota para el amo y para el caballo? Jamás hubiera yo podido admitir que en las carreras se aspirara a otra cosa que al honor de la victoria.

—¡Qué candor! Es necesario que usted sepa que en los más de los negocios que tratan los hombres, cuando está de por medio el interés, no hay de ordinario vergüenzas, ni oprobios, ni honores, ni victorias, ni cosa que valga. Los fraudes, las ruindades y las triquiñuelas son en esos negocios moneda corriente. Y cuando lo que se trae entre manos es algo aleatorio, como las carreras, las riñas de gallos y los juegos de suerte, los hombres hacen menos escrúpulo de despojarse unos a otros de sus intereses, confesando implícitamente que las propiedades de los jugadores merecen, por no ser tan bien habidas como las de los que con el trabajo crean la riqueza, menos respeto que las de aquellos que la producen por medio del trabajo.

—¿Y es muy frecuente, pregunté yo a Orión, el que los que intervienen en las carreras se valgan de arterías como la de que usted me ha hablado?

—No mucho, por fortuna; pero las hay de diversas especies. Sucede, por ejemplo, que a un noble caballo se le hace pasar por el bochorno de perder una, dos o más carreras, mediante los artificios de que se sirve el *jockey*, ajustándose a las instrucciones que ha recibido de su amo; con esto el caballo se desacredita; su dueño se las compone de manera que él no tenga que perder sino muy poco o ningún dinero; y el día menos pensado manda al *jockey* que corra el caballo como es debido; apuesta a su favor y gana cuanto quiere. Mucho me divertí uno de estos días viendo el parchazo que le pegaron al más famoso de esos trapisondistas: uno de sus adversarios sobornó al *jockey*, y cuando mi hombre esperaba que su caballo perdería la carrera y le haría ganar la gruesa suma que había puesto al caballo de su contendor, vio con estupefacción y con rabia que aquél vino a ser el gananciioso. Allá en su foro interno, condenó al bellaco del *jockey* a llevar una zurra; pero éste tuvo buen cuidado de seguir corriendo por su propia cuenta y con sus propios pies para confundirse entre la turba-multa; y, contento con lo que su sobornador le había pagado, se guardó bien de volvérsele a poner delante a su amo, ni para pedirle su estipendio ni para otra cosa ninguna.

Yo, dijo el Alazanito, presencié, hace algún tiempo, otro curioso lance. Debían correr un bayo y un morcillo. El dueño del bayo ordenó a su *jockey* que perdiera la carrera; y el del morcillo le previno lo propio a su *jockey*. Llegó el momento de partir y arrancaron con ímpetu; hacia la mitad del espacio que debían recorrer iban ya a galope, y los jinetes hacían ademán de azotar a los caballos; pero, al mismo tiempo, los contenían con la brida. Un poco más adelante, y andando lado a lado, iban al trote. Si los *jockeys* o jinetes hubieran sido listos habrían salido del empeño, conviniendo en llegar a la meta a un tiempo mismo y sin dejar de correr; pero debían de ser unos grandísimos gansos, y no dieron en el hito. Llegó un momento en que se les vio venir apareados y paso a paso. Entonces el pueblo, que ya había levantado una vocería atronadora, invadió la pista, les salió al encuentro a los cuitados *jockeys*, atolondrándolos con una rechifla soberana y apedreándolos... digo mal, porque piedras no había por allí, arrojándoles lo que, pudiendo servir igualmente para el caso, abundaba mucho en aquellos sitios tan frecuentados por los animales de nuestra especie.

Capítulo 16

La conversación sobre las carreras y sobre las malas artes con que a veces las convierten en ilícita granjería, ocupó parte de la noche. A los primeros albores vi a Orión, cuya estampa y cuyo color no había distinguido en la oscuridad, y me pareció que no me era desconocido. Me fijé en él con curiosa atención y vine a caer en que no era otro que el cervuno, amigo de mi infancia, y, puedo decir que condiscípulo mío, a quien el lector vio montado por Damián el mismo día en que a mí me montó Geroncio por primera vez. Acerquémele y le pregunté si no me conocía; él me miró detenidamente y, con cierto empacho, me confesó que no se acordaba de haberme visto. Cuando le hube declarado quién era yo, ¡hombre! exclamó, ¿quién diablo te había de conocer si tú eras negro o poco menos, y ahora estás rucio? ¡Cuánto celebro volver a verte!

—¿Y cómo te fue con tu amansador? le dije.

—Muy bien: el amo le iba a la mano a Damián para que no me maltratara.

—Y después de Damián, ¿quién siguió montándote para doctrinarte?

—Un picador bastante malo que me dejó con un defecto muy grave que...

—¡Cómo! ¿Te hizo coleador?

—¡Quita allá! ¡Yo coleador! Me hizo cabeceador.

—Vaya, dije, tú y yo estamos en los extremos.

—¿Cómo así?

—Eso yo me lo sé. Y dime, ¿tú te llamas de veras Orión?

—¡Ca! No; ese nombre es postizo: cuando a uno lo ponen en la categoría de caballo de carrera lo desbautizan y le encajan un nombre altisonante. Mi verdadero nombre es el *Brandy*.

—¡El *Brandy*! ¡Nombre maldito!

—¡Hombre! ¿Y eso por qué?

—Ni ese nombre ni lo que él representa se le caían de la boca al Tuerto Garmendia.

—¿Y quién es ese Tuerto?

Esta pregunta dio margen para que yo refiriera a mi colega la negra historia de lo que me sucedió con aquel perdulario. Concluida mi relación, el Cervuno me hizo la de su vida, en la cual nada había habido de extraordinario. Llamóme, sí, la atención el mucho hincapié que hizo en las pésimas consecuencias que para él había tenido el hábito de cabecear y en los sinsabores que le había ocasionado. Este defecto, me decía, ha sido causa mil veces de que mis jinetes se pongan de mal humor, lo que no ha podido menos de redundar en perjuicio mío. Ha sido muy frecuente que, no sé si para castigarme o para tratar de corregirme, o simplemente para desfogarse, el jinete me dé sofrenadas como tirando a desquijararme, y ha llegado el caso de que me dé palos en la cabeza. No me montan sino muy raras veces personas finas y delicadas, pues les incomoda, y aun a muchas les infunde miedo, el que yo vaya cabeceando, tascando el bocado y estirando el pescuezo para tirar de la rienda.

Esta humilde confesión de mi condiscípulo provocó la mía; y de llano en plano le declaró que yo era coleador.

—A que un caballo adquiera el defecto de que tú adoleces, le observé en seguida, puede contribuir lo malo y lo pesado de casi todos los frenos que se usan aquí. A la embocadura se le debe hacer un arco para que la lengua quede en libertad, el cual sirve además para que quien nos embrida nos haga recibir el bocado por los asientos, sin tocarnos los dientes. Pero los malos picadores se han figurado que mientras más largo y tosco sea aquel arco mejor ha de poderse sujetar a la bestia; no hay quien sepa cuál es el oficio del arco, gracias a todo lo cual, se le inutiliza, atravesando su base con una cadenilla. De aquí el que los frenos de nuestra tierra sean tan malos, duros y pesados como tú y yo lo tenemos experimentado, y el que infinitos caballos se habitúen a cabecear, a tascar el bocado y a llevar abierta la boca.

—Sea de ello lo que fuere, dijo entonces Orión, lo cierto es que a mi vicio de cabecear debo la especie de degradación que he sufrido cuando se me ha destinado para la carrera. En este país, donde no hay carreras sino eventualmente, lo común es que nadie haga correr un caballo exento de defectos. Al que adolece de alguno que lo haga incómodo, se le prueba, y si se ve que es de buena carrera se le destina al hipódromo, contando con que a los muchachos campesinos que suelen servir de *jockeys* no se les han de dar tres pitos de que los caballos tengan cualesquiera nulidades y resabios.

Aquí cesó el palique, porque llegó la hora de que se nos trasladara a las pesebreras. Rato hacía que estábamos encerrados cuando sentí los pasos de un caballo que traían de fuera, y un relincho que me llegó al alma. Adviértase que yo no he dicho *al alma* sino por acomodarme al estilo más común de expresarse: yo no entiendo entrar en cuestión alguna metafísica con los lectores ni con nadie. Aquel relincho engendró en mi espíritu (¡vuelta a la metafísica!) una ilusión de que no quería dejarme seducir por miedo de aparejarme un desengaño; pero a pesar de esta precaución no pude dominar en todo el día el anhelo de que llegara la hora en que había de desalucinarme o de descubrir que el oído y el corazón no me habían engañado. Apenas tomé alguno que otro bocado, y pasé aquel largo día escarbando, dando vueltas y sacando la cabeza por encima de la reja. Anocheció por fin, salí al potrero, relinché y... si la escena hubiera pasado entre personas humanas, podría yo decir que me había hallado en los brazos de Morgante. No me hallé en sus brazos; pero me hallé al lado de aquel amigo en quien se habían concentrado casi todos los afectos que, en mi condición, podía experimentar. El alborozo de Morgante al verme fue, me parece, igual al mío.

–¿Y Merengue? –fue la primera de las infinitas preguntas que le hice.

–Merengue fue vendido, y no he vuelto a saber de él. Un cliente del doctor Barrantes, que debió de ganar su pleito, les regaló a los niños del abogado un excelente y precioso caballito de paso, y nuestro pobre amiguito estuvo ya de más.

–¿Y usted pertenece todavía al doctor Barrantes?

–No. Visto que yo me iba volviendo demasiado viejo y que pocas o ningunas veces le servía, se deshizo de mí. Compróme un cura de cierta parroquia de la Sabana que es al fin y al cabo aficionado a los buenos caballos. Todo su contento y toda su vanidad se cifran en tener en su cuadra tres o cuatro bestias escogidas, y se le llena la boca cuando dice: *mis caballos*. Bien echó de ver que yo era viejo; pero, después de cerciorarse de que mis dientes se hallaban en buen estado, declaró que yo podía servir aún por algunos años, y me compró por un precio muy moderado.

–¿Y qué vida lleva usted en la parroquia?

–La más envidiable. Mis compañeros y yo somos mirados por la servidumbre del cura y por la generalidad de sus feligreses como cosas casi sagradas; los piensos son abundantes y el servicio es más que llevadero.

–Usted es el caballo más afortunado que he conocido.

–No lo niego. Sin embargo, no todas las épocas de mi vida han sido tan felices como la presente. Ya tú sabes que estuve en campañas y...

–¡Ah! Ahora que me acuerdo... También estuvo usted en no sé qué tierra que llaman el infierno de los caballos.

–Sí: en los Llanos de Casanare.

–Y usted me prometió referirme lo que había visto por allá. Ahora es tiempo de que me cumpla esa promesa, porque ¿quién nos asegura que ésta no ha de ser la última vez que estemos reunidos?

Aquí suspiramos ambos, y, pasada la emoción que nos hizo experimentar aquel como presentimiento mío, Morgante principió a hablarme de los Llanos.

–En todo el vigor de la juventud estaba yo cuando llevé allá a mi dueño de entonces, rico negociante que especulaba sacando ganado de los Llanos para el valle de Sogamoso. Dicho sujeto gustaba de tratarse bien, y por lo mismo cuidó con suma diligencia de que yo no me desmedrara ni estuviera sometido a privaciones y sufrimientos que, en aquellas comarcas, afligen a los individuos de nuestra especie; y con todo, el que yo hubiera salido de ellas sano y salvo, aunque flaco y con lacras, se miró como prueba tan extraordinaria de mi robustez y de mi pujanza, que en atención a ello fui comprado a mi salida a Sogamoso por un precio exorbitante.

Los Llanos son un territorio que, por su extensión dilatadísima y por lo perfecto de su nivel, parecería un gran mar interior que por artes desconocidas se hubiera solidificado.

La naturaleza parece haberse querido aparejar en esa planicie sin fin un escenario digno de sus magnificencias. Pero aquello no es más que un soberbio cuadro. El placer que se goza, apacentando en él la vista, no contrapesa las penalidades de una vida que no se sostiene sino luchando; y que no se sostiene hoy sino para la lucha de mañana.

Por todas partes cruzan y riegan esa región ríos caudalosos y riachuelos. Llueve allí las dos terceras partes del año; las lluvias forman otras corrientes temporáneas y hacen crecer los ríos; de suerte que casi todo el territorio permanece inundado por muchos meses; cuando las aguas bajan, merced a la evaporación, el suelo queda cubierto de despojos que se corrompen e infeccionan el aire. El sol, que abrasa aquel suelo siempre húmedo, levanta vapores que queman los pies, al mismo tiempo que los vientos impetuosos que vienen de remotas regiones y que soplan con pertinacia atosigadora, tienden a refrescar el cuerpo. En grandes espacios cubren la tierra hierbas que sirven de alimento a los ganados, mezcladas con otras infinitas que de nada sirven; y hay inmensas porciones de terreno ocupadas por bosques en que vegetan innumerables especies de árboles y de plantas, en que anidan y pululan millones de millones de aves, de reptiles y de insectos, y en que tienen su guarida los animales monteses y las fieras más bravas. En muchas partes la tierra está cortada y cruzada por hendeduras profundas y estrechas; de tal manera que una bestia no puede asentar las cuatro patas sobre el espacio continuo que ellas dejan.

En aquellas casi desiertas llanuras, a cuyos confines no alcanza la vista, en aquellos bosques en que los siglos han acumulado los despojos de millares de millares de generaciones de animales y de vegetales, en las orillas de aquellas corrientes, en aquellos marjales profundos y dilatados hierve y bulle la vida. Pero esa vida que rebosa y se exhala, es en mucha parte la vida de los seres que despojan de la suya al hombre y al caballo.

La riqueza de los habitantes de aquella región casi desierta consiste en ganado vacuno; y como cada hatajo no puede sustentarse sino paciendo en una inmensa extensión de tierra, por ser los pastos poco nutritivos, allá es desconocida la división y acotación de los terrenos por medio de cercas. El dueño de un hato, para poder conservarlo, para evitar que sus reses se mezclen con las ajenas, para atender a la curación de las que aparecen con gusaneras y para apartar o coger las que han de venderse, en una palabra, para *sabanear*, como allá se dice, necesita diariamente de los servicios de muchos vaqueros de a caballo, y consiguientemente ha menester gran número de bestias.

Pero nuestra especie no medra, como no medra tampoco la humana ni la canina, en aquella comarca.

Yo he oído en mi vida muchas conversaciones doctas, y algunas de ellas me han informado de que ciertas naciones tienen colonias penitenciarias a donde deportan a los reos de algunos delitos para que en ellas los purguen. Una de las secciones de Colombia tiene también su colonia penitenciaria para caballos, y a ella van muchos a expiar el delito de no valer lo que valen los caballos de buena raza.

En efecto, del Tolima se envían a los Llanos manadas de caballos condenados a servir para la vaquería, a padecer y a morir precozmente en esas tierras inhospitalarias y esquivas. No sé por qué, ya que los hombres declaman tanto contra la trata de negros, no alzan también su voz contra la de caballos.

Los vaqueros de un hato andan siempre y lo hacen todo a caballo; y como para el menester más insignificante tienen que recorrer en un día o en algunas horas espacios casi inconmensurables, jamás caminan sino a revienta cinchas, de modo que, el esfuerzo que aquí se le exige a un caballo de carrera en el hipódromo, por cosa de dos minutos, se le impone al del vaquero de los Llanos por largas y mortales horas. Y tan acostumbrados están aquellos jinetes a llevar la cabalgadura a carrera abierta, que a carrera abierta los hacen andar hasta en las calles de las poblaciones, aunque sólo tengan que recorrer una distancia de cien pasos. Y no hay para qué decir que los vaqueros siempre paran de tenazón, maltratándoles la boca a los pobres caballos.

Éstos tienen que aprender a correr por sobre aquellos terrenos agrietados de que te hablé al principio, so pena de introducir las patas en las hendeduras y de rompérselas.

Ni siquiera las sombras bienhechoras de la noche procuran siempre al caballo que trabaja en los Llanos el alivio que ofrecen a los demás. En los interminables meses de lluvias e inundaciones vienen masas inmensas de mosquitos y zancudos que envuelven a los otros animales como en una nueva y maléfica atmósfera. Esos voraces insectos atormentan con sus picaduras hasta tal extremo, que las bestias, en lugar de aprovechar la noche, paciendo y descansando, la pasan defendiéndose de aquellos enemigos y corriendo inútilmente en busca de reparo contra ellos.

–¿En los Llanos, interrumpí, se usa del rejo de enlazar del mismo modo que en nuestra Sabana?

–Para el acto de enlazar a la res se procede como aquí; pero una vez enlazada, se la sujeta no en la cabeza de la silla, sino a la cola del caballo, y así, éste siempre resiste los tirones y arrastra a la res volviéndole la grupa.

Al oír esto experimenté una impresión que me hizo colear con furor: con la cola hice molinete y con ella me discipliné hasta que me quedó adolorida y como descoyuntada.

–Todos los trabajos, prosiguió Morgante, todos los trabajos y fatigas del caballo que sirve en los Llanos se podrían quizás conllevar, si el clima enervante, los soles abrasadores y lo ruin del alimento no agotasen la vitalidad y no mantuviesen postradas las fuerzas. Por dichosos pueden tenerse los caballos que sucumben más presto, sin que la muerte dé tiempo a que los atormenten las enfermedades, que allí son abundantes y variadas, y los métodos curativos, tan crueles de ordinario como las dolencias mismas.

Cuando Morgante hubo terminado su razonamiento concerniente a los Llanos clareaba ya.

–Hoy, me dijo, es sábado, y mi dueño el señor cura debe irse a la parroquia a decir misa mañana. Así es que vamos a separarnos.

–¿Y cuándo volveremos a vernos? le pregunté.

–Quién sabe. Mi amo viene con alguna frecuencia; pero es muy fácil que en sus próximas visitas a la capital venga en otros caballos.

–De suerte que, si cuando usted vuelva, yo, por cualquier evento, no estuviera en estas pesebreras, no podremos vernos.

–Por desgracia, eso es muy posible.

Nos pusimos a pastar, pero sin apartarnos uno de otro. Cuando vimos venir al mozo que debía llevarnos a nuestros pesebres, nos dijimos adiós. ¿Este adiós, pensé, será acaso el último?

Capítulo 17

– Casi mudo de dueño. – A tierra caliente.
– Enfermedad y curación. – Dos posadas contiguas. – Alarma.
– Un baño. – Estudio sobre los caballos de tierra caliente.
– Insectos maléficos y aves benéficas. – Tomo un ave por otra.
– El Magdalena. – Un pasaje. – En todas partes se cuecen habas.

Los facultativos a quienes el señor Ávila había consultado
últimamente sobre su crónica dolencia no habían hecho figurar el caballo entre los ingredientes de las medicinas que
recetaban. Mercedes y su amartelado novio estaban ya casados
y, absortos en su felicidad, no habían vuelto a acordarse de mí;
Ernesto no obtenía de sus padres licencia para montarme. Yo
le era, pues, totalmente inútil a mi amo. Un socio o dependiente suyo, examinando cierto día los libros de cuentas de la
casa, le hizo notar que los gastos de mi manutención montaban ya a una suma crecidísima.

Por tan graves consideraciones, el señor Ávila determinó
salir de mí y así lo dio a entender a muchas personas. Presentósele como comprador un joven bien portado, perteneciente a familia muy distinguida, hijo de un sujeto de fuste que
gozaba de la mejor reputación; el tal joven propuso a mi amo
que le permitiera probarme por dos o tres días, pasados los
cuales, si yo le acomodaba, se quedaría conmigo. "Por el
precio, concluyó, no pelearemos".

El señor Ávila se avino a ello ignorando que se las había con una linda pieza, y ateniéndose a que un hijo del señor don Fulano no podía dejar de ser persona de cuenta y muy formal.

Para probarme, Pachito, que así llamaban todos a mi nuevo ocupante, dispuso y emprendió un paseo a cierto pueblo de los del occidente de la Sabana, en el cual lo acompañaron dos de sus amigos. En el pueblo toparon con otros camaradas que estaban de expedición a tierra caliente, y éstos, sin necesidad de excesivas instancias, los redujeron a que siguiesen en su compañía.

Heme, pues, en camino para una región que hacía tiempo deseaba conocer.

En la Boca del Monte, esto es, en la escotadura de la serranía por donde se empieza a bajar para la hoya del Magdalena, me llamó la atención que el frío de la Sabana se condensase, por decirlo así, para dar su adiós a los que por aquel lado se despiden de ella.

En descenso casi continuo, y a veces rápido, sigue el camino en la dirección de las vertientes, y serpea, ya por entre agrias escarpadas, ya por entre taludes accesibles de la montaña. Los árboles seculares y gigantescos que las visten, muchos de los cuales tocan con sus ramas los troncos de los que nacieron más arriba, producen una penumbra imponente, como la de un templo antiguo; y, como producidos bajo sus bóvedas, se perciben allí la voz humana y todos los demás rumores, que, al repercutir en los peñascos y al dilatarse por el monte, resuenan con misteriosa solemnidad.

Cuando se llega a cierto recodo del camino, la vista, que estaba como comprimida, se escapa de golpe y columbra regocijada un sector del inmenso horizonte del valle, cuyos remotos confines están casi siempre borrados por brumas que se levantan de un suelo abrasado por el sol.

El camino sigue en zis zas; la soberbia perspectiva vuelve a perderse y el viajero acelera el paso para tornar a recrearse en ella.

Habríamos ido bajando dos o tres horas cuando empecé a ver una vegetación nueva para mí, y a conocer el plátano y la caña de azúcar. El canto de la chicharra taladraba los oídos y, mezclado con el de muchas aves y con el zumbido de miles de insectos, daba idea de aquella exuberancia de vida y de la inagotable fecundidad que, según lo que yo había oído, son distintivos de la tierra caliente. El aire estaba embalsamado, no por tal o cual flor, por tal o cual planta, sino por una amalgama de infinitas fragancias que subían de las tierras más bajas.

Yo iba embelesado con todo esto, y figurándome que *todo el monte era orégano*, cuando empecé a sentir cierta incomodidad en los cuartos traseros. Más adelante, esta incomodidad se fue convirtiendo en dolor y en enervamiento en dicha parte; y al cabo me sentí inútil para seguir con mi jinete. Uno de los de la comparsa declaró que yo estaba *encalambrado*, como suelen estarlo las bestias sabaneras que bajan a tierra caliente sin estar acostumbradas a hacerlo, y me recetó un baño. Este remedio me fue administrado en el primer arroyo que hayamos, y montando el señor don Pachito en una bestia de carga que tomó en alquiler a unos arrieros seguimos nuestro camino. En el primer pueblo a que llegamos me derramaron en la grupa una botella de aguardiente. No sé si por la eficacia de los remedios o por obra del descanso, que es lo que yo más creo, me sentí curado antes de veinticuatro horas.

La segunda jornada fue muy corta y terminó en una población importante y grande, en la que los paseantes determinaron pasar dos o tres días. Las bestias fuimos alojadas en un gran patio interior, o más bien corral, en donde nos hallamos reunidas con otras muchas, mulas las más; y a todos los cuadrúpedos y bípedos allí congregados nos echaban el alimento en el suelo. Éste estaba formado de despojos seculares de lo que se les había echado a otras bestias que, según indicios inequívocos dejados por ellas, habían comido y bebido de lo que se les había echado.

En cuanto a líquidos, había algunos en el corralín, pero no el que habíamos menester para mitigar nuestra sed, de manera

que nuestros dueños tenían que disponer que, en manada, nos
llevasen a un abrevadero un poco distante.

Los alimentos que se nos suministraron, nuevos para mí,
me parecieron tan malos, que sólo constreñido por el hambre
pude usar de ellos. Los vegetales de que se componía nuestra
comida eran hojas cuyos bordes estaban provistos de sierras, y
me parecieron ásperas, correosas y poco incitivas. Cuando nos
servían nuestro pienso teníamos siempre convidados, pues las
mulas extrañas se arrimaban a participar de él, y gastaban tan
poca educación que, sobre comer de gorra, defendían a mordiscos y a coces el puesto que usurpaban. Y si mis compañeros y
yo acudíamos a tomar las tornas cuando les echaban su ración
a las bestias que habían menoscabado las nuestras, nunca
faltaba un arriero o paje que, a zurriagazos, nos hiciera res-
petar la propiedad ajena.

En aquel lugar debía yo experimentar el más cruel sobresalto, y entrar en un cuidado que había de amargar mi existencia. Jamás había yo dejado de temer el contratiempo que allí
me sobrevino; pero siempre me había halagado con la idea de
que tal temor fuera pura aprensión hija de mi temperamento.

El corral en que yo estaba confinaba con el patio de una casa
en que admitían huéspedes de condición inferior a la de mi
poseedor actual; y los dos recintos estaban divididos por una
muy rala cerca de palos. Ya yo había advertido y hecho notar a
mis compañeros que la tal casa contigua era un belén de día y
de noche. De día metían, sacaban, ensillaban y desensillaban
bestias; la patrona de la posada repartía órdenes, regaños y
torniscones entre los criados y los chiquillos; éstos se desgañi-
taban chillando; los huéspedes pedían a todas horas almuerzos
y comidas, hablaban a gritos, tocaban tiple, cantaban, reñían,
retozaban y se reían con carcajadas atronadoras; un asno, los
marranos, las gallinas, los gansos, los pavos y los perros
contribuían cuanto les era dable para hacer aquel somatén más
estrepitoso. De noche, sin que cesacen del todo la baraúnda y
la jarana, estaban tocando a la puerta de la casa y a la de la

tienda anexa a ellos los huéspedes que venían de correr la tuna, y otros parroquianos que la estaban corriendo.

A eso de las siete de la tercera noche que pasamos en aquel lugar, por sobre todo el alboroto habitual, se hicieron sentir las voces y las pisadas de las cabalgaduras de unos viandantes que llegaban a hospedarse en aquel pandemonium. Entráronse atropelladamente al patio atravesando a caballo la sala de la casa y repartiendo saludos con grosera familiaridad.

Uno de los recién llegados, echando juramentos, se quejaba de que su mula venía coja, y, entre bromas y veras, amenazaba con pegarle fuego a la población si en ella no le proporcionaban una buena bestia en qué continuar su viaje. Yo conocí esa voz y me estremecí.

Que el lector adivine qué voz era esa.

En mi turbación y mi espanto, no pude pensar sino en la fuga; la puerta del corral estaba mal cerrada y la que de la casa daba salida a la calle se veía abierta. Ya iba yo a escaparme, cuando advertí que, si el camino que yo tomara para huir fuera el mismo que Garmendia había de seguir al otro día, era muy fácil que él diera conmigo, y seguro que, al encontrarme abandonado se apoderaba de mí.

Es cierto que de don Pachito no podía yo esperar mucha defensa, pues ya había conocido que era un tarambana y un blandengue incapaz de hacerle frente al Tuerto; pero al fin y al cabo, siempre era mejor que, si yo caía en manos del enemigo de mi reposo, hubiese siquiera quien se lo noticiara al señor Ávila. Desistí del propósito de huir y pasé la noche en amarga congoja. Cuando amaneció me acogí a un ángulo del corral que no se divisaba desde la casa vecina; pero a un maldito arriero se le antojó colocar en él sus mulas y me hizo salir hacia el centro; apenas se descuidó, volví a mi asilo; él tornó a echarme de allí, y en este trajín estuvimos el arriero y yo hasta que él antecogió sus mulas y las sacó a la calle para cargarlas.

Durante el día no volví a sentir la voz del Tuerto ni la de sus acompañantes. Por la noche me echaron la yerba al pie de la cerca de palos, y al pie de la misma, por el otro lado, estaba despachando su pienso la mula coja en que Garmendia había llegado. Venciendo mi habitual repugnancia a tratar con mulas, le moví conversación a aquélla, y de este modo pude enterarme de que el Tuerto, después de haber sido perseguido sin excesiva saña en la comarca que había sido teatro de sus últimas fechorías, y de haberse retraído por algún tiempo, osaba ya mostrarse en muchos lugares, como seguro de la impunidad. Por lo pronto yo no tenía gran riesgo de ser descubierto por él, pues, según mi interlocutora, en el viaje actual llevaba rumbo contrario al de don Pachito.

Con todo, cuando al día siguiente me montó éste para continuar su expedición y me sacó a la calle, no me llegaba el sudadero al cuerpo, y en todas las personas que veía creía reconocer al aborto del infierno.

Seguimos descendiendo. Por el sitio en que terminó aquella jornada pasaba un río, y allí gocé por primera vez de las delicias del baño en tierra caliente. Por la mañana unos muchachos de la casa en que habíamos posado nos llevaron a mí y a mis compañeros al río, desnudáronse a la orilla, entraron en el agua con nosotros llevándonos del diestro y se pusieron a echarnos por el cuerpo cubos de agua, interrumpiendo a menudo esa tarea para bañarse ellos mismos, dando chapuzones, nadando y echándose agua unos a otros.

Uno de los caballos dio un ejemplo que los demás deberíamos haber seguido, echándose dentro del río. ¿Por qué no estamos acostumbrados todos los caballos a bañarnos de este modo siempre que se nos presenta una corriente capaz de cubrirnos el cuerpo?

En aquella excursión iba yo haciendo estudios sobre la condición y la suerte de los caballos en la tierra caliente. Cuando hube visto muchos de los nacidos o aclimatados en ella formé el concepto de que esos climas no son propios para que los individuos de nuestra especie se desarrollen y prosperen, ni menos para que una buena raza se perfeccione o siquiera se conserve sin degenerar. La piel del caballo calentano da muestras de lo que acabo de afirmar. En la región inferior de la cabeza, y a veces en toda ella, igual que en otras partes del cuerpo, el pelo es ralo y demasiado corto, de manera que deja a descubierto la epidermis. Así, la piel del caballo vivo se asemeja mucho a la de la bestia o el toro difuntos, piel que, convertida en zurrón o en forro de una vasija, y maltratada por el uso y el frote, se ve como curtida y marchita.

Los colores de los caballos son como los de las telas desteñidas, siempre apagados y caídos; casi todas las bestias parecen ahumadas. Las rucias blancas están salpicadas de manchitas oscuras que hacen en ellas el mismo efecto que las pecas en el rostro humano.

Las orejas de todas las bestias están desmayadas y casi colgantes, lo cual, unido al desmadejamiento del pescuezo, da a la bestia el aspecto más mustio y desmazalado que imaginarse puede.

Aquel defecto de las orejas viene en mucha parte de las garrapatas que se prenden a la raíz y en el interior de aquellos miembros, en donde encuentran habitación cómoda y sustancioso alimento. Estos bichos causan a veces tan grande estrago que hacen perder a las bestias parte de la oreja; y hay además otra enfermedad, nada rara, que la hace caer de raíz.

Una noche me quedé admiradísimo al ver que un caballo que estaba paciendo junto a mí consintió que cierto pájaro se posara en su cuello, y allí encaramado, le picara las orejas. Manifestéle mi asombro, y él, riéndose de mi ignorancia, me explicó que hay pájaros que prestan a las bestias el servicio de limpiarlas de garrapatas, por lo cual todas ellas, no sólo no los espantan, sino que los reciben con gusto y con agradecimiento.

A la noche siguiente vi sobre una mula algo como un pájaro que hacía no sé qué movimientos, mientras ella parecía adormilada. Tuve la mala intención de espantar al animalito para que la mula siguiera padeciendo con sus garrapatas; pero al punto pensé que esa acción era propia del Tuerto Garmendia, y me retiré muy quedo. Al otro día vi que a la mula le fluía un hilo de sangre del sitio en que yo había visto al pájaro, y le dije:

–Hola, conque el pájaro que anoche te estaba quitando las garrapatas también te sangró.

–Vaya usted a hacer mofa de su abuela, me contestó. Cualquiera otro que hubiera visto que un murciélago me estaba chupando, habría hecho la buena obra de espantarlo o de despertarme.

Volviendo a mi asunto, añadiré que, si los caballos calentanos no le deben mucho a la naturaleza, todavía le deben menos a la educación. La clave, el fundamento, el tuáutem de ella está en la boca, y las bestias calentanas saben muy poco de freno. Casi todas ellas responden a los toques del bocado señalando el cielo con el hocico.

Con indecible júbilo llegué a la orilla del Magdalena, lo conocí, y hasta me di en sus aguas un remojón. Me acordé de nuestro humilde Funza y me pareció, cotejado con el majestuoso y soberbio río, como una miserable acequia.

En una hacienda que visitamos y por la cual pasa otro río caudaloso y magnífico, tuve ocasión de asistir a un espectáculo de grande animación y atractivo, y aun tomé en él, con mi jinete encima, una pequeña parte.

Tratábase de pasar de una margen del río a otra una numerosa manada de toros ariscos y bravos. Formando herradura para cubrir lo que llamaré la retaguardia y los flancos del hatajo, se le hizo seguir hasta un playón. Allí muchos vaqueros de a pie y varios de los de a caballo que se desmontaron y desnudaron, se arrojaron al agua, al mismo tiempo que con gritos y con chasquidos de zurriagos se hostigaba a los toros para que se arrojasen también. Al principio se arremolinaron y amenazaron romper la fila de vaqueros; unos pocos la rompieron efectivamente y se esparcieron por la llanura, poniendo grande espanto en la gente que por allí se encontraba. Por fin los toros más animosos y los más acosados se sumergieron en el río y fueron seguidos por los demás. Fue de ver entonces cómo los vaqueros, que nunca hubieran podido acercarse a uno de aquellos feroces animales estando en tierra, los guiaban, los atajaban, se les asían a veces de los cuernos y les daban cachetes: se diría que aquellos brutos, sintiéndose fuera de su elemento, ponían confiadamente su suerte en manos de vaqueros, que parecían hallarse en el suyo.

El hatajo y sus conductores fueron a tomar tierra en un playón que quedaba mucho más abajo que el otro, y ya allí estaban apostados algunos vaqueros para impedir que los toros se desparramaran.

Estas funciones se llaman *pasajes* en la comarca en que se verificó la que presencié.

Ya de vuelta para la Sabana visitamos un trapiche. Allí vi que en ninguna parte falta modo de atormentar a los caballos imponiéndoles servicio duro y desproporcionado a sus fuerzas. Entre las bestias destinadas a tirar del mayal había tres caballos que habían servido mucho como de silla, a los cuales, en su vejez, se les había jubilado con aquel destino. Los días que no iban al mayal iban a acarrear caña y, hallándose, como se hallaban, llenos de mataduras, se les echaba encima una carga pesadísima que les laceraba las caderas y que se asegura- ba sobre el lomo apretando con exceso los rejos que la sujeta- ban.

Al cabo, esta dura labor toca únicamente a algunos caba- llos; pero según lo que oí referir, hay otra en que padecen todos: el día de San Juan se solemniza montando a caballo todo el mundo para correr sin ton ni son por las cercanías de las poblaciones.

Tanta importancia dan los *calentanos* a esta fiesta que apenas ha pasado la de un año, empiezan a apercibirse para la del otro. Y es tan de cajón que todo individuo, varón o mujer, monte y corra en ella, que, por no padecer la pena y la vergüenza de omitirlo, aquellos para quienes no alcanzan los caballos y yeguas que haya en la jurisdicción de cada ciudad o pueblo, echan mano hasta de las pobres mulas.

En tal día, tan placentero para los hombres como aciago para las bestias, desde que Dios echa su luz hasta bien entrada la noche, se ve a la muchedumbre cabalgadora, repartida en grupos, ir y venir en desaforada carrera, sin pizca de miedo a tropiezos y a encontrones, gritando a gañote suelto: "¡San Juan! ¡San Juan!".

Los jinetes restauran a menudo sus fuerzas con tragos, y muchos descansan mientras dejan usar de sus cabalgaduras a los que se han quedado a pie; pero para las bestias no hay tregua, ni reposo, ni refrigerio; siempre corre que te corre, y esto bajo los rayos de un sol que hace trinar los grillos.

Al día siguiente continúa la jarana en honor de San Eloy; se descansa luego tres días, y vuelta a torbellinar para festejar a San Pedro.

Y cualquiera que sea el trabajo del caballo en tierra caliente, es más duro y pesado que en la Sabana, pues allá hay que batallar con la flaqueza, la lasitud y la flojedad que hacen experimentar el clima y la falta de jugosidad de los pastos.

¡Dichosos los caballos y dichosos todos los vivientes a quienes ha tocado habitar en la Sabana de Bogotá!

Capítulo 18

Encaminándonos ya hacia la Sabana, llegamos a la población en que yo me había hallado tan cerca de Garmendia, y en ella hicimos noche, alojándonos en la misma posada en que, de ida, nos habíamos hospedado.

En el patio de la contigua estaba todavía la mula coja; y, al verla, me sobresalté, figurándome que el Tuerto tampoco se había ausentado. Ella me tranquilizó participándome que aquel hotentote se había marchado en otra bestia, y que ella, hasta que sanara de la cojera, corría al cuidado del amo de la hospedería.

Me había pesado no haber inquirido de la dicha mula si Garmendia solía acordarse de mí, y ahora me aproveché de la coyuntura para hacerle un interrogatorio.

—¿Alguna vez, le dije, has oído al Tuerto hablar de un caballo moro de que cree haber sido dueño?

No una sino muchas veces, me contestó. Cabalmente ahora, el día que se fue, abominando de mí, y renegando de mi cojera, decía que si tuviera su caballo moro, no se vería en embarazos.

–¿Y ha dado a entender que conoce su paradero?

–Allá en la Sabana, le he oído que, en no sé qué lance, se le había perdido y que tenía por seguro que se lo había robado un señor de cuyo nombre no me acuerdo y contra quien se deslengua en improperios cuantas veces le mienta.

–¿Será un don Cesáreo?

–El mismito. Se me antoja que ese caballo moro es usted.

–No te engañas. ¿Y a ti cómo te adquirió?

–No sé más sino que un día me sacó de los potreros de su padre.

–¿Y cómo te trata?

–Como lo trata todo; como si me tuviera en su poder, no para aprovecharse de mis servicios sino para matarme.

Quedé, pues, enterado de que el señor don Lucio no perdería ocasión de echarme la garra; y desde aquella noche fueron mis recelos más vivos y más acerbos.

Llegado que hubimos a Bogotá, don Pachito me envió a mis pesebreras. No sé si con el señor Ávila se disculpó del abuso que tan desvergonzadamente hizo la confianza que en él tuvo cuando me puso en sus manos.

Mi amo, con aquel escarmiento, no quiso volver a meterse a *tratante de caballos* y me confió a un amigo suyo, encargándole que me vendiera. Por gran casualidad, este amigo del señor Ávila era dueño de la hacienda que a mí y a otros caballos nos había descrito aquel Alazán tostado de marras. Yo tuve gran placer en ir a esa hacienda, que ya miraba con simpatía. En ella empecé a hallarme tan a mi sabor como en Hatonuevo, y hasta tuve la fortuna de dar con un compañero que muy pronto vino a ser amigo mío de toda mi satisfacción. Llamábase Gulliver y reunía en su individuo algo de la sensatez y la experiencia de Morgante, con algo de la jovialidad y travesura de Merengue.

Recuerdo el lance que dio ocasión para que comenzáramos a tratarnos con familiaridad. Estábamos una tarde reunidos a

tiempo que un caballejo muy desmirriado que había abandonado en el camino y que fraudulentamente se había metido en el
potrero, se nos acercó en ademán de querer alternar con
nosotros en la conversación. Mi compañero, como caballo
benévolo y urbano, no se atrevió a mostrarle desprecio, y yo no
quise manifestarme menos bien criado que él. Con esto, el
pobre rocín cobró confianza y se me fue arrimando hasta que,
levantando la cabeza, se puso a rascarme fuertemente la cruz
con los dientes. Yo me retiré un poco, y él volvió a la carga;
torné a retirarme, y él ¡dale que le darás! Por fin le dije:

—Gracias: no siento comezón.

Gulliver se rió entonces para adentro, y cuando la risa le
dejó libre la voz, me dijo:

—¿No ve usted que le quiere dar a entender que espera que
usted tenga la bondad de rascarle la misma parte que él le rasca
a usted?

Miré entonces hacia la cruz del jamelgo, y vi que en ella
tenía una calva producida por la sarna. Una de las ventajas que
los caballos les llevamos a los hombres (y no es de las menores)
consiste en no conocer la sensación que ellos llaman *asco*. Sin
embargo, en aquella coyuntura pude formar cabal idea de lo
que es esa sensación.

Mi nuevo amigo pertenecía al dueño de la hacienda; y éste,
por temporadas y para que en él hiciese sus visitas, se lo enviaba a un cuñado suyo muy querido, que era uno de los más
insignes médicos de la capital.

Sabiendo esto, le dije una vez que, hallándose, como en mi
sentir se hallaba, dotado de grande espíritu de observación, él
debía haber hecho muchas y muy curiosas observaciones sobre
la medicina y sobre los que la profesan.

—No muchas, repuso: no he oído las conferencias del doctor
con los dolientes sino cuando alguno de éstos lo ha detenido
en la calle para hablarle de su enfermedad y para pedirle
consejos o recetas. Esto lo hacen algunos aun sabiendo que el
doctor ha declarado que no quiere ni debe ocuparse en consul-
tas sino en su casa, a horas determinadas, o en los domicilios

de los enfermos. Pero parece que entre los hombres sucede que cada cual se cree excepción de todas las reglas cuya observancia es incómoda. Además, cada enfermo juzga que su curación, que para él mismo es el asunto de mayor monta, ha de ser lo propio para su médico.

He oído también una que otra plática curiosa en los zaguanes de las casas de los enfermos, entre sus allegados y el doctor. Aquéllos le quieren sacar expresiones en que puedan fundar esperanzas, y el doctor, no pudiendo dárselas sin comprometer su reputación, busca efugios para no herir su sensibilidad.

Otras veces los dichos allegados se meten en honduras científicas y discuten con el doctor, quien se ve amargo para no tenerles que decir que, si saben más que él, no han debido llamarlo. Frecuentemente se aprovechan de esa conferencia en el zaguán para insinuarle al facultativo por medio de exordios y de circunloquios, para dorar la píldora, que tal vez sería bueno que se asociara con uno de sus comprofesores. Y si la conferencia es entre varios facultativos que han visto al enfermo, es de admirar la marrullería con que cada uno evita el comprometerse y trata de *largarle el muerto* al médico de cabecera.

—¿Y qué tal vida se pasa cuando se le sirve a un médico?

—Bastante agradable cuando el médico lo tiene a uno en buenas pesebreras. Lo malo es que uno se echa a perder en ese oficio. El jinete, no teniendo que recorrer de una vez sino una distancia muy corta y no pudiendo tener gusto en cabalgar para ir desmontándose cada rato, por buen jinete que sea, se aburre de manejar bien el caballo; no lo levanta, y lo deja andar de cualquier modo; y, como las calles de la ciudad no ofrecen piso cómodo y como en ellas se presentan a menudo diversos obstáculos para que el caballo camine con desembarazo, éste viene a perder el brío y el garbo y a habituarse a andar como desmazalado y adormecido.

—¿Y a usted le ha sucedido eso?

No callaré que, al hacer esta pregunta, bulló allá, allá en lo más recóndito de mi ser, algo como un asomo de envidiosa complacencia: yo esperaba que mi amigo respondiera que sí adolecía de algún defecto. El recuerdo del mío, clavado como una espina agudísima en mi pecho, levantaba en él un sentimiento que ni quería yo confesarme a mí mismo.

—Yo, contestó Gulliver, cuando estoy por algunos meses dedicado a la medicina, empiezo a volverme apático y tomo un trochadito que se parece al trote como un huevo se parece a otro. Lo peor es que doy en caminar con la cabeza caída, el pescuezo estirado y las orejas desparramadas. Pero apenas vuelvo acá, me monta mi amo y en un perinquete recupero mi brío y vuelvo a ser todo lo que he sido.

Llevando cierto día a mi amo por el camino público, se encontró él con unos conocidos suyos, los cuales le dieron la infausta nueva de que había estallado en no sé qué partes de la República una revolución, y la de que ya se estaban los partidos apercibiendo para la guerra. Esta noticia no me hizo menos horrenda impresión que las que, algún tiempo antes, había recibido sobre el Tuerto Garmendia. Mi horror a éste no era muy superior al que la guerra me infundía. Días después, vimos Gulliver y yo que por el camino pasaba tropa conduciendo a muchos hombres que, según supimos, iban destinados a ingresar en el ejército. Más tarde vimos unos hombres de a caballo que, armados de lanzas, vinieron a la hacienda y por orden o con consentimiento del amo, se llevaron dos caballos de poco valor y una silla que solía servir para los vaqueros. A medida que iba pasando el tiempo, se multiplicaban y se hacían más claros los indicios de que la guerra estaba ya encendida.

Día llegó en que vimos que un mediano escuadrón de campesinos, medio disfrazados de militares, recogió y se llevó varios bueyes gordos y varios caballos del llano que por el río estaba dividido de nuestro potrero.

El dueño de la hacienda vio afeitada la barba de su vecino; y en la noche de ese día nos hizo llevar a Gulliver y a mí a lo que la gente de la comarca llama el Páramo.

En la parte más agreste y esquiva de los montes de la

hacienda se halla una cañada cubierta de lozana y fresca vegetación, cuyo color contrasta con el opaco y sombrío de todo lo que la circunda. Allí se unen un cerro empinado y riscoso, cubierto a trechos de monte verdinegro, y una loma árida y casi desnuda en que crecen frailejones que de lejos semejan manadas de carneros. Algunos están quemados, y parecen fantasmas negros que cuidan de los rebaños.

En aquella cañada se nos ocultó; y, con cercas de madera, improvisadas y toscas, se cerraron las salidas por donde pudiéramos escaparnos.

Cuando amaneció, reconocimos el sitio y nos pareció demasiado fresco y poco abundante en yerbas alimenticias. La niebla que cubre muy a menudo aquellos cerros daba a nuestro retiro el aspecto más lúgubre. Las plantas que crecen en esas alturas exhalan cierto olor resinoso, nada desagradable, pero a mí me parecía que allí olía a soledad.

Todo contribuía en aquel paraje a aumentar la melancolía que de nosotros se había apoderado considerando lo precario de nuestra situación y la alternativa en que nos veíamos de ser cogidos por la tropa o de ayunar en nuestro retiro, no sabíamos por cuánto tiempo.

Un carbonero, habitante de una choza situada en las inmediaciones de la cañada, recibió orden de cuidar de nosotros, y hay que confesar que hizo todo lo que pudo en beneficio nuestro; pero lo que podía era poco; todo se reducía a racionarnos con hojas y cogollos de *chusque*, alimento flojo pero no desagradable. Para colmo de desdichas no podíamos tomarlo con gusto porque habíamos oído asegurar que entre el chusque se encuentran escondidos muy a menudo unos insectos que por su color no pueden distinguirse de las hojas verdes y que vulgarmente llaman *tembladera*. Dícese generalmente que dicho insecto es un veneno activo que causa pronta muerte a la bestia que lo traga.

El carbonero que cuidaba de nosotros desapareció; y por las conversaciones que, con llorosos ojos y voz quebrada, tuvieron en presencia nuestra su mujer y sus hijas, supimos que el marido había sido cogido y que estaba de soldado. Esto nos hizo comprender que la guerra se había encrudecido, e hizo subir de punto nuestra tristeza.

Días y días iban pasando, sin que suceso alguno interrumpiera la insufrible monotonía de nuestra vida. ¡Ojalá, aunque yo hubiera perecido de tedio, no hubiese venido el acontecimiento que me hizo cambiar de situación!

Una noche, al primer canto del gallo de la choza de los carboneros, me parece que Gulliver se ha echado y yo me echo también. Hacia la madrugada me levanto, pazco un poco y relincho. A mi relincho no contesta el de mi compañero. Me le acerco, lo olfateo, y se apodera de mí una inquietud mortal. Luce el alba y a sus primeros resplandores percibo que mi amigo tiene el vientre monstruosamente inflado, los dientes descubiertos y los ojos sin brillo. Está tendido sobre el lado derecho, y el brazo y la pierna del opuesto se ven rígidos y levantados del suelo. Súbito espanto se apodera de mí y huyo despavorido hasta un extremo del cercado.

¡La muerte! ¡La muerte!

Mi amigo no es, y sin embargo ahí está. Ahí está su nombre, y yo tengo, como antes, la idea de su ser.

¿Qué falta?

¡Misterio impenetrable! Envidio a los hombres, que, según creo, comprenden el misterio de la muerte.

Los animales no comprendemos la muerte; pero los caballos manifestamos el horror que nos inspira, retirándonos sobrecogidos de los cadáveres y de las osamentas de nuestros congéneres.

A mi amigo no se le podían hacer, por falta de quien oficiara, los funerales que se les suelen hacer a los caballos: no se le podía desollar.

Al mediodía, las negras y asquerosas aves que siguen a la muerte por dondequiera para hartarse con sus despojos, caen sobre el cuerpo inanimado y lo mutilan y lo destrozan, alegrando su festín con graznidos, saltando y aleteando en torno del cadáver, en una danza grotescamente fúnebre.

Alguna de ellas introduce la calva cabeza en las cavidades del vientre; rasa con el pico un extremo de los intestinos; mira maliciosamente si hay algún peligro qué temer, y extiende y arrastra la presa hasta el punto que escoge para hartarse con ella.

Un mal hombre que, expulsado de la estancia de que disfrutaba en el monte, andaba en acecho de ocasiones para hacerle daño al amo de la hacienda, el cual ya estaba preso, había denunciado mi ocultación y la de mi compañero y ofrecido guiar a los soldados a quienes se enviase por nosotros; pero el ama, sabedora de la muerte de Gulliver, que atribuye a envenenamiento con *tembladera*, ordena que al anochecer del día siguiente al del desastre se me lleve a la casa.

Colócanme en la caballeriza y allí se me mantiene con salvado, con hollejos y con lo que se puede hallar a propósito para alimentarme, y se procura evitar el peligro de que algún extraño vea meter en la casa comestibles que denuncien mi presencia en ella.

Cierto día se ve venir un piquete de caballería. La señora dispone que una criada me introduzca en la alcoba y me oculte tras las cortinas de una cama. Llegan los soldados; unos ocupan las salidas de la casa, y otros penetran en ella y empiezan a registrarla prolijamente, en busca, según dice el oficial que manda la partida, de armas, de monturas y de caballos que se sabe tienen allí escondidos. La señora contempla silenciosa el allanamiento de su domicilio; pero cuando los soldados intentan introducirse en su alcoba, defiende la entrada con verdadera energía, esto es, con firmeza y sin cólera; les afea a los militares el atrevimiento de violar las habitaciones privadas de una señora, y ellos, después de conferenciar entre sí en voz baja, se retiran y salen a montar. Yo estaba salvado.

Pero, en mi escondite, hay una ventana que está entreabierta; un militar, ya montado, se acerca por la parte exterior de la casa a esa ventana; yo olfateo el caballo y siento sus pasos, y un ciego y maldecido instinto me hace relinchar.

Todo estaba perdido.

Hice mis primeras armas bajo la silla del oficial que me había aprehendido. Él pasó casi una semana desempeñando comisiones como aquella a que se debió mi captura. Luego fui a dar a *un potrero de brigada* muy inmediato a cierta población en que estaban acantonadas dos divisiones. Allí no se dejaba en paz a los caballos ni aun en altas horas de la noche: durante los minutos en que no estábamos en la corraleja, se nos estaba recogiendo para llevarnos a ella. Ora se necesitan caballos para una patrulla; ora para unos oficiales de infantería que iban a marchar con su cuerpo; ora para un piquete que iba en comisión a recoger ganado y bestias por los campos; ora para despachar un posta; y era tal el desorden que no fue raro el que, para una sola cosa de esas, se nos recogiera dos y tres veces; ya se había cogido cierto número de caballos y resultaba que se necesitaban más, o que algunos de los que se habían enviado al cuartel debían ser cambiados por otros mejores.

Los más de mis conmilitones eran de la más ruin apariencia, por lo cual yo, que no la tenía mala a pesar del ayuno a que había estado sujeto en el Páramo, era escogido muy a menudo para toda clase de servicios. Llevé y traje postas haciendo jornadas inverosímiles; figuré en patrullas, y serví a las comisiones proveedoras de carne y de bagajes.

Lo peor era que los soldados de la guardia de brigada, siempre apasionadísimos por montar, me preferían a todas las demás bestias y me montaban en pelo para echar la recogida y para todo lo que les era lícito hacer a caballo. Entonces probé lo que es ser montado por dos jinetes, pues era común que el soldado a quien se permitía o se ordenaba que se sirviese de mí, ofreciera a otro llevarlo a grupas o consintiera en que las ocupase.

La continua desazón, la pena y el miedo que me torturaban llegaron a su colmo cuando me vi destinado a servir en un escuadrón que salía formalmente en busca del enemigo.

Concluida la primera jornada, se nos hizo pasar la noche en un potrero. La siguiente la pasamos los caballos con la silla, aunque sin brida, buscando hierbajos en unos pedregales que circuían el campamento. Muchos centinelas, apostados al efecto, nos impedían alejarnos. El tercer día acampamos en un lugar en que había muchos sembrados, y allí pudimos los caballos sacar el vientre de mal año. A algunos muy bisoños les costó caro el hartazgo, pues se lo dieron de plantas que no estaban en buena sazón, y enfermaron gravemente.

En el escuadrón no se observaba método para usar de los caballos: una vez sueltos y mezclados, ninguno sabía a quién le había de tocar montarlo; y cuando era tiempo de distribuirnos, cada soldado trataba de apoderarse del que mejor le parecía; con lo que era común que, entre varios, se disputasen a mojicones el derecho a cierto caballo. A mí no me montó dos veces un mismo soldado.

Cuando se iba acercando el día del combate menudearon más las órdenes y las contraórdenes, las marchas y las contramarchas, y todo género de medidas para ver de acordar un plan y para preparar la ejecución de cada uno de los que sucesivamente se adoptaban.

En uno de los campamentos que ocupamos en esos días, me sentí de golpe todo espeluznado y tembloroso: había oído que se mandaba comunicar una orden *al Comandante Garmendia*. ¡Al Comandante Garmendia! ¿Pero no podrá ser otro individuo a quien haya tocado llevar ese apellido siniestro? No. En todo aquel día se le sigue mentando mucho, y pocas veces se profiere el fatídico nombre sin acompañarlo con epítetos que no dejan lugar a duda.

¡Conque yo estaba en inminente riesgo de ser descubierto por el infame, y esto en circunstancias en que le sobraban medios y autoridad para apoderarse de mí!

Como los gallinazos huyen cuando el águila cae sobre el cadáver que están devorando, huyeron los temores y las zozobras que me conturbaban cuando no me representaba delante otro enemigo que el que podía de un golpe quitarme la vida.

¡Conque Garmendia impune, conque Garmendia empingorotado y con un grado militar, conque Garmendia en todas partes.

Otro día estuvimos a la vista del enemigo, y se hicieron prevenciones para un combate. Aquella noche se acampó al raso, y los caballos hubimos de tenernos por muy afortunados pudiendo beber de un arroyo; pues lo que era en comer no se podía pensar.

Un rápido y bien encubierto movimiento del enemigo dejó sin efecto los planes concebidos. Nuestra retaguardia, compuesta en mucha parte de las *voluntarias*, vino a quedar convertida en vanguardia, y esas mujeres infelicísimas que no conocen más que una virtud, pero que dan de ella el ejemplo más heroico, recibieron las primeras descargas de la vanguardia enemiga.

En medio de la confusión ocasionada por la sorpresa, y del gran barullo producido por la multitud de órdenes y de toques de cajas y de cornetas, yo me dejé conducir por mi jinete sin saber en qué dirección ni con qué fin me movía: nada supe hasta que me vi entre mis compañeros de fila, haciendo alto en un sitio desde el cual no se veía el resto de los cuerpos ni sus maniobras, por estar nosotros al abrigo de unos moros poco elevados; yo aguardaba oír tronar las bocas de fuego, igual que el día de aquella fiesta a que asistí en la Plaza de Bolívar; pero no oía sino descargas interrumpidas y rara vez cerradas, que partían ya de un punto, ya de otro distante.

De tarde en tarde venía algún jinete y esparcía entre la gente de a caballo la noticia de que todo iba bien. Por fin, y al cabo de tres o cuatro horas de combate, vino un ayudante del General en Jefe, con cara muy placentera, y dio orden de que avanzara la caballería.

Cuando coronamos los morros, quedó a nuestra vista una planicie larga y despejada, limitada a un lado y otro por pequeñas eminencias, por bosquecillos y por matorrales. Al pie de los morros se veía un grupo de jefes y, poco más allá, la banda de una división rompía a tocar una marcha guerrera; con sus notas se confundían a veces las de la diana que en puntos distantes tocaban las cajas y las cornetas; nuestro estandarte ondeaba majestuosamente y las banderolas de nuestras lanzas, agitadas por el viento, producían un rumor que alentaba y que parecía anunciar la victoria. ¿Quién podrá creerlo? Yo, yo que solía desfallecer con sólo oír hablar de milicia y de combates, sentí mi pecho henchido de entusiasmo bélico; tasqué el freno, piafé, erguí la cabeza, sentí que mis ojos despedían destellos y di pasos fuera de la fila. Mi jinete, que, por la cuenta, estaba muy lejos de experimentar las nobles emociones que a mí me agitaban, tiró bruscamente de la brida y con el asta de la lanza me apaleó torpemente la cabeza y el anca.

Aún se oían descargas de fusilería por un lado, pero se iban alejando y al cabo cesaron del todo. Apareció un grupo de oficiales que, a todo correr, se acercaron al de los jefes y anunciaron que los restos del ejército enemigo, que al abrigo de un bosque habían estado haciendo resistencia, se habían retirado en desorden.

Entonces un hombre, un zambo de catadura espantable y patibularia, que se hallaba entre los mensajeros de la victoria y que no había tomado parte en la pelea, se acercó a mí, hizo desmontar a mi jinete, me montó y acompañado de otros que se destacaron de diferentes cuerpos, emprendió la persecución de los derrotados.

Uno de sus compañeros le hizo fuego a un fugitivo que iba corriendo en una mula, aguijándola con esfuerzos desesperados; el tiro hirió a la bestia, la cual cayó oprimiéndole una pierna a su jinete. El perseguidor dio a este infeliz un lanzazo por el costado, haciéndolo hipar de un modo que me heló la sangre.

El zambo divisó a otro desgraciado que iba a pie, corriendo hacia la cima de una colina, y me hizo dirigirme tras él a carrera tendida. Cuando lo iba alcanzando, el fugitivo, ya falto de aliento, se volvió hacia su perseguidor, hincó las rodillas, juntó las manos y, con voz interrumpida y alterada por el jadeo y por el terror, suplicaba al sayón que, por su madre y por todo lo que quisiera en el mundo le perdonase la vida. Pero aquel cobarde necesitaba mostrar su lanza teñida de sangre.

Por la noche me reuní con varios camaradas que pertenecían a un escuadrón distinto del mío, y me informaron de que a ellos les había tocado desempeñar en la jornada un oficio punto menos inglorioso y repugnante que el que me había tocado a mí. Los habían colocado a retaguardia de un batallón que debía tomar una trinchera; mas nuestros jinetes no habían de habérselas con los que la defendían, sino con nuestros infantes, a los cuales, caso que intentaran huir o cejar, debían contener, valiéndose, si era necesario, de las lanzas.

Como nos hallásemos junto a una tienda de campaña en que varios de nuestros oficiales discurrían en voz baja, oímos su conversación.

—No comprendo, decía uno, por qué, habiendo estado la cosa tan apretada como estuvo, no se hizo obrar a la caballería.

—Para mí es claro, respondió otro: al general no le convenía que nuestro jefe participara de sus laureles.

—¿Y qué puede convenirle más al General que manda una acción que asegurarse el triunfo?

—Pues ahí verás.

A mí no me cabía la lengua en la boca. ¡Que no me hubiera sido dable decirles que, así como al dueño de un caballo que corre en el circo puede convenirle que éste pierda la carrera, a un General puede interesarle comprometer el éxito de una batalla y hasta perderla!

¿En dónde está la gloria?, me decía yo: en alguna parte debe estar; pero de seguro no está en donde intervengan las pasiones de los hombres.

Capítulo 19

– Un héroe en ciernes.– Cómo debe ser un jinete.
– Hazaña gloriosa debida a mi cobardía. – Carga de caballería que
se malogra. – Soy botín de guerra. – Noticias de la campaña. – Mi
nuevo amo y su familia. – Soy bautizado y puesto en soga. – La
calma en pos de la tempestad. – Algo sobre patología y terapéutica.

¡Qué cierto es aquello de que *no hay mal que por bien no venga*! Enfermé de una mano, y esto me procuró un descanso de algunas semanas, descanso que pude aprovechar muy bien, pues lo pasé en un excelente potrero expropiado a un partidario de la mala causa.

Ya yo había recobrado mi vigor y parte de mis carnes, cuando se me dio un destino tal como nunca podía haberlo esperado.

Uno de los generales tenía un hijo de unos diecisiete años, llamado Camilo, a quien se le antojó venir a segar laureles en los campos de batalla. Era un jovencito delicado, aunque fornido y de buena talla; de lindas facciones, de voz dulce y argentina, de modales suaves y, según se decía, de mucha esperanza. Era el encanto de su familia y la alegría de su casa. El General no se atrevió a oponerse a la bizarra determinación de su hijo; pero la madre y las hermanas de Camilo no pudieron oír hablar de ella sin prorrumpir en sollozos ni sin hacer cuanto es imaginable para apartar al objeto de su ternura de los peligros a que trataba de exponerse. Al cabo, no habiendo nada capaz de quebrantar la varonil entereza del adolescente, fue preciso ceder, y Camilo se preparó para marchar, no sin que previamente se interpusiese el valimiento de muchos de los jefes del Ejército a fin de que en los campamentos, en las marchas y sobre todo en las funciones de armas, se cuidase del novel guerrero como de la joya más preciosa y más delicada.

El General conocía mis buenas partes y yo fui escogido para el servicio de Camilo. El día que, en el patio de su casa, montó para partir, fui testigo de las caricias de que se le colmó, del amargo duelo que se hizo y de todos los extremos con que se desahogaron los pechos amantes y atribulados de la madre y de las hermanas del que iba, según ellas lo entendían, a buscar una muerte segura y desastrada.

Una preciosa niña de siete u ocho años, acariciándome con sus suaves y blancas manecitas, y hablándome con acento de infinita ternura, me recomendó que cuidase de su hermanito y que se lo trajese sano y salvo. ¿Quién habría podido resistir a tales halagos y a aquella voz hechicera? Yo comprendía bien que, proponiéndome desempeñar fielmente el encargo que se me confiaba, tomaba sobre mí la más pesada responsabilidad; pero, no obstante, hice allá en mi interior la resolución más firme de corresponder a la confianza de la angelical criatura.

Por otra parte, Camilo se ganó mi voluntad, gracias a sus atractivos, a la blandura con que me trataba, a la solicitud con que cuidaba de mí; y, lo que fue más singular, a que en él hallé un jinete que, por venirle de abolengo las buenas disposiciones y por haberse ya ejercitado inteligentemente en la equitación, era un caballista consumado.

Un buen jinete es aquel que, mientras va cabalgando, no se olvida de que tiene que gobernar a un animal en cuyas acciones no puede dejar de tomar parte. Quien sabe montar no mira el vehículo que lo lleva con la indiferencia con que mira el suyo quien va en un coche, en un vagón o en un barco. Un hábito que fácilmente adquiere un hombre bien dispuesto, hace que éste, cuando va a caballo, tenga la mente fija en la rienda y en los movimientos de la cabalgadura, sin dejar por eso de pensar y de hablar libremente todo lo que pensaría y hablaría si estuviera arrellanado en una poltrona de su cuarto.

Estoy muy lejos de querer decir que el jinete deba no dar paz a la espuela y a la rienda: puede acaecer que en toda una larga jornada no sea necesario mover la una ni la otra; pero el jinete diestro con no hacer nada suele hacer mucho. El que no lo es y se precia de picador, hostiga inútilmente al caballo y muy a menudo lo despoja de alguna de sus buenas cualidades o le hace adquirir resabios.

Camilo llevaba siempre la rienda alta y moderadamente tirante, el pecho adelante, el cuerpo derecho, los pies bien asentados en los estribos, con los talones más bajos que las puntas y con éstas dirigidas más hacia mis orejas que hacia afuera. Cabalgando por Camilo pude lucir mis habilidades y sentí que caminaba con firmeza, apoyándome más en los cuartos traseros que en los brazos, cuyas articulaciones superiores jugaban desembarazadamente.

Camilo, con grado de alférez segundo, fue agregado al Estado Mayor; pero su brioso espíritu le hizo mirar esa colocación como un abrigo contra peligros y azares, y solicitó con hidalga porfía que se le destinara a otro servicio. Consiguió que se le incorporase a un escuadrón que estaba guarneciendo cierto pueblo importante, pero que no tardó en entrar en actividad. En varias refriegas pudo mi alférez hacer prueba de su intrepidez, y yo me vi en conflictos por el temor de sentirlo, cuando menos lo pensara, caer atravesado por una bala. Las escenas de la despedida y sobre todo las lágrimas y las súplicas de aquella niña que con hechicero candor y con mimoso acento me había confiado la suerte de su hermano, se me representaban y me conmovían tanto más vivamente, cuanto mayor era el peligro a que mi jinete se exponía.

Hasta la ocasión de que voy a hablar, todo había sido tortas y pan pintado: en esa pude estimar más que nunca el afecto que Camilo me había inspirado y lo invencible del horror con que miraba cualquier desastre de que pudiera ser víctima.

El escuadrón y una columna de infantería habían arrollado fuerzas enemigas a la entrada de un pueblo; éstas habían ocupado las casas y, al abrigo de ellas, se proponían hacer resistencia. Diose orden de avanzar hacia el centro del poblado penetrando por las calles; los soldados de infantería avanzaban reparándose en los huecos de las puertas, y no caían sino algunos hombres que recibían a quemarropa las descargas de los enemigos apostados en las ventanas; pero los de caballería no podían recorrer una calle sin peligro casi inevitable.

Camilo se hallaba en una bocacalle con varios jinetes que debían avanzar de uno en uno o de dos en dos; entraron los primeros y cayeron; cayeron también los segundos. Camilo iba acompañado de un húsar negro, de estatura procerosa, de aspecto tan fiero y de mirada tan torva cuanto él era valiente, fiel y abnegado. El negro tenía orden de ir por dondequiera cosido con Camilo y de protegerlo en toda coyuntura, en cuanto el bien parecer lo comportase. Ésta había sido la única medida a que el General había podido apelar para proveer a la seguridad de su hijo sin lastimar su quisquilloso pundonor.

Llega el momento en que mi jinete ha de acometer la formidable aventura; me da de la espuela; se inclina sobre mi cuello y arranca, seguido del húsar. Pasamos incólumes por delante de una de las ventanas que vomitaban fuego; en el frente de la que sigue están hacinados los cuerpos de tres caballos y los de varios hombres: aquello es una barrera de carne sangrienta erizada de miembros convulsos, que obstruye la calle; veo allí la muerte, la muerte de mi jinete y la mía; me sobrecoge un espanto súbito, y me ciega y se hace dueño de mis movimientos. La puerta de la casa a que pertenece la fatal ventana se halla veinte pasos más acá, y la veo franca y espaciosa; revolviéndome bruscamente, la tomo y me veo en un corredor; el negro nos ha seguido, ve por una puerta a los soldados que debían habernos matado, y les grita con voz de tempestad:

—¡Ríndanse, canallas!

Los soldados que, gracias al estrépito que nosotros habíamos causado al entrar, debieron de creerse atacados por la espalda por un regimiento entero, se quedaron suspensos y atónitos; pero cuando vieron que el alférez y el húsar entraban en la pieza, sable en mano, dejaron caer los rifles de las suyas o volvieron hacia arriba las culatas. Recuerdo que uno de ellos le decía a Camilo, con aire contrito y suplicante, que él estaba sirviendo por la fuerza y que había abrigado la intención de pasarse a nuestras filas.

Pronto tuvimos al lado varios de los nuestros y pronto tocaron diana nuestras cornetas y nuestras cajas en la plaza del pueblo.

¡Lo que es la gloria, lo que son los honores, lo que es el mundo! Camilo fue ascendido a alférez primero, y debió su ascenso a un acto de cobardía de su caballo. Eso y mucho más merecía el denodado mancebo; pero el honor que en esta jornada le procuró la ciega fortuna, pudo habérselo procurado a un cobarde.

Las vicisitudes de la guerra me separaron de mi incomparable alférez, de quien no volví a tener noticia, y me llevaron a un cuerpo de caballería diferente de aquel a que primero había pertenecido.

Después de muchas malas noches y de muchos peores días, asistí al hecho de armas con que había de cerrarse mi carrera.

Debía combatirse en un campo medio montuoso en que, según reconocimientos hechos previamente, podía obrar la caballería.

Ésta fue colocada a retaguardia y debía esperar orden de dar una carga. Ya se había estado oyendo por un buen rato el fuego de fusilería y algunos tiros de cañón, cuando llegó aquella orden. Yo obedecí a la espuela porque no podía hacer otra cosa; pero ¡cuán lejos estuve de experimentar aquel ardimiento que, en mi estreno, me incitó a la pelea!

Creo que ya estábamos a medio tiro de fusil del enemigo cuando nos vimos detenidos por una gran torrentera absolutamente insalvable para los caballos. Debía de urgir el reforzar a los combatientes que peleaban por aquel lado, pues se mandó a los jinetes demontarse y arrojarse por el barranco para ir a tomar parte en la refriega. Los caballos quedamos bajo la custodia de unos pocos lanceros.

Al cabo de mucho tiempo vino un oficial y reconvino duramente a nuestros guardias por no haber ido a pelear, y, sin hacer caso de la legítima excusa que alegaron, los echó delante de sí a cintarazos.

Los caballos huimos a la desbandada y yo vine a hallarme solo en una vereda, en cuyas orillas trataba de pacer, no obstante el estorbo del freno. Si nosotros éramos vencedores o vencidos, no lo sabía, ni lo supe nunca, ni me importaba saberlo. Ya iba anocheciendo cuando vi venir hacía mí, montado en un jaco muy mal trazado, a un hombre de ruana y zamarros, con lanza y con una cinta de color vivo en el sombrero. Apoderóse de mí, desensilló y soltó la bestia que lo traía, me desensilló, dejando tirados los arreos que yo llevaba, me puso los suyos y montó en mí. Siguió por la vereda y, después de haber dejado atrás dos o tres recodos, tiró entre un matorral la divisa que traía en el sombrero y el asta de la lanza, guardándose el hierro entre el bolsillo de los zamarros.

Caminamos toda la noche, y a eso de las seis de la mañana hicimos alto en una casa. El ama, que era conocida de mi jinete, lo saludó llamándolo don Bernabé; y lo obsequió con un buen desayuno, como a mí con un regular pienso de hierba fresca.

En aquella casa habían pasado la noche varias personas, las que, con muestras de vivo interés, pidieron a don Bernabé noticias de la guerra.

—Según han asegurado, dijo uno de los curiosos, ayer se estaban batiendo por esos lados de donde usted viene; y no se ha sabido el resultado del combate.

—Yo no sé nada de eso, le contestó. Yo no vengo sino de buscar una mula que se me salió antenoche de la estancia, y la indiana quién sabe por dónde ha cogido.

Por aquí barrunté yo que me las había con un zorro muy

poco amigo de comprometerse y de soltar prendas. Por fortuna, estudiándolo después muy espaciosamente, pude conocer
que, si en cuanto a lo de mentir no era muy escrupuloso, en
todo lo demás mostraba ser un campesino sanote, honrado y
chapado a la antigua.

Mediodía era por filo cuando, sin haber pisado ningún
camino bien trillado y abierto, llegamos a la entrada de cierta hacienda en medio de la cual se veía una casa pajiza de buena apariencia. De esta vivienda salieron, desalados, saltando
y meneando las colas, dos perros, que, al encontrarse con
mi jinete, se deshicieron en agasajos. Ésta, dije en mis adentros, es la casa de don Bernabé, y probablemente va a ser la
mía.

Saliónos al encuentro en el patio la familia de mi dueño,
muy regocijada, pero disimulando su júbilo y hablando en voz
recatada, como si a pocos pasos de la estancia hubiera quien
estuviese espiando lo que en ella pasaba: tal era el terror que la
guerra civil había difundido en los campos.

Componían la familia la *seña* Pioquinta, consorte de mi
dueño; su hija Rosita, zagala que de su padre había heredado
el color rubio y cuya tez estaba como empañada y escamosa,
merced a las inclemencias atmosféricas; Meregilda, ahijada del
amo, con un pequeñuelo llamado Nicanor, que, llevando una
disforme barriga al aire y andando dificultosamente, se hallaba, o encaramado sobre el rimero de la leña, o chapoteando en
los pocitos que solía haber en el patio, o sentado dejativamente
en cualquier parte y chillando con toda la fuerza de sus
incansables pulmones. Finalmente hacía parte de la familia
una indiecita Resurrección, a quien no se daba este nombre
sino el de *Resura*.

En el párrafo anterior dije *mi dueño*, refiriéndome a don
Bernabé; lo hice muy adrede, porque, desde que vi qué curso
tomaban los acontecimientos, lo diputé por tal, así como él me
diputó a mí por cosa y propiedad suya.

Era la *señá* Pioquinta de no muy aventajada estatura y de
unos cincuenta y cinco años, como su marido. Tenía las carnes

abultadas y flojas, los ojos encapotados y la nariz un poco aplastada. La papada le formaba pliegues en el más bajo de los cuales se escondía, totalmente a veces, y a veces en parte, un cintillo de corales que, por la constancia con que lo usaba, parecía haberle nacido como el cabello. Su traje se componía de camisa de tira bordada, con ancho escote; pañuelo esquinado que le cubría los hombros, y enaguas de tela de Castilla, si bien entre semana solía usarlas de bayeta del país. De su peinada nada digno, porque nunca pude verlo: siempre llevaba la mantilla de paño por sobre la cabeza, y encima de la mantilla un sombrero viejo y ordinario entre casa, y de jipijapa con ancha cinta, los días festivos. Cuando estaba entregada a alguna faena, se echaba a la espalda las puntas de la mantilla con aire de quien se sacude los estorbos para trabajar con empeño. Frecuentemente se la veía ocupada en hilar lana y en tejer ruanas.

Era mi nueva ama mujer de muy buena pasta; y si estaba siempre gruñendo contra la gente que gobernaba, y regañando, no era porque tuviese mal genio, sino porque no concebía que con las criadas y los muchachos se pudiese comunicar de otra manera.

La *señá* Pioquinta no miró con buenos ojos mi instalación en su casa. Echó de ver que sus marranos habían de tener que compartir conmigo las lavazas, los hollejos y otras vituallas de que solían gozar con pleno derecho. Sus marranos eran objeto de su predilección y su solicitud, pues ellos constituían todas las granjerías que la habilitaban para vestirse y para vestir a la familia. Empero, aquella inquina le duró poco y, días andando, ella y yo vinimos a ser los mejores amigos.

Hasta la época de mi vida de que ahora voy hablando, yo no tenía nombre; en Hatonuevo se me designaba por el nombre de mi color; Garmendia, hablando de mí, decía *mi caballo*, y el señor Ávila hacía lo propio.

Don Bernabé, que bien hubiera podido llamarme simplemente *mi caballo*, pues por entonces no poseía otro, tuvo la desdichada idea de bautizarme y me puso el *Mantequillo*. No sé si a este error lo indujo lo blando y suave de mis movimientos o más bien mi color, que ya era casi blanco.

Avillanado y embastecido me sentí con aquel nombre. Este nombre incalificable me hizo palpar que yo había descendido de las alturas de la aristocracia caballuna a los abatimientos de la condición más plebeya.

Esta misma percepción tuve cuando me vi convertido en *caballo de soga*. Bestia de soga es la que ha aprendido a pacer llevando un largo cabestro cuyo extremo se ata a una estaca hincada en el suelo. De este modo había yo pasado algunos días en los campamentos; pero el allanarse a seguir los usos de las bestias más humildes cuando uno está en campaña, no es desdoro ninguno. Mal podría serlo cuando los generales y los demás jefes participan a menudo del rancho de los soldados y se acuestan con ellos en un *tambo* y hasta en un pantano: estas cosas, cuando se hacen en campaña, a nadie aplebeyan, sino que más bien honran y enaltecen.

Pero verse uno estacado como los asnos y las demás bestezuelas de los labriegos, es cosa que no puede llevar en paciencia un caballo que sepa estimarse.

En otro tiempo, yo al sentir que una soga me tocaba las patas, bufaba y me irritaba, pateaba y brincaba; pero las penas y los años me habían enseñado ya a domar mis apetitos y a tomar los tiempos y las cosas como vienen.

Ya por la calamidad de los tiempos que corrían, ya porque el título del dominio que sobre mí había empezado a ejercer don Bernabé no era de los más inatacables, él dispuso que yo permaneciera escondido. De día estaba en lugares en que un maizal, unos matorrales o las quiebras del terreno me pudieran librar de toda mirada indiscreta o curiosa. Sólo cuando anochecía se me colocaba en ciertos sitios más escampados, en los que yo hallaba hierba qué pacer. No obstante todo esto, yo no padecía necesidades pues, sobre todo, después de mi reconciliación con la *señá* Pioquinta, o, por mejor decir, de la de ella conmigo (pues yo jamás le profesé mala voluntad), todos los de la casa a porfía se empeñaban en cuidar de que no me faltase alimento ni bebida. Y, gracias a las vicisitudes de mi existencia y a los trabajos pasados yo sabía aprovecharme de toda sustancia alimenticia que el estómago de una bestia pudiera digerir. Los que crían y educan a los animales de mi especie se procurarían no despreciables economías y prestarían gran servicio a los mismos animales y a las personas que han de servirse de ellos si desde temprano las habituaran a usar de todo linaje de alimentos.

Cierto día en que se me suministró mucho grano seco y en que por descuido no se me dio de beber oportunamente, me sobrevino un torozon. Nadie lo notó a tiempo, y no empezaron a aplicarme remedios sino cuando ya el mal se había agravado y cuando los dolores y las ansias me tenían postrado. Don Bernabé dispuso en primer lugar que se hiciese de una vela de sebo el uso que, en casos como aquel, sabe hacer todo el mundo. Cuando se vio que no producía el efecto apetecido, se ocurrió al medio de meterme una vara gruesa por debajo y a pasármela por el vientre, desde el pecho hasta los ijares.

¿Cómo es posible que los campesinos que han visto en las bestias muertas la disposición de nuestro estómago y de nuestras tripas, se figuren que con aquel pasarnos el palo han de conseguir el resultado que se proponen? Pero así lo vieron hacer a sus padres, como éstos se lo habían visto hacer a los suyos y éstos a los de más arriba; y así debe continuar la cosa hasta el fin de los siglos.

Amén de lo de la vela y de lo del palo, me fueron aplicados no sé qué otros remedios y procedimientos, a pesar de todos los cuales salí felizmente de aquel peligro. En el curso de mi vida me han aquejado bastantes dolencias, y en conciencia puedo asegurar que casi siempre me han perjudicado y atormentado más las medicinas que las enfermedades.

Esta afirmación no parecerá atrevida a los que sepan que en la mayoría de los casos, para toda curación se necesita derribar al suelo al caballo y sujetarlo a fin de que permanezca tendido. Recuerdo que una vez que me sacaron el haba, me echaron *pialera* para derribarme. La pialera es, no sé si decir un procedimiento o un aparato, de que se usa de la manera siguiente: se dobla un rejo de enlazar; con el extremo en que se halla el doblez se le pone collar a la bestia; un extremo del rejo se pasa por el collar, por debajo del espolón de una pata, y otra vez por el collar; hecha esta maniobra por ambos lados, un hombre tira del cabestro, y otros dos de los rejos que se han pasado por las patas, hasta que el animal viene al suelo. Esto es por sí solo capaz de producir un daño mayor que el provecho que pueden hacer las medicinas y las operaciones que exigen el empleo de la tal pialera.

De lo que me contaba mi malogrado amigo Gulliver, con relación a la época en que le sirvió a un médico, infiero que los hombres civilizados, cuando se ven acometidos de una enfermedad, resisten a ella con todas sus fuerzas y se sienten alentados por la esperanza de la curación. No sucede lo mismo con los caballos ni, según creo, con los demás brutos ni con los salvajes. El viviente que sólo obedece a instintos naturales, se rinde descorazonado a la muerte apenas se le pone delante uno de sus ministros o precursores.

Me mostraba más dócil con un campesino humilde
que estuviera en contacto con la naturaleza

CAPÍTULO 20

– Qué será mejor entre servir a caballeros o servir
a gente rústica. – La paz. – Acto de nobleza con que me capto el
afecto de mi amo. – Cómo celebraron unos fieles el Viernes Santo.
– Felices pascuas. – Abusos de un depositario y su castigo.
– Vuelvo al hogar. – La casa de don Bernabé. – Idilio.

Viviendo en tanto retiro y sosiego, combatía el fastidio de mis
largos ocios repasando los sucesos de mi vida y rumiando las
especies que de las conversaciones con mis amigos me habían
quedado más grabadas en la memoria. Mi actual situación me
hizo pensar en ciertos coloquios y discusiones en que se había
ventilado esta cuestión: ¿Qué le conviene más a un caballo,
servir a personas de alcurnia, ricas y delicadas, o pertenecer a
gente campesina y humilde?

Yo había oído exponer razones de mucho peso a los que
sostenían que la suerte de los caballos de la gente acomodada
era preferible a la de los otros. Así lo sentía Morgante; pero en
ese punto su dictamen no era de tanto peso como en otros,
porque ¿cómo podía él comparar la situación de que su buena
suerte no lo había dejado caer nunca, con la de las bestias de
los pobres? "El caballo, decía él, que se halla en poder de un
labriego, está sujeto a las mismas estrecheces que su dueño,
pasa por los altibajos que él, y naturalmente ha de verse
abrumado con un trabajo mayor que el que tiene que sobre-
llevar el caballo de un rico".

197

"Los ricos, se le contestaba, cuidan con prolijidad y alimentan profusamente a sus caballos lo más del tiempo; pero fácilmente incurren en descuido que a éstos les cuesta muy caro; los ricos están asediados por atenciones que les hacen olvidar frecuentemente la de cuidar de sus bestias; y sucede que éstas, después de haberse estado hartando por años, tengan que ayunar al traspaso por días o por semanas. Descansan largamente, y el día menos pensado se ven sujetas a una tarea desproporcionada a su aliento.

"Su caballo le representa al labriego un valor que él estima tanto como el de su labranza, y no ahorra esfuerzo para conservarlo en buen estado, en lo cual casi siempre le ayudan su familia y su servidumbre.

"A todo esto se agrega que el caballo no se siente de ordinario ligado por el afecto con un amo que está muy arriba; mientras que con facilidad cobra cariño a los hombres que están más cerca de la naturaleza, y se muestra más dócil para con ellos. De esto dan pruebas todos los animales que, estando sueltos en un potrero, se entregan más fácilmente a cualquier rapazuelo campesino que a personas de condición más elevada".

Con todas estas cosas andaba yo a vueltas en mi interior, y discurría que en breve había de poder formar juicio completo acerca de la cuestión.

Aquello de que con los pobres podamos congeniar y avenirnos mejor, me hacía recordar la observación que le oí a no sé qué caballo extranjero, de que allá en esos países adelantadísimos (no me acuerdo cómo se llaman), el tener bestias de silla y el montarlas es lujo y regalo que solamente los ricos se pueden permitir. Al dicho caballo extranjero le hacía títere el que aquí puedan los pobres poseer caballos, emplearlos como elemento de su industria y procurarse el placer de cabalgar.

No sé cuánto tiempo había corrido, pero sí sé que no había sido poco, desde que quién sabe si derrotado o victorioso, había yo dejado la honrosa profesión de las armas. Con bastante sorpresa, me vi cierta mañana ensillado y montado por don

Bernabé; y con placer indecible me hallé en campo abierto y en movimiento. La paz ha venido, me dije; y me afirmé en esta dulce creencia cuando vi muchos caballos paciendo sosegadamente en las dehesas.

Al llegar a la plaza del pueblo en cuyos términos radicaba la estancia de don Bernabé, fue éste detenido por varios amigos que estaban tertuliando en corrillo.

–¡Caramba, exclamó uno, caramba con el *patroncito* en que se ha *armado* don Bernabé!

–¡Así sí es bueno ir a guerrear!, añadió otro.

–Ese *mocho*, agregó un tercero, se lo cogió mi compadre por lo menos a un General.

–Nada, nada, les contestó mi amo con una sonrisita socarrona. Si este caballito se lo había comprado yo a un señor chiquinquireño; y con *miles* trabajos lo hemos tenido escondido todo este tiempo.

–¿Y cómo le fue de campaña, padrino? Por aquí dijeron que usted había sido de los derrotados en...

–Enredos, enredos. A mí sí me tuvieron allá unos días, *esque* para que les sirviera de baquiano; pero con las mojadas me picó el reumatismo y me tuve que retirar.

Cuando íbamos alejándonos del corrillo, alcancé a oír que uno de los tertulianos decía:

–A mí no me la mete el viejo: el caballo es *quiteño*.

–O quién sabe si será *topacio*, concluyó el compadre.

Don Bernabé siguió montándome, y siempre se mostró muy satisfecho de mis servicios. La *señá* Pioquinta me montaba también, ya para ir al mercado, ya para concurrir a la misa parroquial en aquellos días festivos en que tocaba a su marido quedarse cuidando de la casa.

El precio en que podía estimárseme era demasiado considerable para que don Bernabé, que vivía modestísima y económicamente, se decidiera a conservarme en su servicio, una vez que me declaró cosa suya. Es probabilísimo que hubiera tratado de venderme no mucho después de terminada la guerra; pero un suceso que voy a referir le inspiró tal cariño hacia mí, que en mucho tiempo no miró siquiera como posible el renunciar a mi posesión.

No he conocido campesino ninguno que, al oír rumor de cazadores o de cualesquiera personas que persiguen una pieza de caza, sea venado, conejo o armadillo, no sienta invencible sobreexcitación y no abandone cualquier faena o entretenimiento, bien para tomar parte en la cacería, bien para ver su resultado.

Cierto día alcanzó don Bernabé a oír ladridos y voces que le dieron a entender que, por una colina cercana a su casa, se iba persiguiendo a un zorro. Oír aquello, montar y hacerme partir a carrera, todo fue uno. Cuando llegamos a la cumbre de la colina, ya el zorro y sus perseguidores la habían traspuesto y se habían metido entre malezas al pie de la eminencia.

Descendiendo desatentadamente en seguimiento de los cazadores, doy en un hoyo disimulado con hierbas tupidas, y sin saber cómo, me siento volcado, descansando en el suelo sobre la silla. Me levanto azoradísimo, y don Bernabé queda suspendido de la montura. Sorprendido y conturbado, voy a huir a carrera, y aun llego a moverme para disparar; pero viendo que mi amo no se desprende de mí, me contengo y me pongo a temblar. Don Bernabé, en un paroxismo de miedo y de congoja, ora levanta fervientes deprecaciones, ora me habla con acento blando y suplicante, sirviéndose de cariñosos diminutivos, para que, calmándome, lo libre de la desastrosa muerte que tan de cerca lo amenaza.

Pasa tiempo. Yo no quiero arrastrar a mi amo; no quiero, no; pero me estremezco y me angustio como él, porque algo que es más poderoso que mi querer me impulsa a emprender la carrera, y me parece que mi voluntad va a quedar sojuzgada.

Por fin llega alguien. ¿Pero quién? Una chica de cosa de doce años que ha sido atraída por la bulla de los cazadores, y que quién sabe si será capaz de ayudar a mi pobre dueño. Éste le pide auxilio; ella se me acerca, y yo retrocedo y bufo. Por fin me toma el cabestro, y don Bernabé le manda que me baje el tapaojos. Pero aun así no es fácil que lo salve, porque tiene el pie engargantado en el estribo, y la pierna ceñida con la acción, que dio una vuelta en contorno de ella cuando yo di la que originó la catástrofe.

La vocería de los cazadores se acerca otra vez, y si llegan a donde nos hallamos, todo está perdido. En este conflicto supremo, don Bernabé consigue solevantarse un poco, y la muchacha hace por la centésima vez, y ya con feliz resultado, el esfuerzo necesario para deshacer la maldita vuelta, y sacar el pie del estribo.

Mi amo, refiriendo este espantoso lance, decía que toda la culpa la había tenido el haber montado llevando el pie reumático envuelto en unas vendas de bayeta, y tan abultado, que, al tiempo de la caída, no pudo salir del estribo. "No se da cosa peor, añadía sentenciosamente, que un calzado, o cualquier otra cosa, que no deje soltar fácilmente los estribos".

De entonces en adelante, don Bernabé repetía mucho: "Después de Dios y María Santísima, a lo que le debo la vida es a la nobleza de este caballito". Y, cuando alguien le proponía que me vendiera, solía declarar que, en atención a ello, nunca se desharía de mí.

Ya pensaba yo que la fortuna había cesado de hacer girar para mí su rueda; pero estaba escrito que mi vida había de ser un encadenamiento de aventuras y peripecias.

Había llegado la Semana Santa. El jueves se trasladó a la parroquia toda la familia para permanecer allí hasta que se cantase *Gloria*. A mí se me envió a la estancia, y se dispuso que un muchacho que solía servirle a mi amo, cuidara de la casa en las noches del jueves y el viernes, y me echara mis piensos, sin perjuicio de que él asistiera a las funciones de aquellos dos días.

El viernes, a eso de las dos de la tarde, turbó el silencio que reinaba en todos aquellos contornos el ruido de unos pasos cautelosos, y no tardé en ver aparecer dos hombres de muy sospechosa catadura que se me acercaron; me tomaron del cabestro y me sacaron de la estancia buscando los senderos menos trillados y más cubiertos por las ramas. Caminaron conmigo obra de una hora, y al cabo de ella llegaron a un sitio rodeado de espesuras, en el que los estaban aguardando otros tres hombres que custodiaban tres caballos y cinco mulas. Se viajó esa tarde y la noche siguiente por veredas y atajos, sin que al principio pudiera yo adivinar hacia dónde nos dirigíamos.

Los cinco hombres se habían acomodado sobre otras tantas cabalgaduras, y a mí me había tocado sustentar el peso del que parecía de más cuenta. Íbamos trepando unos cerros, y pude al cabo advertir que nos íbamos encaminando a uno de los pueblos del oriente de Cundinamarca.

Yo había oído muchas veces que por ese lado acostumbraban los cuatreros conducir las bestias que robaban, para sacarlas a los Llanos de San Martín, en los que hallaban completa seguridad para sus personas y para los productos de su honrada industria: recordando esta especie y contemplando las fachas de los conductores y su manera expeditiva de viajar, pues iban desembarazados de equipaje, de bastimentos y de cuanto pudiera servirles de estorbo, caí en que aquella gente eran ladrones y en que mis compañeros y yo estábamos destinados a perecer, si no en los Llanos de Casanare, de que Morgante me había hecho formar idea tan halagüeña, sí en los de San Martín, hermanos gemelos de los otros.

Rayaba la aurora cuando, en las afueras del pueblo, nos detuvimos, y dos de los señores ladrones fueron a la cubierta. Volvieron trayendo la fausta nueva de que no sólo se hallaba la población en calma y silencio, sino que en un mal cercado corral de cierta casa situada hacia el lado por donde debíamos salir, y aislada de las demás habitaciones, se veía una bestia blanca, que estaba diciendo *cogedme*. Prosiguióse la marcha con gran cautela, y cuando hubimos llegado a un costado del corral susodicho, nos detuvimos mientras uno de los bergantes abría un portillo para sacar por él la blanca bestia.

Pero el hombre pone y Dios dispone. Los hombres, es decir, los ladrones, habían puesto que a esa hora estuvieran todos los habitantes del lugar sumidos en profundo sueño; y Dios había dispuesto que en la casa del Alcalde, que era mismamente la

que se asaltaba, la señora Alcaldesa y sus hijas estuviesen
vistiendo una imagen que debía figurar en la procesión del
Sábado Santo.

Los ladrones, que de liturgia habían sabido lo bastante para
elegir la hora en que todos los habitantes de la casa de don
Bernabé debían hallarse en la iglesia de la parroquia, y que
acaso habían hecho aquella elección tomando en cuenta que el
Viernes Santo es el día de su patrono Gestas, no supieron lo
bastante para advertir que la madrugada del Sábado Santo es
una hora abominable para la ejecución de una empresa como
la que ellos tenían entre manos.

La cautela empleada para sacar la bestia habría bastado y
sobrado para que el gatuperio pudiera consumarse, si la familia alcaldesca hubiera estado entregada a las dulzuras del
sueño; pero hallándose, como se hallaba, en vela, no pudo
faltar quien percibiese el ruido, ni menos quien alcanzase a
notar que la bestia blanca iba saliendo fuera del cercado.
Cundió la alarma. El Alcalde y dos mozos que lo acompañaban
salieron armados, aquél de trabuco y éstos de truculentos
garrotes. Los cuatreros, más prontos que la vista, saltaron
sobre las bestias que hallaron más a la mano y emprendieron
la fuga. A mí me tocó quedar abandonado y a merced del
Alcalde, el cual me depositó al día siguiente en manos de un
vecino. De los ladrones fueron cogidos dos que se extraviaron
al salir del pueblo.

El depositario no pecaba de escrupuloso, y en poder suyo
trabajé y ayuné bastante. Cuando me tuvo bien trasijado y
despeado (pues don Bernabé me tenía sin herraduras y me
hacían buena falta), el grandísimo ganapán concibió el desa-
tinado propósito de echarme carga. Muchas señales de paciencia y de mansedumbre había yo dado en los últimos tiempos;
pero a esta prueba no pude resistir. Mientras me echaban la
carga, teniendo los ojos tapados, nada pude intentar; mas
apenas me destaparon los ojos, les disparé a los arrieros unos
pares de coces: y brinqué como no había brincado desde que
aquel follón de marras me *prendió al pecho*.

Derribé la carga y, con ella en la barriga, espanté a las otras bestias hasta tal punto que dos de ellas dieron con sus cargas en el suelo. En fin, gracias a mi energía, hubo la de Mazagatos en aquel patio en que habían osado profanar mi lomo.

¡Qué sabroso es para un caballo no estar obligado, como lo está un hombre, a perdonar las injurias! En mi pecho hervía el deseo de vengar el último ultraje que se me había inferido; y la suerte no tardó en ofrecerme coyuntura de ver satisfecho mi anhelo, y hasta de verlo colmado sin que a mí pudiera quedarme reato.

El depositario había hecho sobre mí una excursión, y volvía para su casa por un camino malísimo que lluvias recientes habían hecho casi intransitable. Llegamos a un punto en que yo esperaba poder pasar sin manifiesto peligro, escogiendo la parte del camino más baja y fangosa; pero el jinete me forzó con la rienda y la espuela a tomar una ladera gredosa y demasiado inclinada; no hubo remedio: las cuatro patas se me deslizaron y, dando una soberbia costalada, le rompí una pierna a mi jinete.

Allí lo dejé dando ayes, y bonitamente me encaminé a una estancia que habíamos dejado atrás y en la que yo había visto abundancia de hierbas frescas y aromáticas, tras las cuales se me habían ido los ojos. No me fue difícil meterme en la estancia; pero yo había echado la cuenta sin la huéspeda. ¿De qué me podía servir, estando embridado, pasearme por aquel lujoso suelo? Pasé una noche toledana, encabestrado, como aquel día que siguió al del gran desaguisado del Tuerto Garmendia, y padecí el suplicio que dicen que sufrió no sé qué caballero que estaba muriéndose de sed y viendo el agua a dos deditos de sus labios sin poderla probar. Pisoteé bestialmente un maizal y unas hortalizas, y lo dejé todo en un estado que daba grima. Amaneció, y el dueño de la heredad, arrebatado de ira al ver el estrago que yo había causado en ella, me apaléo y me llevó al coso del pueblo.

El coso es un establecimiento público en que los animales vulgares purgan el delito de haber metido el diente en mies ajena. ¡Pero que yo, yo, el Moro, el que estaba retratado con la incomparable Mercedes, el noble bridón del Alférez Camilo, me hubiera visto encerrado en un coso!

Al cabo fui rescatado y volví a casa del perniquebrado depositario.

Allí me junté con un caballito sabanero muy ladino y muy avispado con quien había contraído amistad en ese mismo lugar, y él me contó que al pueblo, del cual había venido hacía poco, había llegado un sujeto, averiguando el paradero de un caballo rucio que le habían robado desde la Semana Santa.

—¿Y da las señas de ese caballo?, le pregunté con sumo interés.

—Sí, y por esas señas juzgo que usted es el caballo buscado.

—¿Y cuáles son las del sujeto?

—Me es muy fácil pintárselo a usted con todos sus pelos y señales, porque me fijé mucho en él.

—Veamos, pues, ¿cuáles son esas señas?

—Estatura mediana; color rubio empañado por el sol y el viento; pómulos arrebolados y salientes; las mejillas hundidas como si se las estuviese chupando. Con la boca hace hociquillo como si siempre estuviera para dar un beso. Ruana de listas de colores, sombrero de jipijapa de copa muy baja...

—No diga usted más, no diga usted más. Es don Bernabé.

Al cual debió de costarle muchos pujos el recabar de la autoridad que yo le fuera entregado, porque, contra su costumbre, permaneció fuera de su casa por muchos días.

En el viaje de regreso purgó el pecado de cicatería con que siempre traía gravada su conciencia, manteniéndome sin herraduras, con verse precisado a cabalgar, no en mí, que estaba despeado, sino en una yegua que, durante mi ausencia, había comprado, y que fue la caballería de que se sirvió a la ida.

Decía don Bernabé que a él no le gustaba herrar los caballos porque se acostumbraban a estar herrados; y que, además, en sus tiempos, no habiendo casi quién supiera herrar, sólo se herraban cuando habían de servir para fachendear en las calles de la capital. Con el propio criterio hubiera podido decir que no le gustaba darles de comer porque se acostumbraban a comer; ni usar de los fósforos porque en su tiempo no se encontraban.

La yegua recién adquirida, que se llamaba la Alcancía, era rucia como yo, barrigona, de largo y estirado cuello con *valona*, y de orejas largas y divergentes. Su compañía me fue de mucha utilidad en todo el tiempo que permanecí en poder de don Bernabé, pues con su conversación me ayudaba a divertir mis ocios.

Mi recuperación fue muy festejada por la familia; y yo mismo sentí hondamente, como ya la había sentido otra vez, aquella suave emoción que una *vuelta al hogar* ha hecho en todos tiempos palpitar dulcemente los corazones sensibles.

¡Con qué delectación tan sabrosa volví a ver aquella rústica vivienda, aquella estancia y aquellas escenas apacibles que, sin turbar el ánimo, recrean a los que saben gozar de los espectáculos que ofrece la madre naturaleza!

En la casa todo respiraba amable sencillez: en la reducida sala, en la que abusivamente me colé más de cuatro veces para recoger granitos de maíz, alternaban la pesada mesa de gran cajón asegurado con su cerrojo, y los taburetes labrados con hacha y forrados en cuero crudo, con los tercios de papas, de maíz y de trigo, que también servían de asientos. En el testero fronterizo a la puerta estaba *el altar*, compuesto de viejas estampas de santos, de pedazos de papel pintado, de espejitos minúsculos, de rótulos pintarrajeados, de oraciones impresas y de plumas de pavo real. De estacas clavadas en las paredes pendían rejos de enlazar, un arnero, un tiple y los sombreros y las ruanas domingueras. Adornaban también las paredes algunos hacecillos de espigas de trigo y unas mazorcas de maíz, muestras de la última cosecha. Las puertas de las alcobas no tenían madera sino delgadas cortinas.

En las columnas del corredor estaban aseguradas algunas patas de venado que servían de ganchos para colgar zamarros, zurriagos y aparejos de bestias de carga.

En un tramo que formaba escuadra con el de la sala, estaba

la cocina, delante de cuya puerta se veía el patio humedecido por el agua que muy a menudo derrama Resura de una olla y de una artesa que lavaba allí muchas veces cada día.

En otro lado del patio se hallaba gran parte del año una tosca mesa, sentadas delante de la cual, en taburetes ennegrecidos por la vejez, dos indias jornaleras, sin distraerse nunca de su ocupación, estaban escogiendo trigo, valiéndose, ya del arnero, ya de las manos, a guisa de quien cuenta plata.

Cerraba el patio, por los dos costados en que no había edificio, una hilera de *arbolocos*[4] interpolados con rosales silvestres que se enredaban y aun se enmarañaban en una cerca formada de cañas de maíz, cerca que por su innata debilidad y por hallarse siempre deteriorada, daba lugar a los frecuentísimos regaños de la *señá* Pioquinta a las dos sirvientas porque dejaban que los marranos y el burro invadieran el patio.

En ciertas épocas del año nos era permitido a los cuadrúpedos que habitábamos la estancia vagar por casi toda ella, y arrimado yo a la casa me entretenía observando las costumbres de los compañeros de diversas especies que allí tenía.

Los dos cerdos, atentos en todos los instantes de su descansada vida a las cuestiones del condumio y del regalo, y apretados siempre por la necesidad del baño, lo tomaban a la continua; pero, como no hallaban un pozo de agua pura, se revolcaban o se tendían voluptuosamente entre el barro; sin dejar, eso sí, de gruñir, como si nunca les pareciese bien ni la comida que Resura les echaba, ni el nido de fango que ellos mismos se aparejaban.

Los perros, Corbatín y Confianza, se echaban al sol en el patio; de golpe, con ademán de quien se acuerda que tiene una diligencia que desempeñar, se levantaban y partían a trote hasta cualquier punto; se volvían al mismo que habían dejado, en el que, con los ojos y con las narices, buscaban sitio adecuado para colocar la cabeza; y, como hallaban que todos eran iguales, se decidían por cualquiera, se echaban y se enroscaban sirviéndoles los brazos de almohada. Pero las moscas venían a turbar su reposo, y ellos, con rápido volver de cabeza, con más

rápido chasquido de lengua y con ligerísimo abrir y cerrar de
boca, trataban de cazarlas. Otras veces se volvían panza arriba
dando unos gruñiditos de satisfacción que excitaban la envidia
de los que los oían. Si percibían algún rumor extraño, sacudían
la pereza en un santiamén, y acudían a ver si era llegada la
ocasión de cumplir con su deber de defender la casa.

El pavo suspendía la eterna faena de recoger y alargar el
cuello y de andar mirando hacia todos lados, para hacer la
rueda. Henchido de vanidad y poniéndose colorado como unas
brasas, echaba la cabeza tan atrás como le era posible, y con
visible esfuerzo extendía su abanico de plumas tratando de
rozar el suelo con las más bajas y haciendo ruido como de
bombo, para advertir a todos los que podían mirarlo que no
debían privarse del soberbio espectáculo que tenía la magna-
nimidad de ofrecerles gratis. Después de marchar pompeán-
dose y volviéndose a diversos lados como para no dejar chasqueado
a ningún espectador, deshacía la rueda, y volvía a todas partes
miradas con que preguntaba: ¡Eh! ¿Qué tal les he parecido a
ustedes?

Las palomas, ora en el suelo, ora sobre el techo de la casa,
se camelaban con blandos arrullos y giraban mostrándose
unas a otras por ambos lados y cuidando de no mover la cabeza,
como si temieran chafar el pulido plumaje.

En aquella hora de inefable y melancólico encanto que la
naturaleza y los animales se preparan para el descanso noctur-
no, el toro con mugidos profundos y pausados que parecían
salir de una tinaja, seguidos de un *allegro* de bramidos agudos,
aparentaba estar gobernando una grey numerosa, no la muy
reducida que encabezaba, la cual sólo se componía de una
yunta de bueyes y de una vaca con su mamoncillo y con otra
cría.

Las gallinas, después de haber garruleado todo el santo día,
repartiendo avisos, advertencias, amonestaciones y regaños
con aquella riqueza del lenguaje que les es peculiar a los
individuos de su ralea y que les hace hallar tan gran variedad
de frases expresivas y bien acentuadas, se daban las buenas

noches y empezaban a mirar hacia todos lados con ademán de quien se cree rodeado de acechanzas, y a buscar en el gallinero o en un cerezo de fuera del patio, el sitio en que habían de pasar la noche; ya parecía que habían dado con el que buscaban, cuando emprendían nuevos paseos y vueltas. Una y diez veces se paraban, tendían el cuello hacia un lado e, inmóviles, ponían el oído como para percibir bien un rumor lejano y sospechoso; hacían ademán de ir a dar un paso y permanecían con la pata levantada, temerosas de hacer ruido; al fin, muy quedito, ponían la pata en el suelo y, con aire de maliciosa cautela, miraban con un solo ojo, que parecía estar descubriendo señales (visibles únicamente para ellas) de la aproximación de un enemigo. Al cabo clavaban la vista en el lugar que habían elegido, encogían las zancas, y con estrepitoso aleteo ganaban el sitio en que habían determinado pernoctar.

Este sitio, elegido por cada gallina después de tan prolijo examen y de tan maduras deliberaciones, venía a ser el mismo, ni más ni menos, en que habían pasado la noche anterior y acaso todas las del año. Allí solían refunfuñar y armar reyertas unas con otras sobre derechos al goce de tal o cual parte del gallinero o de las ramas del cerezo.

Desde una colina cercana se dilataba a veces por los ámbitos de la campiña la voz sonora, pura y musical de un muchacho que les gritaba a otros diciéndoles que unos cerdos se habían entrado a la labranza; o que, cuando subieran, llevaran el azadón, que se le había quedado a *Mano* Pedro junto al salvio; o que no fueran a dejar abierta la puerta del rastrojo.

Venía luego el alto silencio de la noche, interrumpido sólo por el croar de las ranas, por ladridos lejanos, por el canto de los desvelados gallos, y por los gorjeos de una avecilla que, engañada por resplandores fugitivos que semejaban relámpagos, creía que todavía era tiempo de despedirse de la luz vespertina o que ya era el de saludar a la de la aurora.

¡Dichosos, dichosos mil veces los que habitan en el campo si conocieran los bienes de que está en su mano disfrutar!

CAPÍTULO 21

Yo, en mi calidad de *cosa*, había pasado ya por casi todas las
situaciones. Había sido adquirido por accesión, comprado,
robado, recobrado, dado a prueba, prestado, expropiado, ocupado como botín de guerra, hurtado y depositado.

Sólo me faltaba ser alquilado.

Y lo fui.

Iban a celebrar unas *fiestas de plaza* en un lugarón de que
no distaba mucho la casa de don Bernabé; y a varios mozalbetes
de la capital se les antojó ir a divertirse en ellas. A uno de los
tales, que quería ir en buen caballo, le aconsejó un estudiante
de la Universidad, oriundo del pueblo en cuya jurisdicción
vivíamos, que ocurriese a don Bernabé. Hízolo así y, mediante
la intervención del padre del estudiante, convino en alquilarme para uno solo de los días de las fiestas. No parecía cosa
suya el exponerme a los riesgos que podía correr; don Bernabé
era por extremo apegado a todo lo que poseía y mirado y
precavido como el que más en cuanto al modo de manejar su

modesta fortuna. Pero se le ofreció por mi alquiler una suma
tan considerable, que no pudo resistir a la tentación.

Recibióme el mancebito, a quien sus compañeros llamaban
Pepe, en un sitio hasta donde había podido llegar en un
ómnibus, y allí me ensilló y me montó.

Resultó ser de aquellos jinetes presumidos, miedosos, pero
amigos de bizarrear y lustrearse, que se regodean montando
un caballo al que, con cierto modo de manejar la rienda y con
algunos talonazos disimulados, se le pueda hacer tomar la
apariencia de potro díscolo y zahareño; pero que puede cal-
marse y convertirse en la caballería más reposada y segura, con
sólo que el jinete lo apetezca. Pronto descubrió el mío que yo
era de esos caballos, y durante todo el día se aprovechó a
satisfacción de su descubrimiento.

Por desgracia suya y mía, la montura que se había procurado era *matadora*; yo lo eché de ver muy presto; y ya puede
barruntar el lector qué efecto producirían el escozor y la
incomodidad que empecé a experimentar. Aquel día llegó el
rabeo a su máximum de actividad.

Pepe no paró mientes en ello, y antes de que llegásemos al
pueblo no me dejó andar sino caracoleando, haciendo piernas
y saltando zanjitas. También apostó a correr con varios de los
otros caballeretes.

Uno de éstos iba sobre un caballito muy cenceño y de bonita
estampa, que ni podía llevar el mismo paso que los demás, ni
pudo competir con ninguno, ni tuvo aliento para resistir a las
fatigas de aquel día. Caballo y caballero iban muy finchados,
prometiéndose llevar la palma entre todos los caballos y los
caballeros que habían de exhibirse en las fiestas. Fiábanse en
que el primero no andaba sino a saltitos, haciendo escarceos y
fingiendo que no se dejaba sujetar por la brida sino merced a
la destreza del jinete. Buen chasco se llevaron, pues desde los
comienzos de la jornada ya fueron objeto de las zambas y de los
gracejos de todos los de la comparsa.

Cuando llegamos al pueblo de las fiestas ya habían pasado
los *encierros*, y mientras llegaba la hora de *los toros* tuve más

que suficiente tiempo para hacer observaciones. A la entrada del lugar, por ambos lados del camino, y en un solar que formaba parte de uno de los costados de la plaza, se habían levantado toldos o tiendas de campaña y se habían colocado mesas de juego. En aquéllas se servían almuerzos y se despachaban, amén del licor nacional, alma y vida, alfa y omega de toda aquella jarana, mistela, *guarrús, masato*, dulces y bizcochos.

En las mesas de juego dominaba, sobre los otros, el de la lotería; y por sobre la algazara que por todas partes se levantaba, prevalecían las voces de los pilletes que la cantaban.

En torno de cada toldo, y aun dentro de él, se juntaba la rústica y bullidora turba. De entre ella brotaba una algarabía compuesta de voces simultáneas, las más de las cuales no eran atendidas ni entendidas por nadie. De entre las palabras que fluían a raudales, sólo dos se distinguían de cuando en cuando: *la chicha y el cuartillo*.

Había allí muchos mozos camelando a las muchachas, que remilgadas y vergonzosicas admitían el único obsequio que sus desmañados galanes acertaban a hacerles, el cual consistía en brindarles bebidas y en apurar la que había sido brindada, después que, ligeramente y como por no hacer desaire, los rojos (o no rojos) labios de las encogidas beldades habían tocado el borde del vaso o de la totuma.

A intervalos se suscitaba entre la plebe que, en expectación de novedades vagueaba por la plaza, alegre vocería y silbidos penetrantes. Era que un galopín había empezado con gentil denuedo a trepar por la cucaña (vulgo, *vara de premio*), había hallado el empeño superior a sus fuerzas, y descendía rápidamente.

Mi jinete, seguido de sus compañeros, mariposeaba por dondequiera, siempre a paso largo, envueltos todos en nubes de polvo y abrasados por un sol de fuego. El don Pepe entraba a una tienda a caballo, llegaba al mostrador, pedía brandy o anisado para sí y para sus compinches; bebían, salían, encendían cigarrillos y seguían corre que te corre, hasta que alguno proponía nueva libación. El que tomaba la delantera repetía la hazaña de penetrar a caballo en la tienda, y... *da capo*.

Cada vez que se encendían los cigarrillos y se continuaba el movimiento parecía que ya los de la comparsa iban a ejecutar un nuevo y fatal designio; pero nada: vuelta a las carreras, y a los giros, y a las tiendas y a los cigarrillos. ¡Cómo me acordaba yo de los tiempos del Tuerto Garmendia!

¡Toro, toro!

Al oír esta aclamación conmovedora huye mucha parte del gentío y se apresura a buscar en las barreras y junto a las puertas y a las ventanas, sitios en que, sin riesgo, se pueda gozar del espectáculo. La plaza queda medio despejada, pero casi todos los jinetes permanecen en ella.

El toro, en el primer ímpetu de su furor, corre por junto a las paredes y a las barreras buscando en quién desfogarlo; acomete a las ruanas y a los sombreros con que, a mansalva, lo provocan los concurrentes que se hallan en lugar seguro. Se aploma al cabo en una esquina, escarba y, con los ojos, dispara centellas; parece que no quiere aventurar otra salida sin tener bien asegurado el golpe y escogida la víctima. Muchos hombres se quitan la ruana y con ella lo convidan a una suerte; pero cuando el toro se resuelve a embestir, se hace el vacío en torno suyo; vuelve a pararse y a escarbar; los de a caballo se le vienen, tratando de obligarlo a ponerse en movimiento, y si se menea escapan a carrera. Por fin, y gracias a los ánimos que infunde la bebida, hay mozos que sortean el toro; con esto se alientan otros, y no tardan en caer tres o cuatro, a quienes sus compañeros levantan, más o menos asendereados, los abrazan por la espalda y los sacuden violentamente para reducirles y ajustarles los huesos y las vísceras que con el trompazo y el revolcón hayan salido de su lugar.

Ya no se puede entrar a las tiendas: a la puerta de cada una se ha improvisado una barrera; pero los de la cabalgata, con atinada previsión, se han prevenido con botellas de licores, de las cuales beben con la debida frecuencia.

Don Pepe, alentado por las libaciones y confiado en mi agilidad, va animándose a provocar al toro, y llega hasta a pasar por delante de sus astas y a tocárselas con una ruana que lleva en la mano. A veces el fiero bruto no hace más que inclinar la cabeza; a veces me asesta una cornada y parte a darme alcance, pero yo dejo burlada su arrogancia.

Muy a pechos tomé aquel entretenimiento que brindaba satisfacciones a mi vanidad y en el cual no hallaba mayor peligro. Yo había vivido muchas veces en íntima familiariadad con los toros, y no concebía que pudieran hacerme daño.

Por clásica que fuera la función y por *sensacionales* que fuesen los lances que ella ofrecía, los señoritos se aburrieron, y con razón, pues, si bien se apuraba el caso, todo se reducía a aguardar: aguardar a que alguien se atreviera a hacer una suerte; aguardar a que el toro se determinara a embestir; aguardar que cierto ganapán que había prometido montar en el toro se decidiese a ponerlo por obra; aguardar que, con complicadas y tumultuosas maniobras, se metiese al *coso* o toril al toro que había *llenado su misión* sobre la plaza; aguardar que con otras maniobras semejantes, se le diese sucesor.

Acordaron los donceles salirse de la plaza, y a malas penas lograron que se despejara y se abriera una de las puertas de la barrera. Ya en la calle, se dieron a marearnos a los caballos con el fastidioso ir y venir y detenerse en las tiendas y continuar el jaleo en que habían estado antes de los toros.

Ya me lo tenía muy advertido uno de los caballos sesudos y observadores con quienes yo había intimado: de todos los percances que pueden sobrevenirle a una bestia, ninguno puede compararse con el de tener que cargar con un borracho. A un ebrio le queda de hombre todo lo que de ridículo, tozudo y aborrecible puede caber en la criatura humana. En la embriaguez se pone en juego todo lo avieso, ruin y miserable que puede afrentar y envilecer.

El jinete más diestro, si está bebido, se pone inútil y torpe para manejar su cabalgadura, y la maltrata ociosamente.

Bien lo experimenté aquella tarde, en la que el zarramplín que me montaba parecía un Tuerto Garmendia, reencarnado en un hominicaco desmañado y babieca.

Dura suele ser la condición de los brutos de mi especie; pero ¿qué penalidades y qué miserias no quedarán compensadas con la fortuna de no podernos embriagar?

Parecía como si aquellos calvatruenos, aconsejados por el diablo, se hubieran propuesto dar, en breve espacio, ejemplos de todas las chambonadas que puede cometer un jinete incapaz. Desmontáronse dos a la puerta de una tienda, no ataron sus caballos y los dejaron a la buena de Dios. Por de contado, los caballos tomaron las de Villadiego, y uno de los dos jinetes pagó con las setenas su tontería, pues tuvo que pagarles largamente a unos mozos que le cogieron la bestia, y perdió un estribo y el *encauchado*, prendas que fueron robadas quién sabe dónde, merced a la fuga del caballo.

El otro no pudo ser habido antes de que cayera la tarde; y es muy probable que tomara el camino de una hacienda distante, que era su querencia.

Otro de los de la trulla montó sin echar de ver que el caballo estaba atado a una columna; fue a hacerlo andar, y el caballo se irritó, forcejeó, se encabritó y al cabo dio una gran costalada, de la que el jinete salió harto bien librado, dado que sólo salió con dos descalabraduras de las de padre y muy señor mío.

Entre otras donosas travesuras, nuestros aprendices de tunantes hicieron la de tumbar los bolos con que estaban jugando unos patanes. Con esto se armó la gorda, y el don Pepe recibió una pedrada en la cabeza que le hizo perder la poca que le quedaba. Buscáronle una posada y lo llevaron a dormir la mona.

Yo quedé atado a un árbol en el corral. Mi jinete había anunciado que por la noche concurriría a un baile a que lo habían invitado; pero no estaba la Magdalena para tafetanes. Yo volví a acordarme de los tiempos de mi cautiverio garmendiano, y concebí serio temor de pasar una noche sin cena y con freno.

Pero para un caballo no se da cosa como pertenecer a un amo solícito y apreciador de sus bienes. Como don Bernabé hubiese sabido de boca de un vecino lo borrascosas que estaban las fiestas, y barruntado lo que conmigo iba a acontecer, montó en la Alcancía y se puso en camino para acudir a mi rescate.

¡Ira de Dios! ¡Qué sofocón fue el de aquel hombre, tan manso y tan benigno de ordinario, cuando a eso de las nueve de la noche, dio conmigo y vio en qué situación me había dejado el perillán de don Pepito! Maldijo la hora en que había cometido la borricada de alquilarme, maldijo al canalla que a ello lo había inducido, y maldijo al salvaje que, después de haberme exprimido el alquiler, pensaba pagar mis servicios con una truculenta trasnochada.

Pero éste, en realidad, no pensaba en eso, ni podía pensar en cosa alguna. Don Bernabé lo encontró dormido como un leño, en una cama en que había dejado ya claras señales (y otras no muy claras) de haber bebido más de lo que su estómago podía comportar.

—¡Grandísimo perdulario!, le gritó don Bernabé, usted tiene que pagarme mi caballo: ahí me lo ha dejado medio muerto.

—¿Qué–qué–qué? balbuceó Pepe.

—Que usted es un tunante, y que me tiene que pagar mi caballo.

—No, no; ahora no monto.

—¡Borracho de los diablos! ¡Miren cómo lo tiene el aguardiente!

—No, gracias; no bebo, no bebo.

—Eso es. Hágase el gracioso.

—Hombre, Martín, déjame dormir: no seas *sobado*.

—¿A que cojo una tranca y le quito las ganas de embromar?

Al fin, la inercia y el entontecimiento del borracho pudieron más que los coléricos ímpetus de mi amo, y partimos para nuestra casa.

Yo había estado matado; pero lo había estado en la campaña, y mis mataduras podían sobrellevarse, porque ¿qué eran sino gloriosas heridas recibidas por la patria y por no sé qué cosa muy decantada y estupenda? Pero estar matado por haberle servido a un botarate, fue cosa con que, en mucho tiempo, no pude conformarme.

Y si en unas pocas horas en que ocasionalmente he estado alquilado, le decía yo el día siguiente a mi compañera la Alcancía, me han dejado en situación tan lastimosa, ¿qué suerte será la de las bestias de alquiler? Al que se sirve de una bestia alquilada nada le importa que ella perezca de hambre y de sed; no se le da un ardite de que el trabajo la agobie; ni se le da nada si la *mata* de muerte o si la *mata* de matadura.

Por aquel tiempo don Bernabé y su familia estaban madurando un gran proyecto que había sido concebido muchos años antes.

Hay ciertas cosas que cada hombre sabe que ha de hacer o que han de sucederle por lo menos una vez, como morirse, casarse o vacunarse. Los campesinos de la Sabana de Bogotá y de muchas otras comarcas cuentan entre tales cosas el hacer una romería a *Chiquinquirá*. A ninguno le falta ocasión de hacer una promesa, dado que a ninguno le faltan aprietos, sustos, penas, deseos y aspiraciones. Ítem más: a los campesinos pobres, que sienten como todo el mundo la comezón de viajar y de conocer tierras, no se les ocurre hacer otra peregrinación que aquélla, ni ellos creen que buenamente se pueda emprender otra.

Don Bernabé y la *señá* Pioquinta tenían, pues, meditada una expedición para cumplir cierta promesa hecha desde luengos años; pero en ninguno de los anteriores al que corría se había podido incluir en el presupuesto de gastos la partida necesaria. Muchas veces había destinado don Bernabé para ese fondo, ya cierta cría de uno de sus animales, ya una parte del producto de una sementera; y la *señá* Pioquinta el de uno de sus marranos y el valor de una ruana de las que solía tejer. Como siempre sucede que los tiempos actuales *están trabajosos*, no había llegado el de poner por obra el piadoso designio. Los fondos, que sí se habían conservado intactos y que habían ido creciendo, eran los que, para el anhelado viaje habían ido reuniendo en una alcancía Rosita, Meregilda y Resura, las que temblaban de ser condenadas a quedarse, si cuando llegara el tiempo de emprender la romería faltaba dinero para costearles el viaje.

Mis servicios iban a ser indispensables y, como yo estaba muy mal traído, gracias al buen humor de don Pepillo, mi amo tuvo por conveniente que yo descansara bastante; ocurrió a un pudiente hacendado vecino, con quien tenía gran amistad, y obtuvo permiso para colocarme en un potrero de muy ricos y jugosos pastos.

Allí tuve ocasión de observar un contraste que me hizo la impresión más profunda.

Desde una orilla del potrero se dominaba cierto camino público, y en él vi desde el primer día un desventurado jamelgo que iba arrastrando penosamente los restos de una existencia que, de seguro, había sido harto amarga, y estaba próxima a extinguirse. Su dueño, hallándolo ya inútil para todo servicio, lo había arrojado al camino, en donde el mísero, con los dientes gastados, mermados y flojos, pugnaba por roer las orillas que recuas enteras y hatajos de ganado que transitaban por allí, repelaban a porfía casi diariamente.

El caballejo, que parecía haber sido castaño, tenía en parte del cuerpo el pelo hirsuto, largo y lanudo; en otras partes se le veían calvas negras y escamosas producidas por la sarna, y mataduras de diferentes edades, unas enconadas y purulentas, otras cubiertas de costras que se iban levantando por los bordes, otras cicatrizadas. El cuero marchito y agujereado dejaba adivinar la forma del esqueleto y de cada uno de los huesos que lo componían. Tenía el infeliz los ojos apagados, las cuencas profundísimas, los menudillos monstruosamente hinchados, las cuartillas tendidas, los cascos prolongados, de figura de calzadores. Para andar buscando briznas de hierba tenía que asentar en el suelo los espolones, y lo mismo para estar de pie y para tomar ciertas posturas imposibles en que se le veía cuando pugnaba desesperadamente por rascarse con los dientes la sarna que le devoraba las piernas y los lomos.

Como era natural, su situación empeoró en breve, y los gallinazos, con su acierto nunca desmentido, hicieron el diagnóstico funesto. Desde entonces velaron sobre el enfermo con tenacidad incontrastable, ora cerniéndose por sobre el sitio en que agonizaba, ora posándose en los árboles y en las cercas, a respetuosa distancia, pero sin perderlo de vista.

Llegó a la postre un día en que el paciente no pudo levantarse. Los voraces pájaros se le fueron acercando recelosos, y advirtieron que todavía podía defenderse. Pasó tiempo, y el más atrevido de los pajarracos le picó un ojo. Sacudióse el desdichado con desesperación, pero los esfuerzos lo acabaron de postrar. Cuando expiró, ya no tenía ojos y se le veía desgarrada la piel en varias de las partes más sensibles del cuerpo.

En los mismos días en que estuve contemplando estas escenas tuve largos coloquios con un caballo bayo naranjado, barrigón y peludo, que parecía vivir sólo para saborear las delicias de una existencia epicúrea y sibarítica.

Como yo había notado que al tal bayo no se le imponía tarea de ningún linaje, le pregunté a qué feliz circunstancia debía su envidiable privilegio.

—Es, me contestó, que yo soy *puntero*, y que en estos días no ha habido viaje.

—¿Y qué cosa es ser puntero?

—¡Cómo! ¿Usted no tiene noticia de los caballos que desempeñan las importantes funciones que están encomendadas a los individuos del gremio a que pertenezco?

—Ninguna. Ni aun había oído nunca la palabra puntero.

—¿Pero dónde ha vivido usted? Puntero es el caballo destinado a ir siempre a la cabeza de una recua, ya vaya cargada, ya vaya de vacío: ora se componga de mulas, ora de muletos.

—Y bien, un puntero ¿qué oficio va desempeñando?

—¡Toma! Pues encabezando, guiando la manada de bestias. Sin él, éstas se desbandarían y no seguirían el rumbo debido.

—De modo que un puntero está obligado a conocer todos los caminos.

—No: eso sería ocioso. Al puntero lo lleva del cabestro un muchacho.

—Entonces no me parece el destino muy importante.

—¡Cómo que no le parece a usted muy importante! (y esto lo dijo ya muy enfurruñado).

—No se me acalore. Es que esto de tener que vivir rozándose con mulas...

—¿Y qué? Las mulas son conmigo dóciles y sumisas. Una que otra se toma tal vez la libertad de hacer ademán de morderme o de cocearme; pero esto no es más que una muestra de cariñosa confianza, y no un acto de rebeldía contra mi autoridad.

Acabáramos, pensé yo: a este mentecato lo que le cautiva es el amor a un mando que imagina ejercer. Cavilé después sobre lo que son las flaquezas caballunas, que a cada bestia le hacen reputar el oficio que desempeña como el más indispensable y el de más cuenta.

Luego me contó el bayo por qué trámites había venido a parar en puntero.

—Yo nací, me dijo, en un distrito de la tierra caliente. Allí crecí y allí trataron de amansarme; pero soy vivo de genio, y a mí no me gusta dejarme embromar de nadie. Mordía y coceaba a los que me cogían y a los que me ensillaban, y cuando tenía encima un jinete, me clavaba en un sitio. Si con azotes o con la espuela hacían por estimularme, yo tiraba mordiscos y coces a las piernas del que me montaba. Mi dueño, desesperanzado de amansarme, me hizo servir en un trapiche; allí sí no había remedio: por más que me ensoberbeciera y me rebelara, era inevitable tirar del mayal. Con esto creyeron haberme domado; pero la primera vez que me montaron se convencieron de que conmigo no podían gastarse bromas. Fui vendido, y sucesivamente pasé a poder de muchos dueños. Llegué a manos de uno que no halló comprador por haberse ya extendido demasiado mi buena fama, y ese fue el que me destinó para puntero.

Yo me quedé meditando. Comparaba la suerte de este haragán inútil y presuntuoso con la que había tocado a aquel desdichadísimo rocín que había agonizado y fallecido en la vía pública, el cual, según lo atestiguaba la hoja de servicios que llevaba en el espinazo y en los lomos, había sido de grande utilidad para sus dueños.

—"¡Con qué desigualdad, concluí, reparte sus dones la naturaleza!".

Capítulo 22

- Prevenciones para la romería. - Cupido las facilita.
- Partimos. - La naturaleza no nos acompaña en nuestro regocijo.
- Primer contratiempo. - Segundo y tercero. - Nos juntamos
con un religioso y con un laico. - Cuarto percance. - Percance
quinto. - Encuentro alarmante. - Entrevista fraternal. - Alarma
superlativo. - Quieren comprarme.- Un caballo jubilado. - Un
desprendimiento.

Todo llega, y como llega todo, llegó el día en que había de comenzarse la preparación próxima para el suspirado viaje a Chiquinquirá. Dispúsose que la casa y Nicanor quedasen a cargo de una comadre de la *señá* Pioquinta; una señora de las del pueblo inmediato suministró galápago para Rosita; y con un vecino del propio pueblo, celebró don Bernabé no sé qué complicada negociación, mediante la cual aquél daba caballo para la misma chica, no gratuitamente, pero de manera que a mi amo no le costaba desembolso ni quebranto alguno.

La Alcancía, que debía ir montada alternativamente por los dos consortes, era ya madre de un potrico, el cual por de contado debía figurar en el personal de la expedición.

Faltaba aún un elemento indispensable para que el viaje fuera una romería genuina y no un mero paseo. Faltaban los músicos, que, a todo tirar, no podían bajar de dos, uno para que acompañara a los romeros tocando el tiple, y otro para que acompañara a esté, tocando el *alfandoque* o las *chuchas*. La cosa iba ofreciendo algunas dificultades, pero éstas quedaron allanadas como por encanto, apenas un mozo muy listo y apuesto, que se llamaba Jeremías y que era un poco pariente de don Bernabé, hubo sabido la necesidad que se trataba de satisfacer. Jeremías tocaba el tiple que lo hacía hablar, y como se hallase de tiempo atrás prendado de Rosita, le vino rodado el ofrecerse como compañero; y ofreció también como tal a un hermanito suyo capaz de desempeñar la otra parte de la orquesta.

La parsimonia era una de las cualidades salientes de mis dueños; pero tratóse de la expedición a Chiquinquirá, y viéranlos ustedes gastar sin duelo para acopiar bastimentos, como si se estuviesen previniendo para un viaje de muchas semanas a través de algún yermo.

Los avíos se acomodaron en un par de *petacas* que debían ser cargadas por el burro de la casa. De arriero no había absoluta necesidad, dado que una acémila tan tratable como el jumento podía ser manejada por don Bernabé con auxilio de los demás peregrinantes.

Caballeros los tres amos, don Bernabé en la Alcancía, Rosita en un Rucio melado y la *señá* Pioquinta en el humilde servidor de ustedes; en una madrugadita muy opaca y lluviosa, y con el camino fangoso y resbaladizo se emprendió la primera jornada. A pesar de lo poco favorable de las circunstancias para las expansiones del ánimo, todas las fisonomías, plácidas y risueñas, expresaban la más pura satisfacción.

Los músicos que, como Meregilda y Resura, iban pédibus andando, en cuanto lo permitían la latitud y las escabrosidades del sendero, se mantenían al lado de Rosita y desentendiéndose de que *música, miel y ventana no pegan por la mañana*, hacían vibrar las aguanosas auras matinales con el *torbellino* más arrebatado y estimulante.

En la presente ocasión, como en todas aquellas en que yo cargaba a mi ama, llevaba el clásico sillón ya que ella no había querido sustituir el moderno galápago inglés. Es el sillón una verdadera silla, poco diferente del mueble del mismo nombre que, colocado en el suelo, sirve de asiento. Está forrado de paño rojo y guarnecido con galón blanco o amarillo. La que anda *caballera* en sillón va vuelta hacia un lado del camino, y tan encumbrada, que la tablilla sobre la cual apoya los pies queda casi a la altura del espinazo de la bestia. La *señá* Pioquinta, sobre la mantilla, que le formaba capucha, llevaba ruana listada con forro de bayeta azul celeste, y todo iba coronado por el sombrero dominguero. En las jornadas en que iba sobre la yegua, yo la contemplaba y, a mi parecer, tenía un aire augusto y patriarcal que inspiraba respeto y envidia.

Era ya tan raro el uso del sillón, que la vista del de mi ama, junto con la de otras particularidades del grupo que formábamos, atraía sobre él intensas miradas de curiosidad, y donaires y chocarrerías de la gente que lo veía pasar por las poblaciones y por otros parajes concurridos.

El primer día, antes de que llegásemos a la venta en que se debía almorzar, empezó a desencapotarse el cielo, y a orearse la ropa de las viandantes, que venía pegada a las carnes, no obstante que todas iban aparentemente protegidas contra la lluvia por las ruanas que llevaban encima de las mantillas.

En la venta mencionada, yo, que era un poco conocedor en achaque de amores, eché de ver cuál era el móvil que había impulsado a Jeremías a hacer su oportuno ofrecimiento. Todas las cuatro hembras se habían detenido a la sombra de un alar, un poco lejos de la tienda; Jeremías mandó servir chicha, las convidó y ellas se remilgaron y se hicieron de pencas. Instó más, y entonces fueron encaminándose hacia la tienda, como con recelo o cortedad y dando tiempo cada una para que otra tomase la delantera. A la puerta de la tienda se pararon bien pegaditas a la pared, medio taperujadas con las mantillas, y hubo necesidad de nuevas porfías para que, poquito a poco y siempre como con desconfianza, fuesen entrando. La *señá* Pioquinta fue quien primero enlabió la totuma, después de haber soplado sobre el líquido que contenía, a fin de hacer salir por el borde los cuerpos extraños que sobrenadaban en la superficie. El anfitrión cuidó de hacer beber a Rosita en

totuma especial, para posar él en seguida los labios en donde
la preopinante había posado los suyos.

Cuando, después de haber almorzado, nos pusimos en
movimiento, ya el cielo resplandecía sereno y despejado; el aire
estaba diáfano, y al través de él y en el confín septentrional del
horizonte se divisaban las sierras azules que habíamos de
trasponer. Este espectáculo renovó el regocijo en los pechos de
los sencillos peregrinos; y, como para expresar ese afecto, los
rústicos instrumentos se hacían oír con aires cada vez más
vivos.

Aún no clareaba el segundo día cuando don Bernabé, con
la oficiosa ayuda de los músicos, se puso a recoger las bestias
en la manga en que habíamos pasado la noche. La Alcancía, yo
y el jumento fuimos fácilmente hallados y cogidos, a pesar de
que la madrugada estaba oscura; pero el caballo de Rosita no
pareció, ni aun después que hubo amanecido. Hiciéronsele
reclamaciones al dueño de la posada, y él perjuró que la manga
era segura y que jamás por jamás se había escapado de ella
animal alguno. Montado en mí don Bernabé, y en la yegua el
hermano de Jeremías salieron a buscar al rucio melado por
todos los potreros y sembrados circunvecinos, hasta que lo
columbraron en cierto potrero; trataron de entrar, pero hallaron la puerta cerrada con candado. Buscaron el portillo por
donde el prófugo debía haberse entrado y no encontraron
ninguno: la cerca, que era de piedra, estaba recién reparada y
en estado floreciente. ¿Cómo había ido a dar allí el demonio del
rucio melado? Esto fue lo que mi amo no pudo averiguar. Yo
sí tuve explicación del fenómeno la noche siguiente, en la que
el mismo rucio me declaró que él no se dejaba encerrar en
ninguna parte; que el pasto era de todos; que él no comprendía
por qué lo habían de obligar a roer pelambres cuando había
terrenos cubiertos de hierba, y que él sabía saltar cercas y
zanjas como un perro.

Yo me acordé entonces de otros caballos conocidos míos,
dotados de la misma recomendable cualidad que adornaba al
rucio melado.

Fue forzoso acudir al dueño del potrero en demanda de la llave, y resultó a la postre que la segunda jornada no se emprendió hasta las nueve de la mañana.

Mal empezó el día, y mal debía seguir, y todo por culpa del rucio melado. Rosita sabía poco de equitación; y, a veces, aburrida de ir al paso de los pedestres, se adelantaba a más andar y aguardaba a la comitiva a la sombra de un árbol; en uno de los ratos en que su caballo iba andando de prisa, tropezó éste con bastante fuerza, con lo que asustó a Rosita; y tras el tropezón se alborotó e hizo movimientos irregulares y bruscos. Repúsose del susto la damisela, y sin escamarse con lo ocurrido, volvió, no obstante algunas amonestaciones maternas, a tomar la delantera; el caballo, al doblar un recodo del camino, descubrió de súbito un montón de piedras, que debieron de antojársele osamenta caballuna, y, espantado, se rehuyó violentamente; Rosita, aunque bastante desconcertada, no habría caído, pero el melado siguió agitadísimo, andando a saltos y al cabo dio con ella en tierra. Por fortuna, para Rosa, todo paró en una leve desolladura en las manos y en el afán que le sobrecogió al representarse a su fantasía las consecuencias de una caída cabeza abajo.

Cuando se hubo recobrado la calma y proseguido la marcha, don Bernabé observó cuerdamente que ese *rango* debía de haber sido montado por jinetes torpes, de los que atosigan a la cabalgadura a azotes y a espolazos cada vez que tropieza o que se espanta, con lo cual la acostumbran a alborotarse cuando le sucede una de esas cosas, y a huir del castigo que se le ha enseñado a aguardar.

Este castigo, pensaba yo, además de ser incontundente, es injusto, dado que ni las bestias ni los hombres tropiezan ni se asustan porque quieren tropezarse o asustarse. Estas son cosas que *a uno le suceden*, no son cosas que *uno hace*.

En la tarde de aquel mismo día, que fue calurosísima, emparejaron con nosotros un religioso que llevaba paraguas abierto, y un músico que lo acompañaba; y entrambos trabaron conversación con don Bernabé.

Como el acompañante hubiese manifestado extrañeza al observar que Jeremías y su hermano tocaban con tesón, sin curarse de la fatiga, el religioso le hizo saber que la costumbre de llevar música en las romerías de nuestro tiempo es piadosa memoria que se hace de las más antiguas, las cuales dizque se solemnizaban, no sólo con instrumentos músicos, sino también con el canto de himnos sagrados.

En esto, el potrico de la Alcancía, que sin cesar iba diableando por el camino, vio que su señora madre se había parado para no sé qué menester, y queriendo aprovecharse de tal coyuntura para *exprimir el seno materno*, fue a arrimársele, y lo hizo con tan poca maña, que metió la cabeza por entre las riendas y el cuello del caballo de Su Paternidad, el cual caballo se apartó muy mal guisado y quiso seguir su camino. El potro, pugnando por desasirse, tiró de las riendas y se encabritó; el caballo hizo lo propio, y puso en mortal apuro al Reverendo Padre, el cual dejó caer el paraguas a los pies de su cabalgadura, introduciendo así un elemento más de desorden y de confusión. Las mujeres hacían aspavientos, y, a chillidos, invocaban a la Virgen de Chiquinquirá; mi amo y los otros varones animaban al Padre a que se mantuviera firme, y despizcándose por darle socorro y por deshacer el enredo, alborotaban más al caballo y al potrico. Al fin esta tragedia tuvo *desenredo*, sin que nadie pudiera fundadamente preciarse de haber contribuido a que éste fuera feliz.

El Padre, pálido y tembloroso, declaró que era muy arriesgado viajar en compañía de un animal tan loco como el potrico, y él y su compañero picaron y siguieron a buen paso. Obra de media hora haría que se habían despedido cuando vimos que, en revolucionaria carrera, despojado de varios de sus arreos y arrastrando la brida, venía hacia nosotros el caballo del músico. Don Bernabé y los de a pie lo detuvieron, lo embridaron y siguieron con él, llevándolo del diestro y haciendo conjeturas, a cual más negra, sobre la suerte que debía haber corrido el jinete. A cada paso encontrábamos despojos: aquí el cojinete; más allá la maleta de la ropa; luego la bolsa con el clarinete, y en seguida un estribo. Todo lo iban recogiendo Jeremías y su hermano con aplauso de don Bernabé, que decía sentenciosamente que en un camino es necesario que todos nos ayudemos unos a otros.

Más adelante topamos con el Padre, que, viniendo a un pasito muy reposado, pretendía alcanzar y atajar al caballo de su compañero. A éste se le halló tendido al pie de una cerca, muy magullado y contuso; pero más atribulado por la pérdida del clarinete y de sus otros cachivaches que por las dolencias que lo aquejaban. Decía que de éstas podía sanar de balde, mientras que de aquella pérdida no se podía resarcir sin desembolso de dinero. Ya tranquilizado con la certeza de que nada se había perdido, contó con voz desmayada y doliente que había ido a darle de beber a la bestia a un arroyo, quitándole la brida sin desmontarse; que el caballo se había azorado al sentir el freno en las rodillas, que había disparado y lo había derrocado en un pedregal.

Buena lección, discurrí yo en mis adentros, para los que acostumbran cometer la animalada que ha cometido ese pobre hombre.

Llegamos a Chiquinquirá en época que lo era de grande afluencia de gente de diversas regiones. Yo me vi en un potrero inmediato a la ciudad, mezclado con multitud incontable de bestias de todas las procedencias, razas, condiciones y cataduras imaginables. Entre ellas columbré cierto caballo que había visto en poder de uno de los virotes de la pandilla de Garmendia, y esta fatal circunstancia me hizo tener como fácil y probable que el Tuerto se hallara entre la turba de holgazanes y gente de bronce que había yo visto hormiguear en la población. Por una vereda que atravesaba el potrero, vi luego pasar al dueño de la bestia sospechosa, y con ello se apoderó de mí gran sobresalto, aunque discurría que quizás aquel belitre no habría caído en que yo era el Moro de marras, pues en los últimos tiempos yo había perdido casi todo el pelo negro y era ya rucio blanco.

En todo caso, yo nada podía hacer para proveer a mi seguridad, y me puse a aguardar lo que la suerte me tuviera reservado.

De mis negras cavilaciones vino a distraerme un incidente desagradable. Andaba yo cabizbajo y apartado de todas las otras bestias cuando se me acercó un macho rucio que no había visto antes, el cual, dirigiéndoseme con cierto airecillo de gazmoñería, me dijo con acento muy dulzarrón:

—Lo alcancé a ver, hermanito, y vine a saludarlo.

—Hum, hum, le respondí.

—¿No me conoce?... Yo sí lo conocía y tenía muchos deseos de tratarlo. Yo le volvía la grupa, callado como un pez.

—Si de veras soy su hermano, porfió el mulo: soy el hijo de la Dama, el que tuvo cuando usted estaba ya grandecito.

—Bien, bien.

Y me puse a pacer, aunque no sentía apetito.

—Conque es orgulloso ¿no? Yo no soy más que un pobre macho; pero, aunque le pase, los dos somos de una misma sangre.

Yo, dándole siempre el anca, pude hacer cierto ruido, el que mejor podía expresar el desdén y la antipatía con que miraba al bastardo.

—Yo no pensaba que fuera tan déspota, concluyó; y me dejó en paz.

La aparición de cada una de las innumerables personas que entraban a coger bestias avivaba la zozobra que me consumía; y ésta me hizo salir de tino una madrugada en que, a la luz de la luna, descubrí que unos jinetes andaban recorriendo el potrero, como en busca de alguna bestia. El grupo me pareció ser el que tan impreso llevaba siempre en la fantasía, el del Tuerto Garmendia con sus adláteres. Cuando se me acercaron un poco, sin advertir que yo debía atraerme su atención, eché a correr. Como, según parecía, trataban de ver de cerca cada una de las bestias, a fin de reconocer la que buscaban, corrieron, me acorralaron y se pusieron a discutir sobre si yo sería el caballo que necesitaban; se me acercaron mucho y declararon que no era ese. En tal momento sentí lo que debe sentir el que ve asegurada la felicidad de toda su vida; pero al mismo tiempo renegué, impaciente, de la vergonzosa debilidad que me hacía vivir atormentado por el temor de un peligro tal vez imaginario. En lo sucesivo debía yo experimentar si mis recelos carecían o no de fundamento.

Apercibidos estábamos ya para tomar la vuelta de nuestra casa y aguardábamos el momento de partir en el patio de la casa en que don Bernabé y su familia se habían hospedado, cuando el dueño de aquella, que había simpatizado con el mío y que le daba el tratamiento de tocayo, le dijo señalándome:

—¿Cuánto vale el rucito?

—Quién sabe, tocayo; me han estado ofreciendo por él ocho cargas de trigo y ciento cincuenta pesos, y no he querido darlo.

—¿Quiere vendérmelo por doscientos pesos?

—Tal vez no, tocayo; ya le digo lo que me han ofrecido por él.

—Pero es que está un poco viejo.

Y entonces me dio un pellizco en un cachete y aguardó a ver cuánto tardaba en deshacerse el pliegue que me había hecho en el pellejo.

—Nueve años, dijo mi amo, nueve años es lo más que puede tener.

Entonces el tocayo me abrió la boca y me examinó los dientes.

—Nada, tocayo, repuso; mírele los dientes y los colmillos. Doscientos pesitos le doy, porque me ha gustado; pero no me alcanza a servir dos años.

—Y que es el del sillón de Pioquinta.

—¿Sabe, tocayo? Le doy aquella muleta parda y ochenta pesos.

—No puede ser, tocayo. Si me da la muleta y los doscientos pesos...

La *señá* Pioquinta escuchaba atentamente este diálogo; y en el movimiento de sus labios se conocía que estaba rezando por que no se realizara el negocio.

En fin, la negociación, que se prolongó mucho, terminó sin que don Bernabé aceptara ninguna de las propuestas de su tocayo; pero sirvió para que yo me enterase de que muy en breve podía ser enajenado y cambiar de situación. Con grandes extremos había en otro tiempo encarecido don Bernabé el agradecimiento que me debía; ¿pero sería mucho que un hombre se mostrara tornadizo para con una pobre bestia, cuando es tan común que todos ellos se muestren ingratos para con sus semejantes?

No era verosímil que mi amo quisiera correr el riesgo de que yo, llegando a extrema vejez, me hiciera invendible: todo dependía ya de que hallara quién ofreciera por mí precio subido.

De nuevo me asaltó el temor que ya otras veces me había torturado, de que mis últimos días fueran tan amargos como los de muchos de mis semejantes que había visto destinados a trabajos viles y abrumadores, o abandonados en las vías públicas. A don Bernabé no le permitía lo limitado de sus facultades imitar a cierto vecino suyo, pudiente y generoso, que había jubilado a un caballo para recompensar los buenos servicios que, mientras estuvo sano y vigoroso, prestó a su familia y a él mismo.

Con este caballo solía yo conversar cuando él se arrimaba a la cerca que dividía su potrero de la estancia de mi amo. Como yo, había sido moro, y estaba ya blanco como un lirio. Aunque le sobraba alimento, se encontraba flacucho y extenuado porque había perdido casi todos los dientes, tenía hinchadas y entorpecidas las coyunturas; permanecía echado lo más del día, y cuando el hambre y la sed lo compelían a levantarse, lo hacía pujando y quejándose. Gracias a la generosidad de su amo, su vida se había prolongado más allá del término ordinario de la de sus semejantes. En la época a que me voy refiriendo, hacía diez años que no trabajaba.

No; yo no me atrevía a esperar tan buena suerte, por más que la gratitud obligase a mi amo para conmigo, y consideraba que acaso habría de tener que bendecir la mano que me quitara la vida para abreviar las penas que habían de amargar sus postrimerías.

Acordábame de varias bestias que había visto *despenar*; y, con suma viveza, se me representaba la imagen de una pobre yegua que despenaron en Hatonuevo. Se le había quebrado una pierna y se la veía padecer atrozmente; le dieron una puñalada en el pecho, pero fue tan mal dirigida, que no hizo más que encrudecer sus torturas; entonces don Cesáreo mandó traer su escopeta y se la descargó en la nuca; la yegua, en una convulsión suprema, se levantó sobre las tres patas que le quedaban y en seguida se desplomó inanimada.

Capítulo 23

– Regreso. – Un compañero. – Incidente de una campaña.
– La caja militar. – Al que de lo ajeno se viste... – El tesoro.
– Cómo un recluta hubiera podido ser rescatado.
– Suerte de las bestias de carga. – En calle angosta.

Hízose la mayor parte del viaje de retorno en compañía de un convecino de don Bernabé, que, con su familia, regresaba a la Sabana. Este convecino traía su bastimento en unas petacas que cargaba un caballo rosado, que, por ser de buena alzada y de no mal pelaje, parecía haber sido en mejores tiempos de categoría menos humilde que la de la acémila. Le comuniqué a dicho caballo esta observación, y él me explicó por qué curiosa manera había sido degradado.

—Yo era, me dijo, caballo de silla, y mi dueño hacía de mí la mayor estimación. Vino una guerra, y una *comisión militar* cayó de improviso sobre todas las bestias de mi amo. Incontinenti fui destinado al servicio de un escuadrón que estaba en marcha. Este cuerpo entró poco después en una refriega, sufrió rechazo, y entre dos luces, tomó posiciones en un lugarejo en que los jefes, a favor de la oscuridad de la noche, pudieron disponer espaciosamente la retirada. Conducían una carga de dinero en oro; y, como se tratase de escoger en la

233

brigada la bestia que pareciera más vigorosa, para que la llevase, pusieron los ojos en mí, que, como recién alistado, estaba más lucio y fortachón.

Tomando en cuenta que se nos había de perseguir con mayor empeño si la fuerza vencedora u otras enemigas se percataban de que, entre el bagaje, iba cosa tan llamativa en todo tiempo, pero más apetitosa aún en el de guerra, se acordó que los sacos que contenían el oro, bien envueltos en encerados, fueran escondidos dentro de unos tercios de cal que por acaso se hallaron en el lugar; y que yo, con mi carga de cal, siguiese por atajos y custodiado por un piquete de soldados disfrazados de arrieros, hacia un paraje en que estaba acampada una fuerza respetable y amiga. Emprendióse el movimiento. Mis conductores, merced al descalabro de la víspera y a la idea que se les encajó en la cabeza de que todo el mundo había de adivinar que lo que conducían era un tesoro, iban poseídos de miedo cerval. Yendo nosotros por la falda de una sierra, al recordar uno de sus contrafuertes, quedamos inopinadamente a la vista de la columna vencedora, que iba desfilando por la cresta de la misma sierra. Mis conductores se creyeron perdidos, se dispersaron y me dejaron solo. Yo me puse a pacer y fui avanzando insensiblemente hasta que llegué a cierta explanada en que había una choza; los habitantes de ésta me estuvieron mirando como picados de curiosidad; registraron los alrededores tratando de descubrir quién me había llevado por allí; y, habiendo caído la tarde sin que tal cosa se descubriera, movidos por la compasión que les causaba el ver que yo iba a pasar la noche con mi carga, me tomaron del ronzal, me acercaron a la choza y me descargaron. A un lado de la vivienda se veía un cobertizo que habían levantado para reguardar un horno, el cual estaba ya desmoronándose, y allí colocaron la carga. A la mañana siguiente dieron aviso de lo sucedido al dueño del terreno, que era un campesino acomodado, llamado don Tadeo, el cual vino muy diligente a ver qué cucaña le resultaba. No fue despreciable la que consiguió declarándose depositario de mi individuo y de mi aparejo, hasta que se

averiguara, según le oí decir, a quién pertenecíamos. Llevónos
consigo a su casa; y como yo había sido hallado con carga, por
caballo de carga me tuvo y me confirmó, ignorando que yo era,
con creces, mejor caballo de silla que los matalones en que él
montaba.

La guerra fue motivo de que don Tadeo me tuviese por
algún tiempo escondido entre matorrales; y cuando, por desgracia, vino la paz, empezó a llevarme a tierra caliente cargado
de harina, de papas, de sal o de otros artículos, y a hacerme
volver a la Sabana cargado de miel.

Por entonces no llegué a hacer el tercer viaje, porque al
segundo *me salió dueño*, como suele decirse cuando el que lo
es de un animal ilegítimamente ocupado durante una revolución, o a raíz de ella, lo encuentra por casualidad. Mi ocupante
y el propietario tuvieron sus palabras, y ocurrieron a las
autoridades del pueblo más cercano al lugar del encuentro;
pero de todo ello vino a resultar que el que estaba gozando de
mis servicios saneara su título, esto es, que me comprara.

Esta parte de la relación del Rosado me hizo discurrir que
a mí también podía salirme dueño, y que hasta podían ser dos
los que me salieran; mas al punto me ocurrió que no estaba en
el orden natural el que me reclamasen, ni el señor Ávila, que
se acordaría de mí como de las nubes de antaño; ni la entidad
a la cual había servido en la guerra, dado que ésta, al no
hallarme en las brigadas, me debió de llorar por muerto.

—¿Y usted supo, pregunté al Rosado, en qué vino a parar la
carga de cal?

—Ah, respondió, lo que ha pasado con la carga de cal es muy
curioso. Don Tadeo quiso ser el depositario de los costales,
mientras se averiguaba a quién pertenecíamos ellos, los aparejos y yo. Desocupáronlos derramando su contenido en el suelo
del cobertizo, sin que nadie hiciese alto en que entre la cal
venían unos líos muy pesados. Tampoco hicieron caso de ellos,
si acaso los vieron, unos peones que llevaron parte de la cal,
con la que don Tadeo tuvo el buen pensamiento de blanquear

su casa, sin duda mientras se averiguaba a quién pertenecíamos la cal, los costales, los aparejos y yo.

Sobre la cal restante y sobre lo que ella encubría fueron cayendo polvo, tierra que se desprendía de la pared, que se iba desconchando, y paja que descendía del techo, que se iba hundiendo. Las gallinas escarbaban sobre aquel montón de despojos, pero nunca ahondaban mucho porque la cal no permitía que allí subsistieran insectos de los que aquellas aves buscaban.

Los sacos de oro estaban al pie de un delgado tabique, y la cama del viejo dueño de la choza, al pie del mismo: sólo el tabique se interponía entre la cabeza del viejo y las pingües talegas; a un palmo de ellas pasaba el infeliz las largas noches, desvelado a causa de los achaques y aún más, de la miseria. Él y su mujer no recibían otro auxilio que el muy mezquino que les podía procurar un muchacho de catorce a dieciséis años, nieto suyo, que ganaba un exiguo jornal cuando don Tadeo le daba trabajo.

Un día cayó inopinadamente sobre aquel triste hogar una partida reclutadora enviada por el Alcalde, y se apoderó del muchacho. Los abuelos, deshechos en llanto y de rodillas adelante del que encabezaba la partida, lograron, al parecer, ablandarlo. Llamó éste al anciano a sitio repuesto y le dijo que cedería a sus ruegos si le daba cuatro pesos.

¡Cuatro pesos! El viejo nunca había visto reunida suma tan cuantiosa. Su mujer tenía un cuartillo puesto a buen recaudo en una esquina del pañuelo que le cubría el pecho; en la choza no había más dinero: a lo menos así lo pensaban sus míseros moradores.

El muchacho fue a formar parte de un batallón que se estaba organizando. Sus abuelos no habrán muerto de hambre, porque de hambre nadie muere en esta bendita tierra, pero ¡cuáles no habrán sido sus amarguras!

No hace muchos meses, mi actual dueño me envió a llevar a don Tadeo algo que para él había traído de tierra caliente;

pasé por las cercanías de la choza, que está abandonada, y vi que el montón de escombros había crecido mucho y que sobre él comenzaban a brotar algunas hierbas.

—¿Y qué oficio le ha acomodado más a usted?, pregunté a mi interlocutor, el de caballo de silla o el de acémila?

—Las bestias de carga, me contestó, somos entre las bestias lo que la plebe o la clase obrera es entre los hombres; con la diferencia de que para los proletarios, lo interesante y lo provechoso es que haya trabajo; y, para los animales de carga, lo apetecible y lo perfecto es que no lo haya. Tan mal alimentados estamos cuando tenemos ocupación como cuando nos hallamos ociosos; y aun en los más de los casos, lo estamos mucho peor cuando hacemos viajes con carga, pues los potreros o las mangas que, en las posadas de los caminos y en las inmediaciones de los pueblos, se destinan para nosotros, están siempre mondos y repelados; mientras que, en los pocos días de descanso que se nos conceden, pacemos a veces en rastrojos o en orillas de los terrenos sembrados en que abunda la hierba.

—Pero a mí me parece, le observé, que es preferible llevar una carga que nunca se impacienta con quien la lleva y que no maneja brida, espuela ni látigo, a ir montado por un ser viviente que da sofrenadas, espolazos y azotes, y que desfoga en su cabalgadura el mal humor ocasionado por la fatiga y por los sinsabores que son inevitables en casi todos los viajes.

—Preferible sería, en realidad, repuso el Rosado, si la carga fuera colocada sobre nuestros lomos de modo que no nos causara más incomodidad que la de aguantar su peso: pero a ésta, que regularmente es la menos sensible, se agregan otras que son verdaderos martirios. Para que la carga no se ladee, no se sabe hacer otra cosa que apretar las cinchas y las cuerdas que la aseguran; y de modo tan bárbaro las aprietan, que casi les penetran en las carnes, y a menudo se las dilaceran. Por otra parte, la bestia así ceñida apenas puede respirar. El peso de la carga tiende a hacer bajar los dos como cojines que componen la enjalma, y por consiguiente la burda tela que los une oprime y roza el espinazo, de donde provienen las mataduras que en esa parte nos afligen. Si la paja con que se ha rellenado la enjalma no está repartida con perfecta igualdad y bien mullida, o si uno de los tercios pesa más que el otro, resultan las mataduras en los lomos. Y es sabido que matadura una vez abierta, casi nunca se cura sino en falso; por lo cual apenas se ve bestia de carga que no lleve algunas, ya en actividad, ya latentes. Los aparatos de que se usa para impedir que la carga se escurra hacia adelante o hacia atrás, no sirven más que para mortificarnos como las cinchas. En las subidas el peso se carga hacia la grupa; y en las bajadas, oprime la cruz.

—¿Y sabe usted, pregunté yo, por qué no se acostumbra en nuestra tierra armar las enjalmas sobre barras, o para hablar con propiedad, hacer albardas? Si se usara de éstas, no habría para qué apretar las cinchas de la bestia de carga sino moderadamente, como se aprietan las de la silla.

—Ya yo había pensado en eso, repuso, observando que ciertas cargas, como las de agua y las de leche, sí se llevan sobre unos aparatos de madera que llaman angarillas y que dan idea de lo que usted dice. Y no sólo tendría esto las ventajas que usted le atribuye, sino también la de librar el espinazo de rozamiento fuerte, la de hacer que toda la parte del lomo que va en contacto con la carga, resista por igual el peso de ésta, y la de que sería infinitamente más fácil que ahora cargar y descargar una bestia. Para dar contestación a la pregunta que usted me hace, le diré que ignoro por qué no se ha tratado de introducir reforma en el modo de cargarnos, y que todas las bestias de carga daríamos un caluroso voto de aprobación al filántropo, o por mejor decir, *acemilófilo*, que introdujese las que con tanta urgencia se necesitan.

La vida del Rosado había sido fecunda en aventuras, pero ningún lance había dejado en él tan indeleble impresión como el que, en los términos siguientes, me refirió una noche:

—Iba, me dijo, con una carga muy voluminosa y conducido por un arriero, hacia uno de los pueblos más distantes de los del oriente de Cundinamarca.

Por entre solitarias y dilatadas montañas serpentea horizontalmente un angostísimo camino. Es una cornisa, un eterno escalón formado artificialmente en las estribaciones de la serranía y que sigue las sinuosidades de ésta. Por esta vía va el viajero, poseído de vértigo, rozándose por un lado con la peña tajada; y por el otro, viendo, sin poder apartar de él los ojos, el hambriento abismo que lo amenaza y lo atrae. Cada vez que el camino que tiene delante recoda hacia una cañada le parece que allí va a faltar suelo y que allí va a recibirlo el espacio vacío que lo desvanece.

Tan estrecha es aquella senda, que si en ella un jinete se encuentra con otro, a malísimas penas puede seguir su viaje. Si el encuentro es de dos bestias cargadas, ninguna puede pasar adelante. Para evitar conflictos, los arrieros que frecuentan esa vía, acostumbran gritar de tiempo en tiempo a fin de que los que vienen se detengan en algún sitio de los muy escasos en que el sendero se ensancha un poco.

En la ocasión a que me refiero y siguiendo ese camino, mi conductor, que era inexperto, no gritó, ni tampoco lo hizo otro arriero que venía hacia nosotros, o si dio gritos, éstos no fueron oídos. Dicho arriero traía delante una mula con carga no menos abultada que la mía. El encuentro se verificó en una de las peores angosturas; la mula y yo nos paramos mirándonos con cierto estupor; los dos arrieros arrojaron a la vez un expresivo vizcaíno; cada uno tomó este natural e inocente desahogo como insulto asestado a su persona. Ni era menester tanto para que armaran quimera, pues es sabido que todo hombre se siente aliviado cuando halla a quién echarle la culpa del contratiempo que lo mortifica. Los arrieros comenzaron a echársela recíprocamente del que tan perplejos los dejaba. Los ánimos fueron gradualmente caldeándose, las increpaciones y los improperios acentuándose, hasta que las bocas se cansaron de funcionar y vino el momento de llegar a las manos. Mi arriero, para haber a las suyas al otro, pasó a gatas por debajo de los tercios y por junto a mis piernas y a las de la mula. Interpuestas ésta y su carga entre mis ojos y los dos luchadores, poco me dejaban ver del combate que se trabó, combate espeluznante en que cada golpe y cada traspié podían hacer rodar a un hombre, y quizá a dos, a la vertiginosa sima a cuyo borde lidiaban; pero percibía el repugnante ruido de la cachetina y me sentía horrorizado.

Parece que triunfó el arriero de la mula. Con las mejillas echando lumbre, todo magullado y sangriento, despidiendo llamas por los ojos y resoplando como un animal, pasó por donde había pasado su antagonista. ¡Qué carnes se me pondrían al verlo arrimárseme, desenvainar su cuchillo y levantarlo sobre mi cuello con mano temblorosa a la vez que con rápido movimiento! Por muerto me di, por mil veces muerto; pero el hombre no la tomó conmigo sino con las cuerdas de mi aparejo.

Uno de los tercios cayó sobre la senda; el otro rodó dando tumbos, y el siniestro fragor que éstos levantaban fue debilitándose y al cabo se apagó antes de que el bulto llegara al fondo del abismo.

Empujado por el arriero vencedor hasta la orilla del camino, y colocado en ella el tercio que quedaba, la mula pudo pasar y seguir su rumbo con su bárbaro conductor.

El mío, mucho más marchito y acardenalado que el otro, se echó en el suelo, desahogando en denuestos la rabia que lo sofocaba, profiriendo juramentos de venganza y encareciendo lo apretado del trance en que lo ponía el no poder, perdido ya un tercio, cargarme con el que se había salvado.

¿Quién podrá creerlo? ¿Quién que no haya observado con cuánta presteza y facilidad se apagan los rencores de aquellos hombres en quienes el amor propio no se ha acendrado en las altas esferas en que reina una cultura refinada? El arriero de la mula, que sin duda se había percatado de lo riguroso del conflicto en que había puesto al mío, desanduvo un buen trozo del camino y vino a proponerle que, si le pagaba una peseta, le ayudaría a salir del aprieto. El otro, no sin refunfuñar mucho, aceptó el auxilio, y ambos acometieron la empresa de cargarme con el tercio. Para ello el arriero extraño escogitó el expediente de colocar y afianzar sobre cada costado de la enjalma un haz de ramas, y de poner el tercio encima de ellos sin que descansara sobre mi espinazo.

Cuando llegamos al poblado, la gente se admiraba del amaño de mi conductor, y hubo quien exclamara: "¡Pero este arriero sí que es *ardiloso*!; así sí aunque uno se tope con otras bestias en el *volador*, siempre puede pasar".

CAPÍTULO 24

– Una boda. – La trata de bestias. – Cómo descubrí cuándo
es lícito mentir y quitar lo ajeno. – Cambio de profesión.
– Digresión retrospectiva. – Mi nueva carrera de estudios termina
a la carrera. – Soy rebautizado.– Mi compañero oficial.
– Está en un tris que me cure del coleo. – Una de mis prendas
se trueca en defecto. – Dos tragedias. – Comienzo a decaer.
– Néstor (alias "El Mocho").

Todo pasa, y como pasa todo, pasó la peregrinación a Chiquinquirá y pasó tiempo suficiente para que quedase olvidada y para
que aquello de los amores de Jeremías llegase a su última
sazón. Por más señas, yo llevé a Rosita a la iglesia el día del
casorio, tan *aseñoritada* y tan peripuesta cual no la había visto
nunca. Fue porque nunca se había propuesto su madrina,
como se lo propuso entonces, repulirla y emperifollarla con lo
mejorcito que la parroquia podía dar de sí.

Aquella época de mi vida fue señalada por las tentativas de
venta o enajenación, y por los conatos de compra que repetidas
veces me pusieron a dos dedos de mudar de dueño.

Testigo de las conferencias, negociaciones, propuestas y
regateos que tuvieron lugar en diferentes ocasiones; de los
elogios, algo más que exagerados, que de mí hacia mi amo; de
las relaciones poco ajustadas a la verdad con que daba a
entender a los que trataban de comprarme, que por mí habían

242

ofrecido el oro y el moro, vine a enterarme de una particularidad que me chocó infinito.

Don Bernabé era un hombre bueno, bueno como el pan, que pagaba puntualmente cuanto debía, que velaba a fin de que en su casa reinasen las buenas costumbres; y que se complacía en prestar servicios y en socorrer a los desgraciados, siempre que el hacerlo no hubiere de costarle sensible menoscabo en sus intereses. Y sin embargo, siempre que se trataba de adquisiciones o enajenaciones de bestias, no hacía escrúpulo de decir mentiras ni de callar y disimular los defectos de los animales que vendía. No tengo para qué advertir que esto que observaba en mi amo, lo observaba en casi todos los que ventilaban con él alguno de dichos negocios, así como lo había notado en muchos tratantes de caballos.

Aunque la religión y la moral son cosas que no rezan conmigo, y creía poseer no escasas nociones acerca de lo que ellas son, y tenía para mí que, si es malo mentir para una cosa, igualmente malo debía ser mentir para todas las demás; y que, si es malo privar a un hombre de lo suyo habiéndoselas como se las habían habido el Tuerto Garmendia y aquellos devotos de Gestas que pretendieron trasladarme a los Llanos, debía ser igualmente malo despojar a otro de lo que le pertenece, valiéndose de maulas y de trapacerías.

Acaso algunos de los vendedores se inclinaban a discurrir como yo, pues los oí vindicarse calurosamente cuando se les hacía el cargo de haber ocultado las roñas de los animales vendidos, asegurando que los habían puesto a la vista de los compradores; y aun afirmando que se los habían dejado montar. Dicho sea de paso, que esto no me satisfacía, porque si con ver la bestia o con servirme de ella por pocas horas, no se habían descubierto sus defectos, quedaba patente que éstos no eran de los que se advierten con sólo mirar o experimentar ligeramente al animal que adolece de ellos; de suerte que el vendedor, que no puede ignorar esta última circunstancia, engaña tanto mostrando y dejando probar la bestia, como engañaría si no lo hiciera.

En resolución, yo vine a persuadirme (y ésta fue la particularidad que me chocó) de que mentir, ocultar la verdad y quitar lo ajeno, eran cosas malas, excepto en aquellos casos en que se trata de enajenar una bestia.

Tan de carrera iba el tiempo, y tan de prisa iba blanqueando mi pelo, que don Bernabé no ocultaba ya el ansia de deshacerse de mí. Yo llegué a acostumbrarme tanto a ser ofrecido en venta, que no bien veía que se me acercaba una persona desconocida, iba arriscando el labio para mostrar los dientes.

Por mí se habían ofrecido sumas de dinero, mezquinas unas y menos exiguas otras; unas a plazo y otras al contado; unas puras y otras mezcladas con valores tales como cargas de trigo o de maíz, bueyes, ovejas, arreos de montar, carros inválidos y hasta perros.

Finalmente, cuando menos lo pensaba, me vi en poder de un empresario de carruajes, llamado don Borja, y trasladado a un potrero que éste tenía en arrendamiento, y que distaba poco de Bogotá.

Sólo el lector que haya pasado de la clase de hombre civil a la de militar, o de ésta a aquélla; de la de sirviente a la de amo, o al contrario; de la de sacristán a la de gariteo, o viceversa, puede hacerse cargo de lo radical del cambio que se efectuó en mi modo de vivir cuando fui convertido en caballo de tiro. Parecióme que había pasado a habitar un mundo nuevo, y que yo no era yo.

He conversado con caballos extranjeros, no solamente en la ocasión de que he hablado más arriba, sino en otras varias, y estoy informado de que esto de transformar de golpe y porrazo a un caballo de silla en caballo de tiro, como quien transforma en coronel a un notario, es peculiaridad de nuestra tierra.

Parece que cuando en ella se generalizó el uso de los carruajes de alquiler, era arco de iglesia y empresa de romanos el conseguir una bestia de tiro y mucho más el educar un potro para ese oficio; merced a lo cual, se ocurrió al expediente de encomendárselo a los caballos maduros, ya traqueados y curtidos bajo la silla, los cuales, si no sobresalían por las prendas que deben distinguir a los de tiro, a lo menos se prestaban a ser enganchados y a tirar del carruaje, haciéndolo rodar mal o bien en determinada dirección, sin que hubiera mayor peligro de un desbocamiento de los animales o de un desnucamiento de los racionales. Los caballos de raza, que comúnmente se manifiestan más dúctiles o acomodadizos que los de veta plebeya, han despuntado siempre más que éstos como bestias de tiro, cualquiera que haya sido el ministerio a que se les haya dedicado en sus primeros años.

El sistema primitivo se fue desenvolviendo con el tiempo hasta tal punto, que, para que un caballo fuera declarado idóneo para el tiro, no se exigía de él otra condición que la de que fuera barato.

Sucesivamente han ido mejorando las cosas, y llevan trazas de mejorar mucho más; pero el sistema primitivo no se ha abolido del todo, ni ha de abolirse mientras en la Sabana y en las comarcas circunvecinas haya caballos viejos o tan enfermos de los pies que ninguna persona pueda montarlos sin poner sus huesos en inminente peligro.

Veamos cómo fue mi estreno. Una tarde fui llevado a la casa en que mi nuevo dueño habitaba y guardaba sus carruajes. Allí se le presentaron una señora, ya cotorrona, y su marido, a solicitar un ómnibus para las siete de la mañana siguiente. El ómnibus debía llevarlos a una población distante algunas leguas de la capital.

—Está bien, dijo mi amo; a las siete en punto tendrán ustedes el ómnibus a la puerta de su casa.

—A las siete muy en punto, dijo el caballero: mire usted que nos urge infinito partir a esa hora.

—Sí, señor: no tenga usted cuidado.

—Pero lo que más le encargo, intervino la señora, es que nos haga poner unos caballos bien mansitos.

—¿Cómo no?, mi señora. Todos los que tengo son muy mansos; y además escogeré para ustedes la pareja de más confianza.

—Sí, porque yo estoy fatal de los nervios, y cualquier susto me podría matar.

—Pierda cuidado, pierda cuidado, mi señora.

—Y que vamos con Carmelita y con todos los niños, y ya ve...

—Esté usted tranquila: cada uno de mis caballos es como una oveja.

No habrían dado la señora y su marido veinte pasos después de despedirse, cuando don Borja llamó a un cochero y le dijo:

—Mañana tiene usted que irse con esa familia, y es bueno que probemos este rucio.

—¿Y si saliera pícaro, y fuera y rompiera el ómnibus?

—Nada: lo que hay que hacer es ponerlo con el *Cambalache*, que ese no deja *despedir* al otro; y usted vaya con cuidado.

Pues, señor: al otro día a las seis y media de la mañana estaba yo enganchado con el Cambalache, que era un caballote de color indefinible, feo, huesudo, lanoso y de crines abundantísimas, enmarañadas y repartidas a la diabla hacia los dos lados del cuello.

Yo había visto cien mil y más veces caballos de tiro enganchados y trabajando; pero eso no fue parte a estorbar que yo sudara y temblara de afán aguardando el instante crítico en que, puestos en movimiento mi compañero y yo, habíamos de hacer venir sobre nosotros la espantable mole a que estábamos pegados, y de empezar a sentir el estruendo medroso de aquella máquina cuando rodara por sobre las desiguales piedras del pavimento.

El tener los ojos casi cubiertos por las anteojeras aumentaba mis terrores, pues imaginaba sorpresas y peligros que me amenazaban por los costados.

Estremecióse el carruaje, y yo me estremecí más al sentarse el cochero en el pescante; no supe de mí, y quedé tan entregado al ciego instinto como si aquella fuese la primera vez que me hallara en manos de hombres que trataran de emplearme en su servicio. No sé lo que pasó al principio, ni lo que hice, ni lo que fue de mí, sino cuando me sentí comprimido entre una pared y la lanza del ómnibus. La escena pasaba a cosa de cien pasos de la casa de donde habíamos arrancado. Estábamos rodeados de curiosos, y el amo regañaba desentonadamente al cochero y disponía lo que debía hacerse. Seguimos al cabo, pero yo andaba azoradísimo, daba corcovos y dejaba atrás al Cambalache, de lo que resultaba que fuésemos formando una curva. Para que tomáramos la recta el cochero azotaba al Cambalache, pero los trallazos me estimulaban a mí mucho más que a él, y el estrellamiento contra las paredes se repitió dos veces. Don Borja, que nos había seguido, ordenó al cochero que, no obstante que ya eran las siete y media, nos llevara a dar una larga vuelta, y esto, según toda verosimilitud, para que yo adquiriese en quince o veinte minutos los hábitos y la doctrina que se me debería haber infundido e inculcado en quince o veinte semanas.

El cansancio me hizo dócil a la rienda, y el cochero nos llevó a la casa de los viajeros, a eso de las ocho y media.

Dejo a la consideración del lector cuál sería el talante con que fuimos recibidos. El caballero, que estaba fosco como un animal montaraz recién cogido, puso al cochero y a su patrón como chupa de dómine, y el cochero le contestó con aspereza que la tardanza se había debido a que el caballo rucio había dado mucho que hacer. También dejo a la consideración del lector qué entrañas se les pondrían a la señora nerviosa y a la señora Carmelita al oír tan espantosa nueva de boca del cochero. Empezaron a pedirle explicaciones acerca de lo que de mí afirmaba, y él, que estaba torvo y bilioso con el tráfago de aquella mañana, con la repasata que el caballero le había endilgado, y sobre todo con oírse llamar cochero (pues las señoras le dieron más de una vez este tratamiento), les contestaba a medias palabras y con todo el desabrimiento que cabe en las de un ganapán mal criado y peor humorado.

El caballero tuvo que sustituir a las persuasiones blandas con que al principio había procurado animar a las señoras a que montasen, otras expresiones más conformes con el humor que lo dominaba; y cuando al cabo hubo montado la familia, las señoras, con voz temblona rogaban a los vecinos que las encomendaran a Dios, e invocaban ellas mismas a toda la corte celestial.

El arranque no fue muy a propósito para tranquilizarlas. Cuando el cochero movió las riendas para hacernos partir, salí con demasiada viveza, y cuando me contuvo, me levanté de manos. No obstante el mal resultado de la primera prueba, el viaje se hizo felizmente, y con éste y otros dos en que arrastré el coche vine a quedar graduado de caballo de tiro. Entonces pensó el amo en ponerme nombre y en señalarme compañero. Esta vez fui bautizado con el de *El Cheque*; mi compañero debía ser en lo sucesivo un rucio blanco llamado *El Álbum*. Gran fortuna habría sido para mí que este colega se hubiera mostrado capaz de comprender las ventajas y los encantos de la amistad, y al propio tiempo, diestro y laborioso. La voluntad de nuestro dueño nos ligaba materialmente en las horas de trabajo, y el hábito en las de libertad: en aquéllas, siendo buenos amigos, nos habríamos ayudado uno a otro, y nuestra tarea habría sido más llevadera; en éstas, ya que cierto instinto nos hacía inseparables, nos habría servido de solaz una conversación franca y amena. Pero el tal Álbum era un taimado haragán, que, cuando íbamos enganchados, no *cogía el tiro*; trotaba con garbo y cabeceaba, fingiendo pedir rienda, pero cuidando en realidad de dejarme a mí todo el trabajo. Cuando el cochero era inteligente y no perezoso, lo castigaba con la fusta y lo obligaba a tomar en la faena la parte que le correspondía; pero a los malos cocheros no se les daba una higa de que la tarea no se repartiese equitativamente entre los dos caballos.

El trato con mi colega carecía de todo atractivo, porque, amén de que no sabía hablar más que de sí mismo, su humor era desigual: hoy, se manifestaba cariñoso y campechano, y si mañana iba yo a hablarle jovial y amistosamente, se me mostraba indigesto y desabrido.

Desde los primeros días había yo notado con indecible satisfacción que, en la nueva carrera que se me había hecho tomar, el coleo, tormento de todas mis horas, era un defecto infinitamente menos feo y noble que en mi antigua condición de caballo de silla.

En cierta ocasión un amigo de mi amo, contemplando el tronco que formábamos el Álbum y yo, decía que, siendo como éramos, bastante parecidos y ambos de buena estampa, quedaríamos de muy buen ver si se nos cortase la cola. Al oír yo esto, todos los nervios de la mía se contrajeron y se declararon en rebelión, e hice con ella evoluciones imposibles, como si a la vez me hubieran picado todos los insectos que pululan en la tierra.

Mientras mi amo y su amigo estuvieron discutiendo el punto, de puro cansancio cesé de colear; y, sin dejar de horripilarme pensando en la amputación, gocé anticipadamente del deleite que había de inundarme cuando me sintiera imposibilitado para menear el rabo. Pero esos contrarios sentimientos quedaron instantáneamente apagados con la observación que puso término al debate. "No hay duda, dijo don Borja, que la pareja quedaría muy *chic* si se le hiciese esa operación; pero la cosa no vale la pena de que yo me prive, sabe Dios por cuántos días, del servicio de estos animales, cuando éste (y me mostró a mí) no trota ni podrá ya aprender a trotar, con lo que nunca ha de venir a ser un caballo de tiro elegante".

De esta manera, mi hábito de andar al paso, que había constituido una de mis prendas más recomendables cuando ejercía mi primera profesión, vino a ser obstáculo para que brillara en la actual.

El incidente que acabo de referir me hizo pensar en la presuntuosa extravagancia de ciertos hombres que pretenden enmendarle la plana a la naturaleza, árbitro infalible y eterna maestra en materia de belleza y de gusto, cercenándole al caballo una parte del cuerpo, tal como la cola, que parece haberle sido dada principalmente para hermosearlo, si bien le es así mismo necesaria para defenderse de los insectos enemigos.

Yo, al saber que no sería mutilado y que había de colear hasta el fin de mis días, sentí a la vez júbilo y tristeza, y los sentí tan neta y distintamente como si hubiera sido un caballo el que se alegraba y otro el que se afligía.

El concepto que sobre mí tenía formado don Borja fue parte para que yo no fuera nunca considerado como caballo de lujo ni destinado sino cuando una extrema necesidad lo pedía, a arrastrar carruajes de corte por las calles de la ciudad. Las pocas veces que llevé señoras y caballeros vestidos de gala a asistir a una boda o a presenciar un espectáculo, así como las muchas que formé parte de un acompañamiento fúnebre, me entraban pujos de vanidad y trataba de ostentar gentileza; pero me acordaba de que mi modo de andar no era compatible con la arrogancia característica de un cumplido caballo de tiro, y me ponía a suspirar por los tiempos en que me era dado pavonearme juzgándome objeto de admiración para la gente y de envidia para mis semejantes.

Así como en otro tiempo la torpeza o la perversidad de un jinete me servía de tormento o me hacía figurar en escenas trágicas o ridículas, la mala educación e incapacidad de algunos cocheros me hizo tomar parte en aventuras que no puedo recordar sin desagrado.

Estábamos de viaje por un camino público. Íbamos bajando una pendiente fuerte y larga, y el cochero, que ignoraba o tenía en olvido la regla a que debería haberse ajustado, nos aguijó desde el principio del descenso. El Álbum tropezó, e impelido por la velocidad que llevábamos y por el peso del ómnibus, no pudo rehacerse y cayó. Rompióse la lanza, y yo, que me sentí detenido por mi compañero, giré tomándolo como centro, y me hallé entre un laberinto de correas y de no sé cuántas cosas. El carruaje paró bruscamente, quedó atravesado en el camino y estuvo a punto de volcar. Yo, estupefacto y tembloroso, habría disparado si, mientras hacía mal encaminados esfuerzos para desembarazarme, no hubiera dado tiempo a varios de los que ocupan el carruaje para desmontarse y tomarme de las riendas.

Harto más espeluznante que ésta, fue otra aventura en que felizmente no tomé parte, pero que fue para mí de desastrosas consecuencias. Al lado de un coche de don Borja, que iba ocupado por un matrimonio y tres niños, íbamos el Álbum y yo conducidos por un muchacho. Éramos relevo para cuando la pareja que iba trabajando rindiese la tarea que le estaba señalada.

El coche se detuvo junto a una venta, y el cochero se apeó, lo mismo que los viajeros. Después de haber tomado en la venta un tente–en–pie, la señora y los niños se acercaron al coche y montaron. Cuando vio esto el caballero, les dio voces, advirtiéndoles que, sin que el cochero estuviera en el pescante, no debían haber montado. El cochero contradijo, asegurando que los caballos eran unas ovejas, y no dejó que la señora y los niños se apeasen. En esto, y mientras el caballero y el cochero se ocuparon en pagar lo que habían consumido, uno de los caballos se puso a frotarse la cabeza contra la del otro. Con este movimiento, tiró de las riendas e hizo que se deslizaran por sus ancas hasta el suelo, de modo que, al caer, le tocaron las piernas. Él se azoró y comunicó su agitación al compañero; caminaron un poco, y cuando sintieron que no había quién los sujetase, apretaron el paso; las riendas siguieron haciéndole cosquillas al que primero se había alborotado, y éste apretó a correr llevándose tras sí al compañero, que ya estaba también despavorido y fuera de sí. El caballero corrió a pie desapoderadamente, pretendiendo, enloquecido, alcanzar el coche y salvar a su familia. El cochero montó en mí y me hizo partir a escape. Íbamos encontrando el aire que cortábamos en la carrera, como saturado del terror de los que tratábamos de salvar y repleto de chillidos y alaridos sobreagudos. Espantosos eran los vaivenes y los tumbos del coche cuando tropezaba con obstáculos. En los momentos en que íbamos a alcanzarlo, vimos que el caballo de la izquierda le tomaba ventaja al de la derecha, con lo que iba haciéndolo arrimar a la orilla. Al fin lo acosó y lo precipitó en la zanja que limitaba el camino; él mismo fue arrastrado, y el coche volcó sobre la zanja. Por fortuna, ésta contenía barro cubierto de *buchón*, y el golpe no fue seco.

La imperdonable falta del cochero no ocasionó muertes: pero sí fracturas, dislocaciones, contusiones, heridas y cardenales a porrillo. El coche, por de contado, quedó también fracturado, dislocado y contuso; la infeliz familia tuvo que tomar la vuelta a su casa en un carro de bueyes que acertó a pasar oportunamente por el teatro de la tragedia; y yo, a todo correr, traje al cochero hasta la ciudad para que tomara otro carruaje y trasbordara a él a los náufragos de la zanja.

Esta catástrofe marcó el punto en que yo debía comenzar a decaer. Ya no estaba la soga para muchos tirones, y aquel infausto día me hicieron correr con exceso. Cuando llegué a la ciudad, me agitaba el pecho una terrible palpitación; la dilatación de mis narices y el jadeo precipitado y violento, anunciaron que yo estaba encalmado (vulgo *asoleado*), y se me dio una copiosa sangría. Desde esa fecha, mi respiración fue penosa y empecé a enflaquecer de manera que ni el dilatado reposo ni los buenos pastos me hacían recobrar mis antiguas carnes. Y lo peor fue que, al decaer físicamente, quedé colocado en muy baja categoría: perdí mi posición social, como quien dice.

Antes de referir lo que empezó a acontecerme desde que quedé en la condición de caballo barato quiero retratar a Néstor, el muchacho que nos traía y nos llevaba a los caballos de don Borja, del potrero a la cochera y de la cochera al potrero. Tendría diez y seis años, y era larguirucho y delgado. Se había criado en la ciudad, entre los granujas que pululan en ella, los cuales lo llamaban de mote *El Mocho*. Este apodo era la única herencia que le había dejado su madre, *La Mocha*, que en buena lid había dejado media oreja entre los dientes de la otra potencia beligerante.

Néstor (alias, *El Mocho*) no empuñó el rejo de enlazar ni se encaramó sobre una bestia hasta después que, impulsado por noble ambición y enamorado de la vida carruajera, por haber hecho viajes hasta de doscientos metros agarrado a la zaga o al estribo de un carruaje, se le había presentado a don Borja solicitando colocación y declarándole que estaba dispuesto a desempeñar cualquier oficio a que quisiera destinarlo. Fue admitido, y tres días después del de su admisión tiraba el rejo sobre un grupo de bestias acorraladas y arremolinadas en un ángulo del potrero, y dejaba enlazada la que quería; montaba en pelo agarrándose de las crines del caballo, abrazándole el cuerpo con las piernas y subiendo a pujos hasta quedar caballero.

Al principio funcionaba en el traje en que había venido, que se componía de tres piezas: sombrero redondo de fieltro, que, agujereado por la copa, podía servir indistintamente de sombrero o de golilla; los restos de un sobretodo de paño, color de tabaco, que, si alguna vez había sido nuevo, lo había sido en poder de un individuo de más que mediana estatura; y unos pantalones en los cuales no se distinguía cuál era remiendo y cuál tela original.

Sacrificando sus primeros ahorros, y mediante varios cambios o permutas, proveyó mejor su guardarropa, que era su propia persona; y, cuando se hubo ganado la confianza de don Borja, tuvo a su disposición una silla de montar que había servido a cinco generaciones de muchachos de su misma categoría, y unos zamarros coetáneos de la silla.

Se veía a Néstor en pleno ejercicio de sus atribuciones y tal como debería retratársele si se le retratara, dejándose zarandear por el galope largo, estrepitoso y muy levantado de un caballo grande, seco y rabón; con un sombrero de color leonado, de ala gacha y copa tan ancha, que, entre ella y la frente, servía como de cuña un pañuelo hecho pelota que impedía al sombrero invadir la jurisdicción de las orejas; una ruana tan desgolletada, que a menudo se escurría hombros abajo; y los ya mencionados zamarros, cuyas extremidades inferiores, guarnecidas de calandrajos, y colgando hasta casi tocar el suelo, duplicaban aparentemente la longitud de las piernas del que los iba luciendo.

No he querido que el nombre y la personalidad de *El Mocho* queden envueltos en las tinieblas del olvido, porque él fue uno de los últimos, si no el postrero, de los seres humanos con quienes tuve roce y comunicación, que pareció estimar mis buenas cualidades y que me hizo demostraciones de afecto.

Los más de los payos a quienes he visto manejar bestias han tenido la aviesa costumbre de espantar y de pegarle con la jáquima o de arrojársela, a aquella a que acaban de quitársela para dejarla suelta. Con esto han enseñado a muchas a tratar de escaparse arrebatadamente, aun sin que hayan acabado de soltarlas.

Néstor y Emidio han sido de los poquísimos que, al desenjaquimarme, han procedido como debe un inteligente mozo de caballos.

CAPÍTULO 25

*– Con las alas de cucaracha. – Maravilloso encadenamiento
de causas y efectos. – "De caballo de regalo a rocín de molinero".
– Alimentación mutua. – Cómo expío todos mis pecados de
vanagloria. – Veo a Merengue. – Un remedio peor que la enfermedad. – Empresa de transportes.*

Se dice en mi tierra que se hace una cosa *con alas de cucaracha*
cuando, para hacerla, no se echa mano de los elementos o
materiales debidos, sino de otros supletorios y acomodaticios,
o viejos, o de desecho, que no cuesten dinero o que cuesten
menos que los nuevos y más adecuados.

Con alas de cucaracha había establecido su *agencia de
carruajes* un don Alipio, menos conocido por este nombre que
por el apodo de *Maravillas*, con el que se le designaba tan
generalmente, que muchas veces oí a personas rústicas di-
rigírsele o mentarlo, llamándolo *don Maravillas*; y a otras de
más cuenta, decirle *señor Maravillas*.

Había conseguido un ómnibus que pasaba por de los
primeros que fueron importados de los Estados Unidos; pero
del que no podría probar su identidad, pues entre las piezas que
actualmente lo componían, no se hallaba una sola de aquellas
con que había salido de la fábrica, ni había dos que se hubiesen
estrenado en un mismo carruaje.

Juntamente con el ómnibus campeaban en la flamante cochera tres cosas que, a falta de nombre adecuado, eran designadas con el de *coches*, y cuyas piezas, lo mismo que los arneses correspondientes, se veían siempre remendadas o aseguradas provisionalmente con pedazos de rejo y con corde-zuelas; y digo *provisionalmente*, porque cada amarradura debía ser reemplazada por otra de laya igual en cuanto acabaran con ella el tiempo y el uso, que todo lo destruyen.

Como era regular, las bestias de tiro de la empresa mara-villesca concordaban en edad y en calidad con el *material rodante*.

¡Cómo se enlazan a veces los sucesos, viniendo unos a ser causa de otros con que no parecen tener ni la más remota conexión! La chambonada de la señora aquella que se montó en el coche sin cochero fue causa de que a mí me hicieran correr desaforadamente; las desaforadas carreras lo fueron de que yo enfermara; mi enfermedad me puso enteco; y mi extenuación fue motivo de que don Borja me vendiera y de que me vendiera por un precio de los que le acomodaban al señor Maravillas.

Héteme, pues, en poder de este empresario, y revuelto, como lo había estado allá en la flor de mis años, en el hospital que sostenía don Cesáreo, con una manada de bestias inválidas o caducas. Todas ellas estaban desmedradas y macilentas y todas matadas en el pecho por obra de los collares demasiado grandes que se les hacía llevar, gracias a la impericia de don Alipio y de los mozos a quienes habilitaba de cocheros.

Siendo malos los caballos y estando faltos de vigor, no se les hacía andar sino a poder de latigazos, con lo que iban desme-jorándose más cada día y perdiendo la mucha o poca dis-posición que tuvieran para el desempeño del oficio. Sucedía que un caballo de algún brío que había empezado bien, era enganchado con otro que no quería o no podía tirar; entonces venía sobre entrambos la granizada de azotes, de que resultaba que el menos malo se volviera tan malo como el peor.

Apenas se efectuaba una correría por la ciudad o un viaje fuera de ella, sin que los caballos asustaran y desazonaran bravamente a los que iban en el carruaje y divirtieran a los ociosos, resistiéndose a caminar, sacudiéndose y haciendo desatinos, si el cochero los vapuleaba.

Cuando el viaje era largo, don Alipio despachaba con el carruaje un muchacho montado en uno de los peores caballos, el cual muchacho arcionaba cuando la pareja resistía a arrancar o a seguir andando. Esta operación se practicaba enganchando el rejo de enlazar en la lanza y *tirando a la arción* hasta que el carruaje empujaba a los caballos, los cuales, no sintiendo la resistencia del vehículo y sí los azotes que arreciaban, solían ponerse en movimiento, y siempre lo hacían a saltos y con ímpetu desordenado.

Cuando sobrevenían adversidades como las que llevo dichas, los viajeros la tomaban con el cochero; y éste, o se encerraba en una diplomática reserva, o gruñía excusas con el aire de la mayor displicencia. Hacían, además, firmes propósitos de buscar a Maravillas para decirle los nombres de las pascuas; pero él, como no sentía tranquila la conciencia, tenía buen cuidado de no ponérseles delante a los agraviados hasta que ya se les hubiera evaporado la corajina.

Muchas zurribandas tuve que sufrir yo mismo, y pasé mil veces por el sonrojo de ser tenido por caballo resabiado; pues, aunque nunca lo fui, el vulgo tenía que reputarme como tal, siempre que mi compañero se obstinaba en no tirar.

Tengo que hacerme violencia para referir el lance que más me humilló y de que con más vergüenza hago memoria.

Tocóme un día ser enganchado a uno de los armatostes que, al rodar sobre el pavimento de las calles hacía el mismo desapacible estrépito que habrían hecho sus piezas, si, disgregadas y echadas en un gran zurrón, hubieran sido arrastradas por un breñal.

Mi compañero era quizá el de peor trapío entre los de la manada. Tenía enorme cabeza, y cuello corto y tenue, con crines que, en la parte inmediata a la cruz, habían sido cortadas y se erguían tiesas a casi un palmo de altura. Había sido mohíno claro; pero hacia el vientre y los ijares se había desteñido y había quedado de color de hoja seca. En las costillas y en la grupa, la peluda piel le caía sobre puros huesos, y, sin embargo, tenía la barriga inflada y voluminosa. Parte de las cerdas de la cola descendía hasta el suelo, y otra parte se le veía recortada y formando escalones.

Haciendo un paréntesis, comunicaré al lector la explicación que el mismo mohíno me había hecho del modo como había perdido ciertas porciones de la cerda del cuello y del rabo.

—Estuve, me decía, por algunos días en uno de los potreros de la hacienda llamada *La Estanzuela*, que parte límites con el área de la ciudad. Allí me encontré en compañía de más de doscientas bestias, muchas de las cuales eran mulas calentanas. Éstas se me fueron arrimando, y llegaron a gastar conmigo tanta llaneza, que se entretenían en comerme la cerda. Lo propio les veía hacer con otras bestias, a las que dejaban de la vista de Judas. Por supuesto que muchas de las trasquiladoras eran a su vez trasquiladas.

—Ahora advierto, dije entre mí, qué es lo que significa un dicho que oí repetir hace tiempo y que atribuyen a un señor de mucho ingenio: *La Estanzuela es un establecimiento de alimentación mutua*.

Ahora vuelvo a tomar el roto hilo de mi narración.

En el fementido carruaje mi astroso compañero y yo traíamos del campo una familia compuesta de dos viejas, un señor muy feo y una señora coloradota, exuberante y llena de cintajos y arrequives, quien, desde que entramos a la ciudad, se estaba esforzando desesperadamente por hacer callar a un chiquillo que traía, y que chillaba como un endemoniado. En el pescante, acompañaba al cochero una criada que traía dos pajaritos enjaulados.

En ese mismo día, y a esa hora misma ¡coincidencia fatal! se verificaba por las calles que conducen a la Plaza Mayor, por las más principales y públicas, un aparatoso desfile de coches con que se solemnizaba la entrada de un personaje de mucho viso. Los balcones estaban engalanados y rebosaban de gente, y por dondequiera bullía la muchedumbre, que apenas dejaba paso a la ostentosa comitiva. El aire estaba lleno de aclamaciones y de alegre música.

Ahora bien, o por mejor decir, ahora mal, el zopenco del cochero, sin pensar en otra cosa que en ajustarse a las instrucciones que había recibido acerca del rumbo que debía seguir, nos llevó a desembocar en una de las calles susodichas; encontró la bocacalle atestada de gente y empezó a pedir permiso para que lo dejaran pasar. Muchos de los que allí estaban apiñados, eran gente truhán y maleante que, por hacer una chulada, se empeñó en conseguir que se nos abriese paso. Abriósenos y cuando menos lo pensábamos nos vimos arrollados por los coches de la procesión, cuatro o seis de los cuales habían pasado ya. Atrás venían otros; así fue que quedamos incorporados en la pomposa hilera.

No bien nos vio allí la alborotada chusma, prorrumpió en gritos, en risotadas y en silbidos atronadores. Todas las miradas se apartaron de los elegantes carruajes y de las gentiles parejas de caballos, para clavarse en nosotros.

Con el largo ajetreo y el ayuno de aquel día, ya no podíamos con el rabo; y el cochero, para hacernos andar, aun a paso de procesión, tenía que descargar sobre nosotros una granizada de sonoros latigazos, que, por sí solos, habrían sobrado para llamar la atención del grotesco grupo, que, con sus atalajes, formaba la vetusta máquina.

Los aplausos burlescos y los dicharachos a que daba ocasión la presencia de la india del pescante con los pajaritos, dominaban todos los otros rumores que henchían el aire; pero, a intervalos, se alcanzaba a oír a la criaturita, que, más sobreexcitada por todo aquel belén, berreaba como un becerro.

La turba despiadada, ansiosa de bureo y de pábulo para la risa, asaltaba el estribo y las ventanillas, escudriñaba el interior de la caja, y hacía descomedida y oprobiosa irrisión de los cuitados viajeros.

Y no hubo remedio. Penetrar por entre el gentío para cruzar la calle y tomar otro rumbo, era más arduo que atravesar una muralla. Fue preciso seguir el desfile y llegar a la Plaza, en la que una muchedumbre incontable aguardaba a la comitiva. Viósenos allí de golpe y estalló un concierto de tempestades.

Allí, allí mismo, había yo, en otro tiempo, alternado con los bridones más soberbios; y, esponjado y desvanecido, me había esforzado por ostentar las prendas que me adornaban y otras más de que, en mi presunción, imaginaba estar dotado.

Haciendo este mismo viaje, que tan ignominioso remate tuvo, al atravesar la plaza de cierto pueblo, se me presentó un espectáculo que me contristó profundamente. El Merengue, aquel Merengue al que vi pasar largos días de holganza, mimado por sus amos, exento de inquietudes y gordo como un cebón, pasaba por dicha plaza cargado con dos barriles de agua. Como yo nunca lo había visto amarrido y demacrado, me habría sido imposible conocerlo si las manchitas blancas que le agraciaban la cara no lo distinguieran tan notablemente. A él lo iban arriando con un zurriago, y yo no podía detenerme; lo saludé con un relincho, él me correspondió, pero creo que no pudo conocerme. ¡Qué no habría yo dado por conversar con él! ¡Qué gratas ausencias no habríamos hecho de aquel amigo que temo no volver a ver!

Por aquellos mismos días enfermé de un ojo, gracias a un latigazo que en él había recibido. Cuando don Alipio lo echó de ver, trató de curarme introduciéndome en el ojo enfermo unos polvos, colocándolos en un tubo y soplando. El primer día no opuse resistencia; pero como tal medicina me había causado escozor, la segunda vez que intentaron aplicármela, me rehuí, tiré del cabestro y me levanté de manos. Esto dio ocasión para que yo conociera un tormento que no había sufrido jamás y que les había visto padecer a varias bestias. Me echaron acial. Me tomaron el labio superior, me lo introdujeron en la argolla de rejo de un zurriago y le dieron vuelta al palo, con lo que aquella sensibilísima parte de mi rostro quedó tan apretada, y yo tan supeditado, que bien hubieran podido quemarme a fuego lento sin que me sacudiera. Al otro día rehusé el remedio y no me dejé tomar el labio; y entonces, como me habían asegurado el labio con la argolla del zurriago, me aseguraron una oreja.

Fue en vano que me atormentaran, porque la pupila me quedó cubierta con una nube.

¡Tuerto, tuerto, tuerto! ¡Tuerto yo!

Habría preferido (los lectores saben muy bien por qué) quedarme ciego, sordo, desorejado, cojo, manco, muerto. ¡Sí! ¡Hasta muerto y devorado por los gallinazos y los perros!

En la empresa de Maravillas todo iba en decadencia. Iban en decadencia los sedicentes coches, y tan en decadencia, que ya los carroceros habían declarado que no les cabía remiendo ni composición; íbamos en decadencia los caballos, que amén de estar decrépitos y quebrantados, comíamos demasiado poco; iba en decadencia el mismo Maravillas, que ya no lograba que el público acudiera a su agencia sino en casos de extrema necesidad. Así fue que él se vio en la de adoptar una nueva especulación.

Ha fundado *El Progreso, Empresa Colombiana de Transportes para dentro de la ciudad*.

De los despojos de aquellos que antaño fueron ómnibus y coches ha hecho construir carros, y ha destinado los caballos a acarrear por las calles, en esos vehículos, tejas, ladrillos, madera, fardos, muebles y todo lo acarreable.

¡Adiós brida! ¡Adiós anteojeras! Aquella ha sido reemplazada por un afrentoso cabezal de fique; éstas serían ociosas: por más espantado que me sienta, ya no puedo ni rehuirme ni desbocarme: ¡ojalá estuviera para tales lozanías!

Ayer vi un mozallón que ha sido constituido superintendente de *El Progreso*, y me dije: "Yo he visto esa cara, ¿pero dónde y cuándo?" Al cabo advertí que era Juan Luis, el antiguo criado del señor Ávila. Me costó trabajo conocerlo, porque ha pelechado: ha echado bigote y ha echado pañuelo colorado al cuello, ruana de paño y botines que sólo calza los días de gala.

Por causa diametralmente opuesta a la que me estorbó conocer presto a Juan Luis, a éste le costó trabajo conocerme a mí. Yo soy ahora tuerto y estoy macilento y en la espina. Mi piel es ya blanca como la del armiño, a lo menos en las partes de ella en que no negrean calvas y lacras; tengo los ojos soñolientos; lacio y pendiente el labio inferior; me falta casi toda la cerda del tupé y de la raíz de la cola; el cuello se me ha atenuado y aparentemente alargado.

De cada carro de los de *El Progreso* tira una sola bestia. Como todas las de don Alipio, somos ya reputadas por de desecho; como ninguna tiene qué perder, como los conductores son zafios gañanes admitidos al servicio de Maravillas sin más condición ni requisito que no ganar salario crecido; como el trabajo en que se nos ocupa excede a nuestro aliento; y como, para masticar con las ya deterioradas dentaduras los secos, malos y escasos alimentos de que se nos provee, no podemos disponer de otras horas que de las de la noche, siento que todo esto va a acabar pronto, y será lo mejor.

Hoy he arrastrado un carro cargado de maderos pesadísimos que, saliendo por delante de la caja, me han obligado a llevar la cabeza inclinada hacia el suelo, y me han magullado las caderas. He subido con el carro desde la parte más baja hasta la más alta de la ciudad. La fatiga y la flaqueza, así como las escabrosidades de las calles, me han hecho ese trabajo excesivamente penoso. En una de las calles más pendientes han abierto zanjas y han esparcido piedras grandes. Allí me he detenido ya exánime y hasta he retrocedido cediendo al peso del carro.

Los movimientos irregulares y mal dirigidos han hecho varias veces que una rueda quede hundida en una excavación, o el carro atravesado en la calle. Los transeúntes han puesto al conductor cual no digan dueñas, y él se ha desfogado blasfemando, denostándome y dándome azotes, palos y punzadas. Repetidas veces, sintiendo las agonías de la muerte... doblando las rodillas...

Nunca creí que mis días terminarían
como los del más humilde humano

GLOSARIO

Aguijar: Picar con algo a los bueyes, mulas, caballos, etc.
Alfandoque: Tubo de madera cerrado por ambos cabos que por dentro lleva pedrezuelas, granos u otra cosa equivalente.
Anca: Cada una de las dos mitades laterales de la parte posterior de las caballerías y otros animales.
Ardites: Moneda de poco valor que hubo antiguamente en Castilla.
Arboloco: Árbol, polymia pyramidalis.
Armado: "Armarse en una cosa" es, en lenguaje sabanero, adquirirla.

Bayo Mono: Caballo de color amarillo caído, con las crines, la cabeza entera o en parte de ella, el espinazo, la bragadura y las extremidades, negros o muy oscuros.
Bramadero: Madero grande y fuerte que está hincado en el suelo de la corraleja.
Buchón: Planta acuática, de hojas gruesas formadas de células llenas de aguas.

Cabuyas: Cuerdas de fique.
Cochero: Los cocheros de la Sabana pretenden no ser designados más que con el nombre de postillones.
Cotudo: Tonto.

Chiquinquirá: Población importante del Departamento de Boyacá en Colombia, en que se venera una imagen milagrosa de la Virgen.
Chulo: Gallinaza. También se designa en Colombia con el nombre de "gallinazo".
Chusque: Especie de helecho, de tallo largo, fuerte y nudoso.

265

Enlazador: El que coge un animal echándole desde lejos un lazo al cuello o a otra parte del cuerpo.
Encauchado: Ruana de tela impermeable, que se usa cuando llueve.

Fangales: Sitio lleno de fango.
Fique: Planta textil, con hojas o pencas radicales, carnosas, en forma de pirámide triangular un poco acanalada, de color verde oscuro, de un metro de largo y 15 cm de ancho, aprox.
Frailejón: Planta de la familia de las compuestas, que alcanza hasta dos metros de altura, crece en los páramos, tiene hojas anchas, gruesas y aterciopeladas, y flor de un color amarillo.

Guascas: Plantas que en algunas partes se producen espontáneamente en los cebadales y trigales, y que no son útiles para el forraje.
Guarrús: Bebida un poco espesa, medio fermentada, en cuya composición entran el arroz y el maíz.

Jetera: Lanzada hecha con el cabestro, que entra en la boca de la bestia y le cubre el barboquejo.
Jáquima: Cabezada de cordel, que suple por el cabestro, para atar las bestias y llevarlas.

Lajear: Manejar a caballo una res por medio del rejo.

Manga: Potrero reducido, regularmente inmediato a la casa principal de una hacienda.
Manta: Tela de algodón que se fabrica en algunos lugares del norte de Colombia y que la gente del campo usa para vestirse.
Masato: Bebida un poco espesa, medio fermentada, en cuya composición entran el arroz y el maíz.
Matroces: Valentones desalmados.
Mogote: En ciertas tierras bajas y anegadizas, la holladura de los animales forma grietas tortuosas que se cruzan en todas direcciones, cortando el césped. El agua permanece en las hendeduras y deja el césped dividido en pequeñas porciones bastante firmes para que se pueda andar por sobre ellas.
Moro: Caballo tordo.

Ñapa: Añadidura, propina.

Octava: Antonomásticamente se da el nombre de *octava* a la del Corpus Christi; y esto aunque su celebración se transfiera a cualquier día del año.

Paso: Técnicamente se conoce por *aire* o *marcha artificial*, modo de andar más suave que el trote o el galope.

Paso de dos en dos: Es la marcha en que la bestia mueve a la vez el brazo y la pierna derechos, alternando con el brazo y la pierna izquierdos.

Patón: Caballo que tiene hinchados los menudillos y las cuartillas.

Pesebrera: Disposición u orden de los pesebres en las caballerizas. Conjunto de ellos.

Petacas: Cajas de caña forradas en cuero crudo. Cada petaca se compone de dos piezas casi iguales: una encajada en la otra y le sirve de tapa.

Quebrantar: Montar un potro por primera vez o comenzar a desbravarlo.

Quiteño: Quitado.

Rabancá: Llámase así una planta que en algunas partes se produce espontáneamente en los cebadales y trigales, y que no son útiles para el forraje. El nombre técnico es *Brassica Napus*.

Rango: Caballo despreciable. En lenguaje festivo o muy ordinario se da también este nombre a todo caballo.

Razgón: Fuerte espolazo en los ijares.

Rejo: Cuerda o soga con que se enlaza. Es una correa de cuero crudo retorcida, y de diez a veinte metros de longitud.

Rosado: Parece que los caballos o rosillos de Colombia son los que en España se llaman rubicanes.

Ruana: Pieza del vestido de la gente rústica, usada también por la urbana cuando sale al campo. Regularmente es de tela de lana y de color oscuro; cuadrada o un poco más ancha que larga. Tiene en el centro una abertura, por la cual pasa la cabeza para que la ruana cubra los hombros y quede pendiente de ellos. Sus dimensiones varían, pero lo común es ancho necesario para que su orilla cuelgue de las muñecas.

Silla orejona: Montura armada sobre un fuste que tiene dos barras por lado. La delantera es más alta que la trasera. Aquella figura se asemeja algo a la de una mano de caballo, con una ramulla o el suelo vuelto hacia arriba. Lo que corresponde a la cuartilla es el cuello de aquella cabeza y es en donde se le dan vueltas al rejo cuando se arciona. Cubre la silla un forro de vaqueta llamado coraza que forra los faldones, los cuales son casi semicirculares. Sobre la coraza va otro forro de quitar y poner llamado cojinete, de la misma forma de dicha coraza. A su parte anterior van adheridas unas pequeñas alforjas que también se llaman cojinetes.

Tambo: Fábrica tosca y rústica, sin paredes, y con techo sustentado sobre estacones.

Tembladera: Insecto de la familia de los fasmidos.

Tirar a arción: Dar vuelta con el rejo en la cabeza de la silla para sujetar o hacer mover al animal enlazado, aprovechando para ello la fuerza del caballo.

Torbellino: Aire musical indígena compuesto de unas pocas notas que se repiten invariablemente a tiempos iguales.

Valona: Crin del cuello recortada en la forma en que suelen llevarla las mulas.

Vaquero: Hombre amaestrado para la *vaquería*, esto es, para el manejo de los animales bravos o ariscos de la especie vacuna y de la caballar.

Volear: Hacer al aire la lazada que se hace en la extremidad del rejo. Esto se practica, ya para espantar y avivar a los animales, ya para disponerse a arrojar dicha lazada (vulgo lazo) a la cabeza o pie de un animal.

Voluntarias: Mujeres de ínfima condición que acompañan a los soldados en campaña y les procuran y les aparejan el sustento y todas las posibles comodidades.

Zamarros: Especie de pantalones muy anchos, de cuero bien adobado, o de tela gruesa e impermeable, que teniendo vano lo que podría cubrir lo anterior de los muslos y la parte posterior del tronco, defiende de la lluvia las piernas y los verdaderos pantalones de roces dañinos.

JOSÉ MANUEL MARROQUÍN

1827 - 1908

José Manuel Marroquín nació el 6 de agosto de 1827 hijo de José María Marroquín y de Trinidad Ricaurte. Vivió los primeros años de su vida en Santafé de Bogotá con su abuela y sus tíos. Hijo único. Al año siguiente perdió a su madre. Dos años después perdió a su padre.

Criado en un ambiente de aristocracia melancólica, con la propensión de ver el lado cómico o ridículo de las cosas. Educado en la soledad y el ascetismo.

En 1851 fundó el periódico *La Revolución* y su Colegio Yerbabuena para varones. Fue un amante de la educación, siendo más tarde fundador y rector de la Universidad Católica en 1884. En 1853 se casó con la mujer de sus sueños y prima hermana, Matilde Osorio.

En 1858 se establece periódicamente una reunión de jóvenes con inquietudes literarias que será la piedra de la publicación denominada: *El Mosaico*. Marroquín retoma las palabras de Saavedra y lo describe así: "Tomar chocolate de media canela, fumar y mentir, de cuatro a seis horas, ese fue el origen de *Los Mosaicos*". A este grupo en donde todos los participantes podían exponer libremente sus ideas y leer sus escritos para luego ser criticados, pertenecieron entre muchos otros: Diego Fallon, Manuel Pombo, Carrasquilla, Vergara y Vergara, Eugenio Díaz quien por consejo de *Los Mosaicos* publicaría *Manuela*. Igualmente, *María* de Jorge Isaacs y *La Perrilla*, de José Manuel Marroquín. Este grupo duró hasta 1870. No tenía presidente, ni secretario, ni menos tesorero y carecía de horarios.

En 1861 estalló una guerra civil en Bogotá y se trasladó a vivir al Chicó pues su hacienda "Yerbabuena" es ocupada y arruinada también su familia.

En 1875 es nombrado presidente de la Sociedad San Vicente de Paúl.

En 1889 es nombrado en Madrid-España, miembro de la Real Academia de la Lengua.

En 1898 ocupó la vicepresidencia de la República.

En 1900 aceptó el cargo de presidente de la República en medio de una difícil guerra que duró tres años y bajo muchas presiones políticas.

En 1903 se firmó el tratado del Canal de Panamá, hecho histórico que va a traerle nefastas consecuencias políticas y odios de muchos sectores en el país y que todavía no se ha podido entender en su complejidad.

El 19 de septiembre de 1908 murió José Manuel Marroquín. Durante dos días velaron su cadáver.

Entre sus novelas están: *Blas Gil*, *El Moro*, *Entre primos*, *Amores y leyes*.

Fue un amante acérrimo de la literatura, de la cual dijo: "Saqué mucho provecho". Por medio de ella, dijo tener una "herramienta" de unificación nacional y de patriotismo: "Esa fácil percepción de lo ridículo se une en mí, con un sentimiento mezclado de lástima y de vergüenza por los demás que me hace mirar como una indignidad aun formular para mí, la sátira y la zumba".

Sin lugar a dudas teniendo en cuenta tanto su poesía como su prosa, *El Moro* es su obra más valiosa.